Justice militaire et lutte contre le terrorisme au Cameroun

Sous la direction de
Alain Didier OLINGA

Justice militaire et lutte contre le terrorisme au Cameroun

L'Harmattan
Cameroun

Du même auteur

Cameroun la crise anglophone sous le prisme du droit international, ISBN : 978-2-343-18825-6, L'Harmattan, novembre 2019.

L'accord de Greentree du 12 juin 2006 relatif à la presqu'île de Bakassi, ISBN : 978-2-296-07373-9, L'Harmattan, 2009.

5-7, rue de l'Ecole-Polytechnique, 75005 Paris

http://www.editions-harmattan.fr

ISBN : 978-2-343-25500-2
EAN : 9782343255002

SOMMAIRE

REMERCIEMENTS

Le Département de Droit International exprime sa gratitude à toutes les bonnes volontés qui ont rendu possible la tenue de la journée d'étude du 12 mars 2021, offert les commodités de travail nécessaires et contribué de manière décisive à la publication de ce volume contenant les contributions présentées à l'occasion de ladite journée.

Merci, naturellement, à la Direction de l'IRIC, en ses deux composantes. **M. le Directeur, M. NDONGO Daniel Urbain** a, sans hésitation et même avec enthousiasme, donné son accord pour l'organisation de l'activité scientifique, en dépit d'un contexte sanitaire contraignant lié à la pandémie de la COVID-19. Il a également apporté un appui financier à la publication de l'ouvrage.M. le Directeur Adjoint chargé des études, **Pr NGWANZA Stéphane,** instruit pour ce faire par sa hiérarchie, a pris avec diligence les dispositions pratiques idoines, malgré les contraintes infrastructurelles liées au déroulement des examens, pour offrir aux participants un cadre agréable de travail.

Merci tout particulièrement, et de manière spéciale à **Son Excellence Monsieur Joseph BETI ASSOMO,** Ministre Délégué à la Présidence chargé de la Défense, pour l'autorisation donnée à la Direction de la Justice Militaire de prendre pleinement part, avec des exposés, à la journée d'étude, ainsi que pour l'appui à l'organisation de la manifestation scientifique et à la publication du présent document. Il y a là, de sa part, un effort hautement louable d'ouverture de la grande muette vers la sphère universitaire, et d'encouragement de la réflexion critique sur les questions intéressant la relation Armée-Nation.

Merci à tous les intervenants, universitaires et magistrats militaires, dont les judicieuses contributions sont reproduites dans cet ouvrage. Par leur disponibilité à intervenir et à produire un document écrit, les collègues de l'Iric, de l'UCAC, de Douala et de N'gaoundéré ont manifesté leur engagement pour la science et pour l'appui de l'Université au développement du pays. Les représentants de la Direction de la Juridiction Militaire, résolument hostiles à toute langue de bois, ont éclairé au plan pratique l'auditoire. Qu'ils soient spécialement remerciés pour leur expertise et leur grande ouverture d'esprit.

Merci aux collaborateurs du Département pour leur totale implication et leur dévouement, notamment l'équipe des collègues/rapporteurs, **Dr ASSIRA Marthe et Dr BEFOLO Gisèle,** l'équipe toujours disponible du secrétariat autour de **Mme VOULA** et de **Mme NGA ESSAMA**, et le personnel d'appui de l'IRIC associé à l'organisation de la journée.

PRÉSENTATION

Quel rôle pour la Justice Militaire dans la lutte contre le terrorisme au Cameroun ?

Le terrorisme comme phénomène multidimensionnel et la lutte contre cette hydre aux multiples tentacules par les outils du droit n'en finissent pas de défier les constructions normatives, de les éprouver et de les tenir très souvent en échec. Que peut le droit, que peut le droit répressif, que peut la justice, et la Justice Militaire en particulier, dans la dynamique elle-même pluridimensionnelle de lutte contre l'entreprise terroriste ? Telles sont les interrogations de fond que les participants à la journée d'étude organisée le 12 mars 2021 par le Département de Droit International de l'IRIC, sur le thème *« Juger le terrorisme devant la justice militaire au Cameroun : état des lieux, enjeux et perspectives »* ont voulu adresser. Ce faisant, le Département de Droit International confirmait et prolongeait une entreprise réflexive initiée en son sein depuis 2016, avec l'organisation d'un colloque international sur le thème : « *Droit International, Droits nationaux et lutte contre le terrorisme en Afrique* »[1]. La lutte internationale contre le terrorisme, lorsqu'elle n'emprunte pas le visage de la lutte armée, à l'instar des coalitions militaires contre les Talibans en Afghanistan, contre l'État Islamique en Irak et au Levant, contre les mouvements djihadistes au Sahel ou par la Force Multinationale Mixte contre Boko Haram autour du Lac Tchad, ou lorsqu'elle n'est pas adressée devant la Cour Pénale Internationale, revêt pour l'essentiel les aspects d'une conjonction de démarches étatiques. Les institutions militaires, policières et judiciaires des États, agissant et interagissant, sont le site privilégié du programme international de lutte contre le terrorisme.

Le Cameroun a choisi de confier aux tribunaux militaires le traitement judiciaire des actes de terrorisme. Ce choix se veut un choix d'efficacité, même s'il est discuté, en particulier lorsque les actes

---

[1] Voir Olinga, A.D (Dir). *Droit international, droits nationaux et lutte contre le terrorisme en Afrique. Actes du Colloque international organisé par le département de Droit international de l'Institut des Relations Internationales du Cameroun (IRIC), Yaoundé, les 8,9 et 10 juin 2016. Yaoundé, Presses de l'UCAC, 2017.*

terroristes sont imputables aux civils[2]. Ce choix, de manière générale, peut intriguer. De fait, le terrorisme étant généralement appréhendé comme une violence à finalité politique, il est à craindre que la mobilisation de la Justice Militaire soit perçue sous un prisme politique, que la Justice Militaire ne soit qu'un instrument politique dans le cadre d'un combat politique, mobilisation à finalité politique susceptible de rétroagir négativement sur l'identité institutionnelle et la neutralité de la Justice Militaire , et même de l'institution militaire dans son ensemble, notamment lorsque la Justice Militaire et les opérations militaires sur le terrain sont conduites simultanément, tous ceux qui sont tièdes ou hostiles à la collaboration avec les militaires pouvant être considérés comme des présumés soutiens aux acteurs terroristes. Comment la Justice Militaire peut-elle espérer ne pas être perçue, dans ce contexte, comme une arme de guerre, surtout si les juridictions militaires disposent à cet égard d'une compétence exclusive [3]?

Les intervenants à la journée d'étude, universitaires et praticiens dotés d'une forte fibre universitaire, ont abordé des thématiques d'importance. La question du statut de la juridiction militaire, avec une mise en perspective comparative et critique opérée par **OWONA MFEGUE** au sujet du recours à la Justice Militaire pour juger le terrorisme a été abordée. **MONEBOULOU** s'interroge quant à lui sur la question de l'indépendance de la Justice Militaire , une indépendance sous contrôle, notamment, du pouvoir exécutif, mais un contrôle à nuancer et à ajuster pour un fonctionnement efficace et légitime de l'institution. Ont ensuite été abordées les questions techniques de compétence et de procédure. Le **Colonel Magistrat SIPA**, fort de son statut de Directeur de la Justice Militaire, a développé la question de la compétence, spécifiquement en ce qui concerne le jugement des civils. Cette compétence, à son avis consacrée, est néanmoins discutée. Sur la procédure, deux voix ont été entendues, celle d'un universitaire, **KENFACK Jean** et celle du jeune magistrat militaire **KOUM Franck**. Thème délicat, car le fenestron de tolérance du droit international onusien vis-à-vis du jugement des civils par les tribunaux militaires est lié au respect scrupuleux, du point de vue procédural, des éléments du

---

[2] Voir Olinga, A.D. « La résistance entêtée d'une 'exception' condamnée : le jugement des civils par les tribunaux militaires en droit camerounais ». in Ondoa, M. & Abane Engolo, P.E. (Dir). *L'exception en droit. Mélanges en l'honneur de Joseph Owona.* Paris, L'harmattan, 2021, pp.45-56.

[3] Voir article 1 alinéa 3 de la loi 2014/028 du 23 décembre 2014 portant répression des actes de terrorisme.

procès équitable. Sous ce rapport, chacun avec son style, les deux intervenants ont noté que si tout ne saurait être peint en noir, de graves interrogations sont à formuler, notamment au sujet de la durée de la garde à vue. **ASSIRA Claude,** fort de son expérience devant le prétoire militaire en qualité d'avocat, s'est intéressé quant à lui à la défense des présumés terroristes devant la Justice Militaire . Dans l'ensemble, l'entreprise est présentée comme un parcours d'obstacles, avec des difficultés d'ordre théorique liées à l'incrimination du terrorisme (floue et nébuleuse à son avis) et un choix de politique répressive autoritaire, et des difficultés pratiques liées au cadre processuel et à d'autres pratiques pouvant être saisies comme des atteintes au droit à un procès équitable.

La journée d'étude a abordé les effets de la mobilisation de l'institution répressive, qu'il s'agisse de l'exécution des décisions des tribunaux militaires **(KOUM Franck)**, de la réparation du préjudice subi par les victimes d'actes de terrorisme, entreprise encore déficiente nécessitant des mesures publiques spéciales **(FETZE KAMDEM),** du bilan quantitatif et sociologique de la répression du terrorisme devant la Justice Militaire , avec les statistiques et les profils fort évocateurs et instructifs exposés par **SIPA**. Ce bilan montre toute la dimension tentaculaire du phénomène terroriste, son potentiel d'infiltration dans diverses couches de la population et les répercussions inattendues que sa traque au sein de la population non directement ou non ouvertement impliquée dans la violence armée peut avoir pour le lien Armée et Nation sur le terrain opérationnel de la lutte armée contre le terrorisme. Enfin, la question de l'impact de la Justice Militaire sur le reflux ou l'exacerbation de la violence terroriste a été évoquée par **ATEMENGUE**. L'enseignant doute de l'aptitude de la Justice Militaire à faire reculer le terrorisme, son potentiel dissuasif étant faible. En revanche, cette justice aurait même pour effet d'exacerber le phénomène, tellement la répression cible plusieurs catégories, constituant ce faisant de nombreux potentiels terroristes, du fait d'un processus de révolte contre une répression aveugle et suspectant à peu près tout le monde.

Il eût été utile, au cours de cette journée, que l'on abordât la jurisprudence des tribunaux militaires sur un certain nombre de points spécifiques, à l'instar de l'incitation au terrorisme et de l'apologie des actes de terrorisme, cette dernière catégorie pouvant contraindre sérieusement la liberté d'expression ou la liberté de la presse. Une réflexion plus poussée devrait être effectuée sur l'impact que le traitement du terrorisme aura eu sur l'évolution institutionnelle, le volume de travail, l'image et la légitimité de la Justice Militaire dans l'environnement sociopolitique. Enfin, il y a lieu de vérifier si l'attribution à la Justice Militaire de la compétence matérielle exclusive en matière de terrorisme n'est pas de nature à empêcher ou à retarder l'émergence d'un corps de magistrats antiterroristes spécialisés à l'instar du Pôle judiciaire spécialisé dans la répression des actes de terrorisme créé au **BURKINA FASO** par la loi 006-202-17/AN du 19 janvier 2017**.** C'est probablement vers ce modèle que l'on devra évoluer, pour éviter à la Justice Militaire et à l'État du Cameroun des remontrances sur le terrain du droit à un procès équitable devant une juridiction au statut particulier, à une indépendance et une impartialité difficiles, surtout en contexte de lutte armée contre des activités armées qualifiées politiquement de terroristes. Lorsque des forces de défense et de sécurité, y compris donc les militaires, combattent sur le terrain national des groupes et actes qualifiés par l'autorité politique de terroristes, la Justice Militaire intégrée dans l'administration de la Défense peut elle, malgré la compétence et le professionnalisme de ses personnels, opérer objectivement de manière impartiale et équitable à l'égard des personnes présumées coupables ou complices des actes ayant porté atteinte à la vie ou à l'intégrité physique des militaires ?

La journée d'étude s'est retrouvée confrontée à des questions difficiles. Face au terrorisme, la Justice Militaire est-elle seulement une institution de justice relevant de l'organisation judiciaire de l'État, administrant le droit en toute impartialité ou plutôt un dispositif de combat, une sorte de bataillon non armé certes, mais qui se doit de faire à son niveau la démonstration qu'il est, comme les bataillons armés déployés sur le terrain, au service de l'effort de guerre contre le terrorisme, effort qui doit se traduire lui aussi par des bilans tangibles et concrets ? Ces questions, l'on en convient, sont sensibles et ne sont pas simples. Pour autant, elles ne sauraient être éludées et méritent d'être posées.

Pr Olinga Alain Didier
Chef de département de droit international de l'IRIC

RECOURIR À LA JUSTICE MILITAIRE POUR LUTTER CONTRE LE TERRORISME : PERSPECTIVES COMPARÉES ET INTERNATIONALES

Kourra Félicité OWONA MFEGUE

Maitre de Conférences au Département de droit international de l'Institut des relations internationales du Cameroun (IRIC) -Université de Yaoundé II), Chercheur associé au CEDIN (Centre européen de droit international, Université Paris X-Nanterre), Avocat (Barreau de Paris), Arbitre à la Chambre de conciliation et d'arbitrage du Comité international olympique au Cameroun, Experte électorale (ONU et UA), Ambassadrice Pour la Paix-Femwise (sous le panel des anciens de l'Union Africaine).

INTRODUCTION

Depuis les attentats du 11 septembre 2011, le phénomène de recrudescence des juridictions pénales spéciales est notoire tandis que la Justice Militaire continue de véhiculer une image fondamentalement péjorative. Il semblerait pourtant que l'appel à la Justice Militaire pour contrer le phénomène de terrorisme ne relève pas du réflexe médullaire tant les deux phénomènes semblent viciés dès le départ par une incompatibilité principielle. D'ailleurs, les travaux des organes de protection des droits de l'homme ont mis en exergue des situations exacerbées révélatrices d'une incompatibilité entre l'administration de la justice par les tribunaux militaires et tribunaux d'exception et le droit international des droits de l'homme. Quid de celle des juridictions anti terroristes déjà soupçonnées de toutes les tares !

Sur le plan historique, les deux réalités sont rarement concomitantes ! L'origine de la Justice militaire remonte à la première réglementation de la guerre de l'ancienne Confédération suisse au XIVe siècle. En France, la pratique de la Justice Militaire ne connait un tournant décisif que dans les années 1857. Plusieurs pays se sont ensuite lancés dans une démarche similaire d'institutionnalisation de la

Justice Militaire tantôt pour révolutionner les pratiques judiciaires[1] tantôt pour opérer une démarcation entre la justice pénale civile et la justice pénale militaire.

Pourtant, la terminologie « *terrorisme* » est attestée pour la première fois en novembre 1794. Elle renvoie alors à la « *doctrine des partisans de la Terreur* », de ceux qui, quelque temps auparavant, avaient exercé le pouvoir en menant une lutte intense et violente contre les contre-révolutionnaires[2]. À toutes les époques, le terrorisme demeure une des manifestations les plus abjectes[3] au sein du monde humain, consistant en des actions violentes destinées à répandre la terreur et faire ainsi pression sur un État et/ou des populations afin de détruire, mutiler et tuer.

Dès lors que l'on parle de Justice Militaire anti-terroriste, il importe de déceler les contours d'une telle institution. Ce que nous appelons « *juge militaire* », est-ce vraiment un juge ou un militaire ? Un juge militaire n'est pas un militaire juge, et un constat répond à cette interrogation alanguie : l'essence du juge est son indépendance alors que l'essence du militaire est l'obéissance, c'est-à-dire son versant antithétique. Selon G. Clemenceau, « Il suffit d'ajouter *« militaire »* à un mot pour lui faire perdre sa signification originelle. « *Ainsi, la Justice militaire ne serait pas la justice, la musique militaire, pas la musique* ». Au-delà des clichés, ces bons jeux de mots permettent de mettre en évidence la sempiternelle polémique qui entoure la Justice Militaire .

Or, la Justice Militaire est entendue comme *« l'administration de la justice par les tribunaux militaires »*. Et la question de la définition des tribunaux militaires n'est pas aussi simple qu'il y paraît. S'il ne fait aucun doute que les cours martiales sont des tribunaux militaires, la situation n'est pas aussi claire concernant le statut d'autres institutions

---

[1] ROUSSEAUX (Xavier), « La justice militaire et les civils sous le Directoire : l'exemple des 24e et 25e divisions militaires », *Annales historiques de la Révolution française* [En ligne], 350 | octobre-décembre 2007, mis en ligne le 01 janvier 2011, consulté le 10 décembre 2020.

[2]CADROY P., cité par le Trésor de la langue française (rechercher terrorisme [archive]), LAURENS H. et FAVIER. A, « La poudrière proche-orientale entre terrorisme classique et violence graduée du Hezbollah », Esprit (1940-, no 314 (5), 2005, p. 141–149 (ISSN 0014-0759, lire en ligne [archive], consulté le 21 août 2019.

[3] CASER S., « le terrorisme international et ses aspects », in *Revue internationale de droit comparé*, n° 4, 4e éd., Paris, Dalloz, 1991, p.19

telles que les tribunaux spéciaux en Afrique ou les Cours de sécurité de l'État en Turquie par exemple. En revanche, s'agissant des commissions militaires établies par le gouvernement des États-Unis pour juger des étrangers soupçonnés d'avoir commis des actes terroristes, celles-ci sursoient à la qualification de tribunaux militaires dans la mesure où elles sont issues et dépendent directement du pouvoir exécutif[4].

Les juridictions militaires sont donc une réalité complexe et variée qui s'épanouit et/ou s'inhibe dans un contexte historique et politique spécifique et s'arrime à un système de droit particulier. Par ailleurs, la question des critères de définition des tribunaux militaires est fortement liée à leur composition : la nature militaire d'une juridiction dépend-elle de la présence de militaires en son sein ? Différents modèles de juridictions militaires existent ainsi à travers le monde. Il est par conséquent difficile d'en tirer une classification. Louis Joinet avait néanmoins dégagé trois catégories de juridictions militaires : les juridictions qui demeurent à dominante militaire, les juridictions qui évoluent dans le sens d'une mixité civils/militaires, et les juridictions à dominante civile[5].

Malgré la gravité de ce phénomène, la controverse est vivement nourrie par la question des rapports des juridictions militaires avec les juridictions civiles. La capacité spécifique de pouvoir juger des civils et, pourquoi pas, des militaires -, pour des crimes politiques que n'obèrent pas les valeurs militaires, mais qui concernent toute la société, n'est pas innée. Il existe des pays sans tribunaux militaires, des pays dans lesquels des cours civiles intègrent des éléments militaires, des pays avec des chambres militaires au sein de cours civiles, des pays avec des éléments civils ou sein des cours militaires et des tribunaux entièrement militaires. La plus épineuse question étant celle de la poursuite des civils devant les juridictions militaires pour « *crimes de terrorisme* ».

Le recours à la Justice militaire pour réprimer des comportements attribués à des personnes auteurs des actes de terrorisme ne parait donc pas faire l'unanimité au moins en raison de la question de sa

---

[4]CALLEJON, C., les « Principes des Nations Unies sur l'administration de la justice par les tribunaux militaires : pour une justice militaire conforme au droit international », *Droits fondamentaux*, n° 6, janvier - décembre 2006, pp.1-16.

[5] Question de administration de la justice par les tribunaux militaires, document E/CN.4/Sub.2/2002/4 du 9 juillet 2002.

compatibilité avec le droit international des droits de l'homme. La plupart du temps, les tribunaux militaires ne remplissent pas les critères d'indépendance et d'impartialité pour assurer une administration de la justice qui soit conforme aux garanties internationales du procès équitable surtout pour des problématiques comme celles ayant trait au terrorisme.

L'attribution de certaines compétences en matière de Justice Militaire anti-terroriste n'est par conséquent pas commode. Au niveau national, c'est le plus souvent, un Code de Justice Militaire qui encadre les attributions de compétence juridictionnelle. Au niveau international, ce sont les sacro-saints « *principes DECAUX* »[6] qui guident l'administration de la justice par les tribunaux militaires.

En réalité, c'est davantage aux fins d'évolution et d'adaptation de la justice pénale aussi bien interne qu'internationale aux nouvelles formes d'infractions que la répression des actes de terrorisme s'est progressivement inscrite dans le champ de compétence des juridictions militaires. Il y'aurait pour une école de pensée moins soucieuse des paradigmes « droits de l'hommistes », une opportunité à recourir à la Justice Militaire pour lutter contre le terrorisme.

Dès lors, le prisme à fleurets antinomiques entre les deux concepts commande d'établir un état des lieux critique de l'administration de la Justice Militaire en matière de lutte contre le terrorisme à la lumière des standards *minima* dégagés du point de vue du droit international. Orientant cette recherche dans une perspective internationale et comparative , plusieurs États ont fait l'objet d'un examen d'ensemble : France, Tchad, Irlande, Canada, Brésil, Cameroun, Chili, Égypte, Argentine, Espagne, Israël, Russie, France, Belgique, États-Unis.

Les enseignements de droit comparé du recours à la Justice Militaire dans la lutte contre le terrorisme dévoilent un phénomène de standardisation de la Justice militaire au prisme du droit international **(I)** assorti de la persistance de l'hétérogénéité dans l'administration de la Justice Militaire au regard du droit international de l'homme **(II)**.

---

[6] Issus du projet des principes des Nations Unies sur l'administration de la justice par les tribunaux militaires développés par l'expert de la sous-Commission de promotion et de protection des droits de l'homme, Emmanuel
DECAUX en 2006.

I. LA STANDARDISATION DE LA JUSTICE MILITAIRE AU PRISME DU DROIT INTERNATIONAL

Même s'il existe plusieurs normes internationales juridiquement contraignantes ou même déclaratoires qui règlent les problèmes spécifiques que pose l'administration de la justice par les tribunaux militaires, une sorte de *modus vivendi* [7]fait émerger une politique juridique criminelle en voie d'uniformisation (**A**). Une tendance à la spécialisation des juridictions militaires en matière de répression du terrorisme émerge également (**B**).

A. L'uniformisation de la politique juridique criminelle de répression du terrorisme devant la Justice Militaire

L'expression « *politique juridique criminelle* » juxtapose deux sortes de politique dans la lutte contre le terrorisme. D'une part, la « politiq*ue juridique extérieure* »[8] qui désigne un ensemble de procédés au service des politiques nationales portant sur les aspects juridiques des relations d'un État avec d'autres États. Et d'autre part, la politique criminelle qui se définit comme une politique publique fondée sur une philosophie pénale et définissant des stratégies mises en œuvre par l'État dans sa fonction régalienne, conduite avec ses partenaires, pour répondre au phénomène de la criminalité[9]. La répression du terrorisme devant la Justice Militaire apparait à cette échelle comme l'option d'une politique criminelle participative en ce sens qu'elle implique une incrimination à double échelle. D'une part à l'échelon national (1) et d'autre part, à l'échelon international (2).

1. L'arrimage de la répression du terrorisme à la compétence traditionnelle des juridictions militaires

Le plus souvent, les juridictions militaires sont des juridictions spéciales. Dans la plupart des pays, il s'agit de juridictions de droit commun spécialisées dans le contentieux des affaires pénales

---

[7] Un compromis, un arrangement éventuellement provisoire entre deux parties ou relativement à une situation donnée ;

[8] *DE LACHARRIERE., G., « La politique juridique extérieure » In : Politique étrangère, n° 4 - 1983 -48e année, p. 13(Fichier PDF généré le 13/04/2018)*

[9] JEAN (Jean-Paul), « La conception de la politique criminelle », Dans *Le système pénal* (2008), pp 13-30.

militaires[10]. La compétence de telles juridictions militaires en matière de répression du terrorisme découle de leur attribution en matière de protection de l'intégrité de l'État, de l'utilisation des armes à feu, des subversions et de la grande criminalité. Cet alignement se justifie à travers deux arguments.

Premièrement, l'argument est objectif et repose sur la définition esquissée par Gérard CORNU selon laquelle le terrorisme est l'ensemble d'actes de violence commis par une organisation politique pour renverser le gouvernement[11]. De même, selon GUILLIEN et VINCENT, le terrorisme est l'ensemble des infractions énumérées par le Code pénal, qualifiées ainsi lorsqu'elles sont en relation avec une entreprise individuelle ou collective ayant pour but de troubler gravement l'ordre public par l'intimidation ou la terreur[12].

On constate dès lors que la compétence des juridictions militaires en matière de répression du terrorisme constitue une présomption découlant de la définition du terrorisme. En outre, la répression du terrorisme se greffe en principe sur le droit pénal et la procédure pénale de droit commun, tout en s'alignant sur le régime juridictionnel dérogatoire de la Justice Militaire . En l'occurrence, on se réfère à des tribunaux spéciaux pour désigner en réalité des juridictions d'exception composées en grande partie de militaires y jugeant des civils. Le Cameroun s'inscrit dans cette approche tout comme d'autres États tels que la France, les États-Unis, le Canada, le Congo.

Deuxièmement, l'argument est subjectif et repose sur l'idée que la Justice Militaire serait une justice plus efficace, plus diligente que la justice ordinaire et emportant une certaine technicité. La Justice Militaire correspondrait à une compétence résiduelle spécialisée en raison de situations spécifiques qui subsistent. Dans des situations de conflit, d'interventions militaires à l'étranger notamment dans le cadre d'opérations de maintien de la paix ou du même type, une justice adaptée est nécessaire. Dans de nombreux pays de *common law* par

---

[10] Au Cameroun, la justice militaire est organisée par la Loi n° 2017/012 du 12 juillet 2017 portant Code de Justice militaire. Cette dernière précise que le statut juridique des magistrats militaires est régi par les dispositions en vigueur pour les magistrats ordinaires.

[11] CORNU G., Vocabulaire juridique, 7e édition, Paris, Association Henry Capitant, 1995, p.177.

[12] GUILLIEN R. et VINCENT J., *lexique des termes juridiques*, 15e édition, Paris, Dalloz, 2007, p.606.

exemple, les tribunaux militaires sont souvent les seules cours compétentes pour juger des crimes et délits commis à l'étranger dans la mesure où les juridictions ordinaires n'ont pas de compétence extraterritoriale[13]. Même dans les pays où les juridictions civiles ont une telle compétence, il leur est plus difficile de juger à l'étranger alors que les juridictions militaires peuvent être déployées et fonctionner dans le lieu où le crime a été commis. Il convient de reconnaitre que le terrorisme se caractérise par une transnationalité qui légitime le recours à la Justice Militaire .

2. L'internationalisation du cadre de répression du terrorisme par la Justice Militaire

Pour que la justice pénale puisse contribuer efficacement à la lutte contre le terrorisme, les États doivent pouvoir compter sur un ensemble de règles juridiques antiterroristes et des systèmes de justice pénale efficients. Ils doivent également se doter des capacités nécessaires pour démêler les affaires pénales complexes et coopérer étroitement à la répression du terrorisme au plan international. Pour cela, les États doivent prendre l'engagement de poursuivre des objectifs communs aux échelons national, sous régional et régional. Ce qui correspond à la définition d'une « *politique juridique criminelle* » conforme aux standards internationaux en matière de répression du terrorisme.

En effet, au niveau international, l'administration de la Justice Militaire en matière de répression du terrorisme est encadrée par les règles relatives à la coopération judiciaire internationale et celles relatives à la *« compatibilité des juridictions militaires avec les standards internationaux des droits de l'homme »*[14].

Relativement à la coopération internationale, c'est le pilier de toute intervention de la justice pénale face au terrorisme international. Vu

---

[13] Article 4 al. 2 Code de justice militaire camerounais : « *Le Tribunal militaire est également compétent pour connaitre des infranctions de toute nature commise... hors du territoire national* ».

[14] C'était l'intitulé imaginé initialement pour l'étude à confier à un expert de la Sous-Commission des Nations Unies, après l'échec en 1985 pour obtenir la nomination d'un rapporteur spécial sur « L'abolition des tribunaux militaires ». Sur l'historique, cf JOINET, L., « Défis et enjeux de l'administration de la justice par les tribunaux militaires », in Human Rights and the administration of justice through military tribunals, Papers delivered at the ICJ Conference, Geneva, january 2004, sur le site internet http://www.icj.org.

qu'il n'existe aucun tribunal international ayant pour compétence de juger les actes de terrorisme international tels que définis dans les instruments juridiques universels, l'obligation de traduire en justice les auteurs de tels actes criminels incombe exclusivement aux juridictions nationales. Dans sa résolution 1373 (2001), le Conseil de sécurité a décidé en outre que les États doivent se prêter mutuellement la plus grande assistance lors des enquêtes criminelles et autres procédures portant sur le financement d'actes de terrorisme ou l'appui dont ces actes ont bénéficié, y compris l'assistance en vue de l'obtention des éléments de preuve qui seraient en leur possession et qui seraient nécessaires à la procédure. Les juridictions militaires sont donc visées par la répression du terrorisme.

De même, pour ce qui est du respect du droit international par les juridictions militaires en matière de répression du terrorisme, les « *principes de DECAUX* » sont mis en exergue. L'objectif étant de s'assurer que la Justice Militaire respecte les normes internationales relatives au droit à un procès équitable.

En tout état de cause, la mutation institutionnelle de la Justice Militaire répond aux défis de répression du terrorisme. Les juridictions militaires s'inscrivent en effet dans un vaste et perpétuel mouvement aux multiples facettes. Les raisons sont variées : le contexte sécuritaire lié à la lutte mondiale contre le terrorisme, l'évolution des missions des armées en raison surtout du déploiement des forces armées à l'étranger avec des missions non exclusivement militaires.

Sur un plan purement normatif, l'organisation de cette justice n'échappe pas aux effets de la normativité accrue du droit international et de sa judiciarisation, spécialement des évolutions contemporaines majeures en droit international des droits de l'homme et en droit international pénal. En outre, recourir à la Justice Militaire pour lutter contre le terrorisme consiste d'abord en une orientation de la politique juridique criminelle des États confrontés à la guerre du terrorisme[15]. Ensuite, cette dernière se traduit par une exceptionnalisation de la compétence des juridictions militaire en matière de répression du terrorisme.

---

[15] Sous presse, Juridictions militaires et Tribunaux d'exception en mutation, Perspectives comparées et internationales, dir. E. LAMBERT ABDELGAWAD, ed. AUF, Coll. « Actualités francophones », en préparation, juillet 2007 (versions électronique et papier).

B. L'exceptionnalisation de la Justice Militaire en matière de répression du terrorisme

Concernant les Tribunaux dits « spéciaux », il faut considérer que l'exceptionnalité d'un tribunal consiste à enlever à la justice ordinaire une partie de son domaine de compétence. Ce fait est justifié par des raisons autres que les exigences de la justice lesquelles s'apparentent à des raisons politiques ou religieuses. L'exceptionnalité est différente de la spécialité pour laquelle ce sont les valeurs de la justice qui sont source de justification. Fort de ses caractères complexes, transnationaux et préoccupants, la répression du terrorisme s'inscrit dans un régime dérogatoire de droit commun.

Cela se traduit par la banalisation de compétences exceptionnelles attribuées aux juridictions militaires aussi bien à l'échelon national (1) et qu'à l'échelon international (2).

1. La compétence en matière de répression du terrorisme à l'échelon national

La compétence en matière de répression du terrorisme à l'échelon national repose sur un régime juridique dérogatoire eu égard à l'incrimination de l'acte de terrorisme. Elle se décline en une reconnaissance expresse dans le Code de Justice Militaire de la compétence de connaitre des actes de terrorismes. Ainsi, il s'agit d'abord d'une compétence d'attribution fondée aussi bien sur les textes de droit pénal que sur les textes spécifiques. Elle consiste ensuite en une compétence *ratione persona*, dès lors que les civils peuvent être poursuivis devant les juridictions militaires pour actes de terrorisme.

S'agissant de la compétence *rationne materiae,* elle est définie expressément par des textes spécifiques qui attribuent la répression des actes « *qualifiés d'actes de terrorisme* ». En effet, au nom du principe de la légalité criminelle, le législateur a eu à réserver au phénomène, un certain nombre des dispositions pénales.

Au Cameroun, la loi n° 2014/028 du 23 décembre 2014 portant répression des actes de terrorisme et la loi la Loi n° 2017/012 du 12 juillet 2017 portant Code de Justice militaire que fonde la compétence des juridictions militaire en matière de répression de terrorisme. Cette démarche est similaire dans des pays tels que la

RDC[16], le Canada[17]. La compétence matérielle des juridictions militaires en matière de terrorisme converge vers une même catégorie d'infractions constitutives d'acte de terrorisme nonobstant quelques particularités liées au contexte. À titre de droit comparé, ces infractions sont déclinées en quatre types[18] :

- Les infractions constitutives d'actes de terrorisme classique ;
- Les infractions constitutives d'actes de terrorisme écologique ;
- Les infractions constitutives d'actes de terrorisme associatif ;
- Les infractions constitutives d'actes de terrorisme financier.

La première catégorie est la plus commune des autres types d'actes de terrorisme. Elle comprend les atteintes volontaires aux personnes et aux biens, à la vie, à l'intégrité physique telles que l'enlèvement, la séquestration, le détournement d'aéronef, de navire, de tout moyen de transport, les vols, destructions, dégradations, les infractions en matière d'informatique, les faux et usages de faux, mais aussi en matière de groupes de combat et de mouvements dissous, la fabrication, la détention, ou le transport illégaux d'armes, d'engins meurtriers, explosifs, matériels de guerre, munitions, armes chimiques ou à base de toxines ainsi que le recel du produit de ces infractions. Toutefois, la méthode choisie par le législateur est d'opérer par renvoi, mais moins à des qualifications qu'à des catégories d'infractions définies par le Code pénal ou des lois particulières.

Pour ce qui est de la compétence *Ratione personae*, les juridictions militaires connaissent une extension de leur compétence en matière de répression du terrorisme. Il s'agit de l'hypothèse de la poursuite des civils soupçonnés d'avoir participé à la commission d'actes de terrorisme

---

[16] En RDC, nous relevons la loi n° 024/2002 du 18 novembre 2002 portant code pénal militaire et la loi n° 04/016 du 19 juillet 2004 portant lutte contre le blanchissement des capitaux et le financement du terrorisme.

[17] Le système de justice militaire canadien est un système unique et indépendant faisant partie intégrante de la mosaïque juridique canadienne. Ce système de justice militaire distinct et valide sur le plan constitutionnel mène ses activités en parallèle avec son équivalent en matière de justice pénale civile, et tire sa source du *Code de discipline militaire* (CDM), qui relève de la partie III de la *Loi sur la Défense nationale* (LDN).

[18] RENOUX, Thierry S., « Juger le terrorisme ? » – *cahiers du Conseil constitutionnel* N° 14 (dossier : la justice dans la constitution) – mai 2003, pp. 4-6.

devant ces juridictions en raison du caractère dérogatoire de l'infraction du terrorisme. Quid de la compétence à l'échelon international ?

2. La compétence en matière de répression du terrorisme à l'échelon international

La compétence à l'échelon international porte sur un agissement international constituant une infraction à l'encontre de la communauté mondiale – *delicta juris gentium* – ou sur un acte transnational qui touche aux intérêts de plusieurs États. Le terrorisme se justifie-t-il de ces deux formes d'infractions pour fonder la compétence des juridictions militaires en matière à l'échelon international ? En guise de réponse, deux hypothèses peuvent être examinées de manière simultanée.

Relativement à la considération de la répression du terrorisme dans le cadre des poursuites pénales pour ***delicta juris gentium***, il convient d'apprécier l'auteur et le lieu de poursuite afin d'établir le rapprochement avec le terrorisme. En effet, l'expression *delicta juris gentium* correspond à des crimes qui choquent la conscience des Nations et met en cause la responsabilité pénale des individus. Ces individus peuvent agir pour le compte d'un État ou peuvent être des acteurs non étatiques. L'entreprise terroriste est considérée par la communauté internationale comme manifestement odieuse, et ses auteurs sont pénalement responsables devant les tribunaux militaires.

Par ailleurs, les ***delicta juris gentium*** peuvent faire l'objet d'une action pénale soit au niveau national, soit au niveau international. D'où la compétence des juridictions militaires qui, fondée sur le caractère international du terrorisme, lui a été reconnue implicitement par les instruments internationaux de répression du terrorisme de connaitre des actes de terrorisme constituant des éléments des crimes de guerre, crime de génocide et crime contre l'humanité.

Pour ce qui est de la répression des actes de terrorisme par les juridictions militaires en raison de leur caractère transnational, la question est celle de savoir sur quelles bases, les tribunaux nationaux peuvent-ils se fonder pour établir leur compétence à l'égard des crimes ayant des répercussions internationales ? En guise de réponse, les tribunaux nationaux peuvent se fonder sur les critères suivants à cet égard :

- Lorsque les actes ont été commis sur le territoire de l'État ou à bord d'un navire battant son pavillon ou d'un aéronef immatriculé dans cet État (compétence territoriale) ;
- Lorsque les suspects sont des ressortissants de l'État (compétence personnelle active) ;
- Lorsque les victimes sont des ressortissantes de l'État (compétence personnelle passive) ;
- Lorsque les actes constituent un grave crime international, tel qu'un crime contre l'humanité ou un crime de guerre (compétence universelle).

À titre d'illustration, en droit international humanitaire, la Convention IV de Genève aborde le thème de la Justice Militaire en offrant la possibilité de faire juger des civils par des militaires pour des infractions commises contre les dispositions pénales de la puissance occupante (art. 66.).

Dans cet esprit, il apparait évident que les juridictions militaires disposent d'une compétence attributive en matière de répression du terrorisme à l'échelon international, dès lors qu'il implique plusieurs pays. La coopération entre les États pour prévenir les actes de terrorisme et traduire les terroristes en justice devient ainsi un élément indispensable de la justice pénale dans son approche de la lutte contre le terrorisme.

En tout état de cause, la justification de la compétence des juridictions militaires en matière de répression du terrorisme s'analyse sous le prisme de l'opportunité et de l'efficacité de ces juridictions à juger le terrorisme. Cela, en respectant les conditions relatives à un procès équitable.

C. La consécration de la garantie du procès équitable devant les juridictions militaires anti -terroristes

Les principaux instruments de droit international des droits de l'homme ont prévu dans leur arsenal juridique, les principes de base garantissant une bonne administration de la justice. Ainsi la CADH (art.8) et la CESDH (Art.6) reconnaissent en des termes très similaires, le droit à un tribunal indépendant et impartial, la CESDH reconnaissant même le droit à un procès équitable.

De même, plusieurs instruments régionaux de protection des droits de l'homme reconnaissent le droit à un recours effectif dans les cas où des personnes verraient leurs droits fondamentaux bafoués (Art. 25 CADH et 13 CESDH). Dans la même veine, le Pacte des Nations Unies de 1966 relatif aux droits civils et politiques reconnaît le droit à être jugé par un tribunal indépendant et impartial (article 14).

Ces garanties énoncées ne prévoient aucune restriction et/ou exception qui permettraient de déduire que ces principes ne seraient pas applicables à une juridiction militaire et aux incriminations terroristes. Juger devant les juridictions militaires, le terroriste ne revient-il pas à juger *in fine*, un être humain ?

Les instruments juridiques pertinents ayant une portée générale, ils ne précisent pas s'il s'agit d'une justice civile ou militaire. Les États ont donc l'obligation de les mettre en œuvre en toute circonstance, quelle que soit la juridiction.

Selon le Rapport du ministère de la Justice sur l'état des droits de l'Homme au Cameroun (2009), la garantie se trouve dans la reconnaissance de droits aux présumé-e-s terroristes. En effet, l'expression ''*procès équitable*'' résume, en deux mots, les différentes garanties propres à assurer une bonne administration de la justice. Ces garanties concernent aussi bien la juridiction et l'instance que les droits spécifiques reconnus à la personne faisant l'objet d'un procès. Le droit à un procès équitable est défini par Guinchard et Debard comme étant *« des droits fondamentaux du procès qui composent un droit commun né des normes internationales [...] et constitutionnelles »*[19].

Les mesures préconisées au niveau international pour garantir le droit à un procès équitable sont entérinées dans le préambule de la Constitution camerounaise du 18 janvier 1996 en ces termes : *« la loi assure à tous les hommes le droit de se faire rendre justice ».* Par ailleurs, il ressort que *« tout prévenu est présumé innocent jusqu'à ce que sa culpabilité soit établie au cours d'un procès conduit dans le strict respect des droits de la défense ».* En outre, le texte constitutionnel camerounais, dans son préambule, reconnaît cette garantie qui se traduit toutefois par une double reconnaissance du droit

[19] GUINCHARD (Serges) et DEBARD (Thierry) (dir.), *Lexique des termes juridiques*, 25e édition, Dalloz, 2017-2018, p. 360.

à un juge, du droit à un tribunal (**1**) et du droit au respect de la présomption d'innocence (**2**).

1. Le droit à un juge et le droit à un tribunal

La garantie d'accès à un tribunal diffère du droit à un recours. La première intervient en début de procédure, alors que le second intervient quand le procès est ouvert ou même lorsqu'il y a déjà eu une solution au litige. L'article 14 du Pacte international relatif aux droits civils et politiques stipule que toute personne accusée a droit à ce que sa cause soit entendue par un tribunal. Ce dernier exerce un contrôle juridictionnel réel et suffisant. Le juge saisi a l'obligation de statuer sur l'accusation. Doté d'un dispositif juridique contraignant à l'endroit de personnes soupçonnées d'appuyer des activités criminelles et surtout terroristes contre l'État, le Cameroun passe d'un délai ordinaire de 48 heures renouvelables à un délai spécial. Ainsi, l'article 11 de la loi n° 2014/028 du 23 décembre 2014 portant répression des actes de terrorisme souligne que « le *délai de la garde à vue est de 15 jours renouvelables [sic] sur autorisation du Commissaire du Gouvernement »* compétent. L'article 12 de cette loi prévoit la saisine du Tribunal militaire « par ordre de mise en jugement direct du Commissaire du Gouvernement ». En l'espèce, au Cameroun, il s'agira d'un juge du tribunal militaire, seule juridiction habilitée à statuer sur les crimes de terrorisme. Cette formule correspond également à celle du Tchad relativement au droit à un tribunal[20].

2. Le droit au respect de la présomption d'innocence

Le droit au respect de la présomption d'innocence est consacré par la Constitution du Cameroun de 1996 qui prévoit que *« tout prévenu est présumé innocent jusqu'à ce que sa culpabilité soit établie à la suite d'un procès régulier offrant des garanties indispensables à sa défense. ».* L'article 14 §2 du Pacte international relatif aux droits civils et politiques expose également cette garantie de la présomption d'innocence en ces termes : *« Toute personne accusée d'une infraction*

[20]Au Tchad, l'article 4 de la loi n° 034/PR/2015 du 05 août 2015 portant répression des actes de terrorisme prolonge le délai de garde à vue à trente jours, renouvelable une ou deux fois sur autorisation du procureur ou de la procureure de la République. Le nouveau Code pénal tchadien de 2017 qui intervient 30 années après la précédente loi, montre bien que la garantie du droit à un juge se prolonge dans le droit à un tribunal.

pénale est présumée innocente jusqu'à ce que sa culpabilité ait été légalement établie ».

La personne appréhendée est présumée innocente jusqu'à ce que l'issue du procès en décide autrement. En matière de terrorisme, l'on note une tendance à la présomption de culpabilité, car malgré l'interruption de l'infraction ou de ses effets du fait de l'auteur-e ou du/de la complice d'un acte de terrorisme, ceux-ci ou celles-ci sont puni-e-s par l'article 7 de la loi n° 2014/028 et les articles 30 et 31 de la loi n° 034/PR/2015.

Au Tchad, la personne est exempte de poursuite s'il n'y avait pas encore eu commencement d'exécution. La présomption d'innocence donne droit à l'assistance d'un avocat.

En France, du fait de la menace terroriste perpétuelle, les législateurs et les législatrices en sont arrivés à s'en prévaloir pour imposer une adaptation des moyens disponibles afin de faire face aux agissements criminels. L'on a ainsi pu assister à l'introduction des incriminations nouvelles dans le Code pénal ainsi qu'à l'accroissement des peines encourues en matière de terrorisme. Le Cameroun et le Tchad auront plutôt œuvré à une harmonisation de leur législation comme c'est le cas en matière de police avec l'Acte Additionnel faisant du Comité des Chefs de Police de l'Afrique Centrale (CCPAC), un organe spécialisé de la Communauté (CEMAC, 2000). Toutefois, de manière globale, les disparités persistent à cet égard.

II. LA PERSISTANCE DE L'HÉTÉROGÉNÉITÉ DANS L'ADMINISTRATION DE LA JUSTICE MILITAIRE AU REGARD DU DROIT INTERNATIONAL DE L'HOMME

Malgré une certaine homogénéisation des pratiques étatiques en matière de lutte contre le terrorisme devant la Justice militaire, des disparités persistent en matière de Justice Militaire en général (A) et incidemment pour ce qui est de la lutte anti-terroriste qui en relève (B).

A. La variété des modèles

La complexité de l'administration de la justice par les tribunaux dits 'militaires' dépeint un panorama hétérogène en la matière. Elle résulte en premier lieu de la confusion entre les tribunaux militaires, tribunaux spéciaux et tribunaux d'exception. La frontière n'est pas nette entre les trois réalités. Certains tribunaux militaires opèrent *de facto* comme des tribunaux d'exception. Ils se retrouvent en effet pourvus de compétences d'exception puisque leur compétence classique a été étendue aux infractions politiques et sécuritaires applicables à des civils. Il en va ainsi de la Chine, en Israël pour les tribunaux compétents pour les Palestiniens de Cisjordanie et de Gaza. Sur le continent africain, des civils peuvent être traduits devant des tribunaux dits « spéciaux » qui recouvrent en réalité des juridictions militaires d'exception composées en grande partie de leurs pairs. Autant le constater, les prédispositions des États en la matière ne sont pas uniformes et se déclinent selon des tendances suivantes[21] :

1. La suppression des Tribunaux Spéciaux

En Espagne, l'ancien Tribunal d'exception d'Ordre Public – au début militaire, ensuite civil –, dont la mission était de réprimer l'opposition démocratique à la dictature franquiste, a été supprimé lors de la transition espagnole vers la démocratie. De surcroît, la Constitution démocratique de 1978 interdit tout type de Tribunal d'exception.

Dans le contexte de velléités d'une démocratisation indispensable en vue de l'admission à l'Union Européenne, plusieurs catégories de tribunaux militaires turques – considérés dans la Constitution de 1982 – et spéciaux, existaient. Les Tribunaux militaires d'état de siège furent créés en 1980 à titre transitoire, mais fonctionnèrent bien après la fin de l'état d'exception et jusque dans les années 90. La Cour de Sûreté de l'État dont un des juges était un juge militaire, établie en 1973, éliminée et réinstallée, a disparu en 2004. La suspension définitive est due à une sentence de la Cour Européenne des Droits de l'Homme qui a condamné l'État à cause du manque d'impartialité de ce tribunal à la veille de la sentence du cas Abdullah Öcalan[22]. Elle était assurément compétente pour juger des civils, et, concrètement, Öcalan en est un. Ce qui est intéressant est qu'aujourd'hui, il n'y a pas de Tribunaux militaires d'exception en fonction en Turquie.

---

[21] Cette nomenclature provient de, LAMBERT ABDELGAWAD, ae., (dir.), *Juridictions militaires et tribunaux d'exception en mutation : Perspectives comparées et internationales*, Paris, Éditions des archives contemporaines, Agence universitaire de la Francophonie, 2007, 653 p.
[22]CEDH, ÖCALAN c. TURQUIE, 12 mai 2005.

En Égypte, on relève un progrès restreint, à savoir la dissolution des Cours de Sûreté de l'État permanente en 2004.

2. Les Tribunaux civils exerçant une juridiction militaire

C'est le cas de la France après les grandes réformes de la Justice militaire de 1982, 1999 et 2006. La juridiction militaire en temps de paix en territoire français est assurée par la Justice ordinaire connue comme la Juridiction de droit Commun spécialisée. Le Tribunal aux Armées de Paris juge les crimes de compétence de la Justice Militaire commis en temps de paix hors de France.

Au Brésil, bien que les réformes ne soient pas arrivées aussi loin, à tous les échelons de la Justice Militaire , il existe tant des juges militaires (en majorité) que des civils dans ce type de juridictions.

3. Les Tribunaux militaires supprimés en temps de paix

C'est le cas de la Belgique suite à la réforme constitutionnelle de 2004. Les tribunaux militaires subsistent seulement en temps de guerre suite à une décision du Roi sur la base de la règle d'attraction de la compétence du tribunal civil par le militaire, si le crime a été commis par un civil et un militaire conjointement. Il s'agit d'un modèle à suivre.

4. Les Tribunaux militaires qui n'ont pas de compétence pour juger des civils

En Espagne et en Belgique, les tribunaux militaires sont incompétents pour juger des civils, et, en outre, dans le modèle belge, c'est le tribunal civil qui juge les militaires en cas de coparticipation pour un même crime. En Argentine, les tribunaux militaires sont, depuis fort longtemps, et bien avant la dernière dictature, dépourvus de la compétence pour agir contre les civils.

En Russie, dont la législation militaire date de 1999, les seuls tribunaux qui pourraient être considérés d'exception sont les tribunaux militaires, qui sont intégrés au pouvoir judiciaire, la Cour Suprême est l'instance judiciaire supérieure de la Justice Militaire avec une Chambre militaire. La législation russe actuelle, en matière de tribunaux d'exception, est progressiste d'un triple point de vue. En premier lieu, parce qu'elle ne reconnaît pas, et au contraire, elle interdit les autres tribunaux d'exception (article 118 de la Constitution Fédérale) ; ensuite, quant au jugement des civils, elle est une des justices les plus restrictives ; et enfin, parce que la compétence civile et administrative tente de mieux garantir les droits des subalternes vis-à-vis de leurs supérieurs.

Les problèmes se produisent dans la mise en œuvre des lois relatives à la Justice Militaire . La compétence pour juger des civils est bien circonscrite. Elle concerne ceux qui, au moment du crime, étaient en service militaire, pour des crimes de fonction. Mais, il existe deux autres possibilités : si l'acte constituant une infraction pénale a été commis par un membre de la famille d'un militaire russe ou par un citoyen sur un territoire sous juridiction russe ou s'il y a atteinte aux intérêts nationaux ; ou si un traité international auquel la Russie est partie n'en dispose pas autrement.

Des réformes très enthousiastes se sont succédé en Chine depuis 1978, avec la Constitution de 1982 qui reconnaît les Tribunaux militaires et renforce le statut des lois préalables. Aujourd'hui, les Cours Militaires ne peuvent plus juger des civils, seulement des militaires en activité et les personnels rattachés à l'Armée Populaire chinoise. Même si la victime d'un délit est militaire, le coupable civil est jugé par la chambre pénale du tribunal populaire compétent et c'est devant cette juridiction que le militaire pourra agir pour le respect de ses droits.

Au Brésil, la nouvelle Constitution de 1985, après la dernière dictature militaire, a supprimé toute compétence pour juger des civils pour des crimes politiques. Cette évolution est la réponse à la législation féconde adoptée par les militaires au pouvoir entre 1964 et 1985.

Les progrès au Chili sont moins avancés qu'au Brésil. Plusieurs lois adoptées après la fin de la dictature en 1990 ont fortement diminué leur capacité de juger des civils pour des crimes de droit commun. Néanmoins, la compétence demeure pour les crimes militaires commis par des civils et militaires conjointement, et aussi pour quelques crimes politiques.

B. L'opiniâtreté de situations préoccupantes

La qualification de 'préoccupante' est liée à la capacité spécifique de pouvoir juger des civils et pourquoi pas, des militaires, pour des crimes qui concernent toute la société y compris des crimes de terrorisme[23].

En Irlande, bien que les Tribunaux militaires aient une reconnaissance constitutionnelle, le plus préoccupant a trait aux Tribunaux Pénaux Spéciaux établis en 1939 et encore en vigueur imaginés pour des hypothèses où il n'y a pas de tribunaux en fonction, ce qui devait être proclamé publiquement. La proclamation a été faite en 1972, et elle est encore en vigueur. À la suite de la campagne d'attentats de la PIRA en juillet 1972, et du rapport Diplock, le nouveau secrétaire d'État à l'Irlande du Nord Roy Jenkins décida de réinstaurer les pouvoirs spéciaux. Ainsi, la *section 10 du 1973 Act* donne la possibilité aux membres de la RUC d'arrêter sans mandat toute personne qu'ils suspectent d'être terroriste. Un terroriste étant une personne qui commet ou qui a connaissance d'un acte ou de la préparation d'un acte de terrorisme, ou qui entraîne des personnes en vue de la commission de ces actes. Le terrorisme étant défini à son tour comme « *l'usage de la violence en vue d'instiller la peur dans tout ou partie du public* », la personne tombant dans cette catégorie peut être détenue provisoirement durant 72 heures avant d'être inculpée et de pouvoir demander à voir un avocat.

Est tout autant préoccupante la situation des Tribunaux militaires ordinaires turcs. La Turquie a adopté en 1991 une loi spéciale relative à la lutte contre le terrorisme (n° 3713) et introduit également certaines dispositions liées à cette question dans son Code pénal et son Code de procédure pénale (CPP). Un aspect sujet à critique est que les sentences dictées par les Tribunaux militaires, ordinaires ou d'état de siège, ne sont jamais révisées par une Cour Civile.

Au Cameroun, les tribunaux militaires connaissent des délits contre la sûreté intérieure et extérieure de l'État et les infractions connexes telles que le terrorisme ce qui représente une juridiction élargie. Ils peuvent même agir dans l'hypothèse de vol avec armes à feu et aussi dans les cas de crimes « *de toute nature* » commis conjointement par des civils et des militaires en service ou dans une enceinte militaire[24].

---

[23]Cette nomenclature s'inspire également de, LAMBERT ABDELGAWAD, ae., (dir.), *Juridictions militaires et tribunaux d'exception en mutation : Perspectives comparées et internationales*, Paris, Éditions des archives contemporaines, Agence universitaire de la Francophonie, 2007, 653 p.

[24]Article 8.e du Code de justice militaire camerounais.

En Égypte, les tribunaux militaires d'Égypte ont jugé au moins 7 420 civils depuis octobre 2014, date à laquelle le président Abdel Fattah al-Sissi a imposé par décret une nouvelle loi qui a élargi les compétences de ces tribunaux en matière de terrorisme.

Aux États-Unis d'Amérique, des commissions militaires ont été créées par George W. Bush le 13 novembre 2001 pour juger les « *personnes soupçonnées de participation à des actions terroristes ou de soutien à de telles actions* ».

Les affaires de terrorisme relèvent des tribunaux militaires, du Pakistan depuis 2020 à la suite du massacre par un commando taliban de 149 personnes, dont 133 écoliers, à Peshawar (Nord-Ouest).

CONCLUSION

Lorsque des « régimes juridiques exceptionnels » sont en vigueur, qu'il s`agisse de lutte contre le terrorisme, de sûreté de l'État, de sécurité nationale et/ou de lois d'exception, les questions liées aux juridictions militaires à l'étude s'inscrivent dans un vaste et perpétuel mouvement aux multiples facettes. Les raisons sont variées : l'évolution des missions des armées en raison surtout du déploiement des forces armées à l'étranger avec des missions non exclusivement militaires, le contexte sécuritaire lié à la lutte mondiale contre le terrorisme et désormais l'inquiétante pandémie de Covid-19. Sur un plan purement normatif, l'organisation de cette justice n'échappe pas aux effets de la normativité accrue du droit international et de sa judiciarisation notamment aux corollaires des évolutions contemporaines majeures en droit international des droits de l'homme et en droit international pénal. Sur un plan pragmatique, pour lutter contre le terrorisme, l'élaboration d'un droit militaire prétorien doit permettre d'assurer une juste et légitime conciliation entre les exigences de la lutte contre le terrorisme et la garantie par la justice des droits fondamentaux universellement reconnus !

BIBLIOGRAPHIE

CALLEJON, C., « Les Principes des Nations Unies sur l'administration de la justice par les tribunaux militaires : pour une justice militaire conforme au droit international », *Droits fondamentaux*, n° 6, janvier-décembre 2006, pp.1-16.

CASER S., « Le terrorisme international et ses aspects », in *Revue internationale de droit comparé*, n° 4, 4e éd., Paris, Dalloz, 1991, p.19.

LAMBERT ABDELGAWAD, ae., (dir.), *Juridictions militaires et tribunaux d'exception en mutation : Perspectives comparées et internationales*, Paris, Editions des archives contemporaines, Agence universitaire de la Francophonie, 2007, 653 p.

OWONA MFEGUE, F., « Le droit et la diplomatie de la peur face au péril terroriste de Boko Haram », *Revue africaine de droit et de science politique* (Yaoundé, Cameroon), mai 2019, pp. 34-57.

RENOUX, Thierry S., « Juger le terrorisme ? » – *Cahiers du conseil constitutionnel* N° 14 (dossier : la justice dans la constitution) – mai 2003, pp. 4-6.

LA COMPÉTENCE DES TRIBUNAUX MILITAIRES EN MATIÈRE DE TERRORISME ET LE DROIT INTERNATIONAL

Didier SIPA

Docteur Colonel-magistrat, Directeur de la Justice militaire

INTRODUCTION

L'existence des Tribunaux militaires devient de plus en plus problématique dans le monde[1]. Plusieurs pays sont en train de faire le choix de se passer de ce type de juridiction, ce pour plusieurs raisons. C'est le cas de la France, qui ne fait plus usage de Tribunaux militaires en temps de paix. Toutefois, quelques rares pays trouvent toujours un intérêt à maintenir ces structures dans leur ordonnancement juridique, à l'exemple du Cameroun. Quand les Tribunaux militaires existent, leur compétence est également décriée. Les juges militaires ne seraient pas impartiaux, les Tribunaux militaires seraient inutiles étant donné que la Justice Militaire est appliquée avec un certain succès par des juridictions civiles dans certains États… autant de raisons qui sont généralement avancées. Dans ce contexte, il est clair que parler une fois de plus de compétence des Tribunaux militaires en matière de terrorisme est encore délicat.

Pour Claire CALLEJON, la question de la définition des Tribunaux militaires n'est pas aussi simple qu'il n'y paraît[2]. Les juridictions

---

[1] Les critiques des observateurs sont récurrentes. Lire à ce sujet GARRETON Roberto, « La compétence des Tribunaux militaires et d'exception », pp. 451-459, in LAMBERT ABDELGAWAD Elisabeth, *Juridictions militaires et tribunaux d'exception en mutation. Perspectives comparées et internationales*, Édition des Archives contemporaines (2018), 653 p. GARRETON Roberto estime que le fonctionnement de la justice militaire au Cameroun est une situation préoccupante qui persiste.

[2] Pour l'auteure, « *S'il ne fait aucun doute que les cours martiales sont des Tribunaux militaires, la situation n'est pas aussi claire concernant le statut d'autres institutions telles que les tribunaux spéciaux en Afrique ou les Cours de sécurité de l'État en Turquie par exemple. En revanche, s'agissant des commissions militaires mises en place par le gouvernement des États-Unis pour juger des étrangers soupçonnés d'avoir commis des actes terroristes, celles-ci échappent à la qualification de*

militaires sont donc une réalité complexe et variée qui correspond à un contexte historique et politique, à un système de droit. Au Cameroun, les Tribunaux militaires sont des juridictions qui font partie de l'ordonnancement juridictionnel de l'État, et qui appliquent des textes spéciaux. Ces tribunaux sont des juridictions militaires qui peuvent connaître de plusieurs infractions, dont le terrorisme. Il est devenu un truisme de dire qu'il n'existe pas de définition internationalement arrêtée de ce fléau. Des auteurs se sont toutefois essayés à cet exercice. Pour Isabelle SOMMIER, le terme terrorisme désigne « *des modes d'action hétéroclites pouvant s'inscrire dans des stratégies classiques autant que d'autres formes de violence* »[3]. Pour Paul WILKINSON, « *le terrorisme, par essence est un acte d'intimidation visant à contraindre, il s'agit d'actes ou de menaces de violence prémédités dans le but de susciter une peur telle chez ceux qui en sont la cible qu'ils soient obligés de modifier leur attitude pour satisfaire les terroristes* »[4]. Des instruments juridiques internationaux ont même été adoptés, sans jamais faire l'unanimité. Il est possible de citer ici la première convention sur le terrorisme du 16 novembre 1937[5], la Convention des Nations Unies pour la répression du financement du terrorisme du 9 décembre 1999[6]. Au risque de paraître démagogue, ou de laisser croire qu'une idée révolutionnaire est apportée en termes de définition de cette infraction dans le cadre de la présente réflexion, il semble prudent ici de se baser uniquement sur la définition du législateur camerounais. Ainsi, l'acte de terrorisme renvoie selon les législateurs

---

Tribunaux militaires dans la mesure où elles sont issues et dépendent directement du pouvoir exécutif », CALLEJON Claire, « Les principes des Nations Unies sur l'administration de la justice par les Tribunaux militaires : pour une justice militaire conforme au droit international », in *Droits fondamentaux*, n° 6, janvier-décembre 2006, p. 3.

[3] SOREL Jean-Marc, « Existe-t-il une définition universelle du terrorisme ? », in BANNELIER Karine, CHRISTAKIS Théodore, CORTEN Olivier et DELCOURT Barbara (dir), *Le droit international face au terrorisme : après le 11 septembre 2001*, Éditions A. PEDONE, octobre 2002, p. 41.

[4] *Idem.*

[5] Le terrorisme traduirait des « faits criminels dirigés contre un État et dont le but ou la nature est de provoquer la terreur chez des personnalités déterminées, des groupes de personnes ou dans le public ».

[6] Il s'agit de : « *Tout acte destiné à tuer ou à blesser grièvement un civil, ou toute autre personne qui ne participe pas directement aux hostilités dans une situation de conflit armé, lorsque, par sa nature ou son contexte, cet acte vise à intimider une population ou à contraindre un gouvernement ou une organisation internationale à accomplir ou à s'abstenir d'accomplir un acte quelconque* ».

africain et camerounais, à tout acte ou menace d'acte en violation des lois pénales de l'État susceptible de mettre en danger la vie, l'intégrité physique, les libertés d'une personne ou d'un groupe de personnes qui occasionne ou peut occasionner des dommages aux biens privés ou publics, aux ressources naturelles, à l'environnement, au patrimoine culturel dans l'intention d'intimider, provoquer une situation de terreur, forcer, exercer des pressions ou amener tout gouvernement à engager une initiative ou s'en abstenir, adopter ou renoncer à une position particulière, perturber le fonctionnement normal des services publics, etc[7]. Tout fait qui rentre dans le carcan légal précédemment évoqué est qualifié d'acte de terrorisme.

Des pays comme le Cameroun ont fait le choix de donner une compétence exclusive aux Tribunaux militaires en matière de terrorisme. Seulement, autant le droit international est en général réticent à voir juger les civils devant les Tribunaux militaires, autant il incite les États à prendre des mesures pour lutter contre le terrorisme, lesdits États pouvant opter pour une répression par des Tribunaux militaires. Cet état de fait annonce une problématique qui peut être retenue dans la présente réflexion : la compétence des Tribunaux militaires en matière de terrorisme est-elle encadrée par le droit international ? Ce droit international, entendu de manière incomplète et non exhaustive comme cet ensemble de règles juridiques régissant les rapports entre États souverains[8], est en réalité un ensemble dans lequel se retrouvent plusieurs « droits ». Sans hiérarchisation aucune, l'on y retrouve le droit européen, le droit américain, le droit asiatique, le droit africain, ou encore le droit onusien.

La technique juridique nous permettra d'exposer l'état de droit tel qu'il existe et en déterminer le contenu[9]. Au terme de cet exercice, l'ambition sera de déterminer la véritable intention des législateurs supra nationaux, afin d'en déduire les sources de compétence des Tribunaux militaires en matière de terrorisme. La recherche de véritables objet et but de différents instruments juridiques au travers de

[7]Cf article 3 de la Convention de l'OUA sur la Prévention et la Lutte contre le Terrorisme, l'article 2 de la loi n° 2014/023 du 23 décembre 2014 portant répression des actes de terrorisme.

[8]CORNU Gérard, *Vocabulaire juridique*, 10e édition, « Quadrige », PUF, 2014, p. 565.

[9] CORTEN Olivier, *Méthodologie du droit international public*, Éditions de l'Université de Bruxelles, 2009, p. 23.

leur interprétation téléologique sera donc nécessaire. Nous nous appuierons sur ce canevas scientifique pour démontrer en guise de réponse à la question posée que, *stricto sensu*, la compétence des Tribunaux militaires en matière de terrorisme est conforme au droit international de la répression du terrorisme (I). Par ailleurs, *lato sensu*, cette compétence est également conforme au droit international de la justiciabilité des civils devant les juridictions militaires (II).

I. *STRICTO SENSU* : UNE COMPÉTENCE CONFORME AU DROIT INTERNATIONAL DE LA RÉPRESSION DU TERRORISME

L'encadrement de la compétence des Tribunaux militaires en matière de terrorisme est assez divers en droit international, en raison de perceptions multiples. En effet, tant le droit onusien (A) que le droit régional (B) ne sont pas unanimes sur la question querellée. Il transparaît clairement une dichotomie sur laquelle il conviendra d'y revenir.

A. La conformité au droit onusien

Le droit onusien ne semble pas uniforme sur la question de la compétence des Tribunaux militaires en matière de terrorisme. Il faut toutefois préciser que tous les organismes onusiens ne se sont pas prononcés sur la question. Au demeurant, à l'observation, il est constaté que le Conseil de Sécurité affiche une fermeté dans sa production juridique (1), contrastant avec le droit produit par d'autres entités onusiennes (2).

1. Le *hard law* du conseil de sécurité

Plusieurs instruments juridiques internationaux contraignants ont traité des cas de terrorisme[10], sans précisément faire allusion aux Tribunaux militaires. Les résolutions du Conseil de Sécurité ont par contre ouvert la possibilité de recourir à ce type de juridiction. Il faut se rappeler comme le dit Hervé ASCENCIO, que les résolutions prises dans le cadre du Chapitre VII sont créatrices d'obligations juridiques

[10] Convention internationale pour la répression des attentats terroristes à l'explosif (1997) ; Convention internationale pour la répression du financement du terrorisme (1999) ; Convention internationale pour la répression des actes de terrorisme nucléaire (2005), etc.

pour tous les États membres des Nations Unies[11]. Ces résolutions peuvent relever aussi bien du droit souple (*soft law*) que du droit dur (*hard law*) et comportent souvent des éléments appartenant à l'un ou à l'autre. C'est le cas de la Résolution 1373 (2001). Il s'agit d'une Résolution adoptée en vertu du Chapitre VII de la Charte des Nations Unies au lendemain des attentats du 11 septembre 2001 aux États-Unis[12]. Cette Résolution établit un cadre juridique obligeant les États à ériger en infraction et à poursuivre les actes de terrorisme. Le Conseil de sécurité a obligé pour la première fois les États à changer leurs législations nationales et à les arrimer à la lutte contre le terrorisme[13]. Pierre KLEIN a pensé à la suite de cette Résolution que pour la première fois de son histoire, le Conseil de Sécurité s'est posé en « *créateur de normes générales, exerçant sur la scène internationale un pouvoir en tous points semblable à celui du législateur dans l'ordre juridique interne des États [...]* »[14].

Nous constatons qu'à la suite de l'orientation donnée par le Conseil de Sécurité, les États peuvent se permettre d'opter pour les Tribunaux militaires dans le but de réprimer le terrorisme.

Le *soft law* onusien s'est également illustré dans la consécration implicite de la compétence des Tribunaux militaires dans la répression du terrorisme.

2. Le *soft law* d'autres entités onusiennes

Dans sa Résolution « Droits de l'homme et terrorisme », l'Assemblée générale[15] a réaffirmé que « *toutes les mesures visant à contrecarrer le terrorisme doivent être strictement conformes aux*

[11] ASCENCIO Hervé, « Effets juridiques et efficacité des résolutions du Conseil de Sécurité des Nations Unies portant sur le Liban », *Les cahiers de l'Orient*, n° 94, 2009, p. 40. (https://www.cairn.info/revue-les-cahiers-de-l-orient-2009-2-pages-37.htm , dernièrement visité le 24 juin 2021 à 20h).
[12] ONUDC, « Questions les plus fréquemment posées sur les aspects du droit international touchant la lutte contre le terrorisme », 2009, p. 14.
[13] La résolution 2178 du 24 septembre 2001 va dans le même sens. En effet, elle engage les États à « *veiller à ce que la qualification des infractions pénales dans leur législation et leur réglementation internes permettent [...] d'engager des poursuites et de réprimer les actes terroristes* ».
[14] KLEIN Pierre, « Le Conseil de Sécurité et la lutte contre le terrorisme : dans l'exercice de pouvoirs toujours plus grands ? », *Revue québécoise de droit international* (Hors-série), 2007, p. 138
[15] Résolution 54/164 du 17 septembre 1999, dernier paragraphe du Préambule.

dispositions pertinentes du droit international, y compris les normes relatives aux droits de l'homme ». Elle a ajouté qu'en ce qui concerne l'administration de la justice et la lutte contre le terrorisme, tout État doit observer un minimum de critères parmi lesquels le droit à un tribunal indépendant et impartial, la présomption d'innocence, les garanties judiciaires, le droit au recours judiciaire devant une juridiction supérieure en cas de condamnation, etc[16].

Comme le rappelle à juste titre le Rapporteur spécial sur la promotion de la protection des droits de l'homme et des libertés fondamentales dans le cadre de la lutte contre le terrorisme[17], le PIDCP n'interdit pas la mise en place ou l'utilisation des Tribunaux militaires[18]. Toutefois, il en appelle à la prudence, notamment à confier des affaires de terrorisme à ces juridictions, eu égard à l'article 14 ou 26 du Pacte. Pour lui, un élément supplémentaire qui milite contre une telle solution est le fait que les jugements rendus par les tribunaux d'exception ou spécialisés ne permettent pas souvent de soumettre la déclaration de culpabilité et la condamnation à un réexamen complet, en raison de points de droit et de fait litigieux, comme le prévoit le Pacte[19].

La Direction Exécutive du Comité contre le Terrorisme (DETC) du Conseil de Sécurité des Nations Unies est allée plus loin dans le cadre de ses travaux. Elle a édicté des Directives[20] qui rentrent dans le cadre de la compétence conditionnée par le droit international, des Tribunaux militaires en matière de terrorisme. Aux termes de ces Directives,

---

[16]*Idem.*

[17] Rapport de Martin SCHEININ, Rapporteur spécial sur la promotion de la protection des droits de l'homme et des libertés fondamentales dans le cadre de la lutte contre le terrorisme, transmis par le Secrétaire général des Nations Unies aux membres de l'Assemblée générale, en application de la Résolution 62/159 de l'Assemblée générale et de la Résolution 6/28 du Conseil des droits de l'homme, distribution générale datée du 6 août 2008.

[18]*Op cit*, p. 13.

[19]*Idem.*

[20] Directives visant à faciliter l'utilisation et l'admissibilité comme éléments de preuve devant les juridictions pénales nationales des informations recueillies, traitées, conservées et partagées par le personnel militaire à des fins de poursuite des infractions terroristes (« Directives aux éléments de preuve recueillis par le personnel militaire »), élaborées dans le cadre du Groupe de travail sur la justice pénale, les ripostes juridiques et la lutte contre le financement du terrorisme de l'Équipe spéciale du Pacte mondial de coordination contre le terrorisme, par la Direction exécutive du Comité contre le terrorisme, 2017.

l'ensemble des mesures visant à traduire les terroristes en justice, notamment la collecte, le traitement, la conservation et le partage d'informations, doivent être prises conformément au droit international[21]. Il est souligné en plus que les pratiques et la législation entre autres doivent refléter ces obligations. Au surplus, les Directives sus-indiquées ont arrêté qu'une attention particulière soit accordée aux droits suivants[22] :

Le droit à un procès équitable, comprenant le droit de chaque personne à ce que sa cause soit entendue équitablement et publiquement par un tribunal compétent, indépendant et impartial établi par la loi [23];

Le droit de chaque personne d'être présumée innocente jusqu'à ce que sa culpabilité ait été légalement établie [24];

Le droit de chaque personne d'être informée dans le plus court délai, dans une langue qu'elle comprend et de façon détaillée, de la nature et des motifs de l'accusation portée contre elle[25] ;

Le droit de chaque personne de disposer du temps et des facilités nécessaires à la préparation de sa défense et d'être présente au procès et de se défendre elle-même ou d'avoir l'assistance d'un défenseur de son choix[26] ;

Le droit de chaque personne d'être jugée sans retard excessif[27] ;

Enfin, le droit de chaque personne d'interroger ou de faire interroger les témoins à charge et d'obtenir la comparution de l'interrogatoire des témoins à décharge dans les mêmes conditions que les témoins à charge[28].

---

[21]*Op. cit*, p. 2.
[22]*Idem.*
[23] Cf article 14 (1), Pacte International relatif aux Droits Civils et Politiques, 16 décembre 1966.
[24] Cf article 14 (2), Pacte International relatif aux Droits Civils et Politiques, 16 décembre 1966.
[25] Cf article 14 (3-a), Pacte International relatif aux Droits Civils et Politiques, 16 décembre 1966.
[26] Cf article 14 (3-b et d), Pacte International relatif aux Droits Civils et Politiques, 16 décembre 1966.
[27] Cf article 14 (3-c), Pacte International relatif aux Droits Civils et Politiques, 16 décembre 1966.
[28] Cf article 14 (3-e), Pacte International relatif aux Droits Civils et Politiques, 16 décembre 1966.

Des précisions ont également été faites en ce qui concerne les mineurs et l'exercice des voies de recours. Ainsi, la procédure applicable aux jeunes gens qui ne sont pas encore majeurs au regard de la loi pénale tiendra compte de leur âge et de l'intérêt que présente leur rééducation[29]. La procédure tiendra également compte du droit de faire examiner par une juridiction supérieure la déclaration de culpabilité et la condamnation conformément à la loi[30]. Ces directives rentrent dans le cadre du *soft law* et recommandent l'observation, l'application totale de l'article 14 du PIDCP. Il n'y a donc pas d'aspects particuliers du droit international à appliquer dans le cadre de la répression du terrorisme.

La compétence des Tribunaux militaires à réprimer le terrorisme est également conforme au droit régional en la matière. Nous prendrons uniquement les exemples du droit africain et du droit européen.

B. La conformité au droit régional

Tout comme le droit onusien, le droit régional ne semble pas uniforme sur la question de la compétence des Tribunaux militaires en matière de terrorisme. Si le droit africain laisse visiblement le champ libre aux États d'adopter les mesures qu'ils souhaitent (1), tel n'est pas le cas du droit européen (2). Nous ne traiterons que de ces deux (02) droits.

1. Le droit africain

L'exemple de la Convention de l'Organisation de l'Unité Africaine sur la Prévention du Terrorisme et la lutte contre le Terrorisme (Alger, juillet 1999) est illustratif. Aux termes de l'article 2 de cette convention : « *Les États parties s'engagent à : Réviser leur législation nationale et à établir comme crimes les actes terroristes et pénaliser ces actes en tenant compte de leur gravité [...]* ».

L'article 6 de cet instrument juridique est encore plus précis, en ceci qu'en son point 4, il prévoit que « *Chaque État partie devra également prendre les mesures qu'il juge nécessaires pour établir sa compétence à connaître des actes visés à l'article premier au cas où l'auteur*

[29] Cf article 14 (4), Pacte International relatif aux Droits Civils et Politiques, 16 décembre 1966.
[30] Cf article 14 (5), Pacte International relatif aux Droits Civils et Politiques, 16 décembre 1966.

présumé se trouve sur son territoire [...] ». L'expression « *mesures qu'il juge nécessaires* » traduit à n'en point douter une volonté de laisser l'État choisir la réponse juridique qu'il souhaite pour réprimer le fléau, ce, dans le respect des droits de l'homme.

2. Le droit européen

L'on pourrait croire que le Conseil de l'Europe a semblé laisser une ouverture quant à la liberté des États de réprimer le terrorisme même par l'entremise des Tribunaux militaires. Elle avait arrêté que : « *les démocraties ont le droit inaliénable, et l'obligation indissociable de se défendre, lorsqu'elles sont attaquées* »[31]. Elle a poursuivi en ces termes : « *la lutte contre le terrorisme doit être renforcée, tout en garantissant le respect des droits de l'homme, de l'État de droit et des valeurs communes défendues par le Conseil de l'Europe* »[32].

Pourtant, il ne faut surtout pas croire que le droit européen est permissif au même titre que le droit onusien. La Cour européenne des droits de l'homme a reconnu dans l'affaire *Lawless*, que la situation qui prévalait en République d'Irlande à l'époque, caractérisée notamment par l'aggravation progressive et alarmante des activités terroristes, constituait une situation de danger exceptionnel menaçant la vie de la nation, justifiant le recours à l'article 15 de la Convention européenne des droits de l'homme. Elle a déterminé que les mesures prises par le Gouvernement irlandais étaient strictement proportionnées à la gravité de la situation, en remarquant que « *le fonctionnement des tribunaux pénaux ordinaires et même des cours criminelles spéciales ou des Tribunaux militaires ne pouvait suffire à rétablir la paix et l'ordre public* ».

La compétence des Tribunaux militaires en matière de terrorisme est *lato sensu* conforme au droit international de la justiciabilité des civils devant les juridictions militaires.

---

[31] « Combattre le terrorisme international tout en protégeant les normes et valeurs du Conseil de l'Europe », Résolution 2090 du 27 janvier 2016.

[32] *Idem.*

II. *LATO SENSU* : UNE COMPÉTENCE CONFORME AU DROIT INTERNATIONAL DE LA JUSTICIABILITÉ DES CIVILS DEVANT LES JURIDICTIONS MILITAIRES

BEN LADEN, ABOUBAKAR SHEKAU sont deux (02) des individus tristement célèbres et connus comme chefs d'organisations criminelles commettant des actes de terrorisme dans le monde. Ils illustrent à suffire le caractère civil des auteurs de ces infractions. Dès lors, la question de la compétence des Tribunaux militaires en matière de terrorisme ne saurait être analysée à minima en droit international. Il y a forcément une certaine logique scientifique à dépasser ce cadre, et à observer la question de la justiciabilité des civils devant les juridictions militaires. Dans ce sens, nous pouvons donc dire que malgré la réticence du droit africain et sud-américain à la justiciabilité des civils devant les Tribunaux militaires (A), il faudrait retenir l'admission conditionnée de ladite justiciabilité devant les juridictions militaires par le droit onusien (B).

A. De la réticence du droit africain a la justiciabilité des civils devant les tribunaux militaires…

La réticence du droit africain est réelle (1). Elle a été illustrée dans plusieurs contentieux sur lesquels il sera utile de revenir. Toutefois, cette réticence n'est pas adossée sur un caractère absolu, étant porteuse de limites (2).

1. Présentation de la réticence

L'hostilité du droit africain à la justiciabilité des civils devant les Tribunaux militaires (même pour terrorisme) se perçoit à travers le contentieux traité par la Commission africaine. Plusieurs Recommandations rendues par cette instance peuvent être prises en exemple.

Dans la communication *Media Rights Agenda/Nigeria (2000)*, *Media Rigths Agenda* est l'ONG nigériane qui a introduit la communication pour le compte du nommé NIRAN MALAOLU. Éditeur d'un média indépendant appelé « The DIET », il a été interpellé et a comparu devant un Tribunal militaire Spécial pour sa présumée participation à un coup d'État. Plusieurs de ses droits ont été violés au cours de la procédure parmi lesquels le fait de n'avoir pas été représenté par un conseil. La Commission avait rappelé à cette occasion que les

Tribunaux Spéciaux ne devraient pas connaître des délits qui sont de la compétence des juridictions ordinaires.

Dans la communication *Kevin MGWANGA GUMNE et Al / Cameroon (2009)*, quatorze (14) individus ont introduit une communication au nom du peuple du Cameroun du Sud contre la République du Cameroun, État partie à la Charte africaine des droits de l'homme et des peuples. Ils ont allégué que lors du référendum des 11 et 12 février 1961, il avait été proposé aux « Camerounais du Sud » deux (02) hypothèses de rejoindre le Nigéria ou le Cameroun, et que la 3e consistant à faire de ce territoire un État n'avait pas été prise en compte. Les tensions relatives à cette frustration ont entraîné l'arrestation de plusieurs personnes présentées devant des Tribunaux militaires. La Commission africaine avait estimé que les personnes poursuivies n'étaient pas militaires et devraient être jugées par des juridictions civiles[33].

La réticence du droit africain à la justiciabilité des civils devant les Tribunaux militaires est réelle, mais limitée.

2. Les limites de la réticence

La première limite réside dans la nature de la Commission africaine des Droits de l'Homme et des Peuples (CADHP). Il s'agit d'un organe quasi-juridictionnel.

La première conséquence de cette limite est qu'en tant que tel, il ne peut rendre des décisions avec autorité de la chose jugée.

La seconde conséquence est que les décisions de la CADHP ne sont pas contraignantes pour les États de l'Union Africaine, mais ceux-ci ont l'obligation d'en tenir compte.

La seconde limite est relative à la production normative de la CADHP. Elle a édicté des Recommandations qui sont en réalité de simples invitations faites à l'État concerné d'adopter telle ou telle posture. C'est l'exemple des communications *Media Rights Agenda / Nigeria (2000)*, *Law Office of Ghazi Suleiman / Soudan* (2003) ou encore *Kevin MGWANGA GUMNE et Al / Cameroon (2009).* La

[33] KOUM (F.), *La justiciabilité des civils devant les juridictions militaires et le droit international : le cas du Cameroun,* thèse de doctorat, Université de Yaoundé II – SOA, année académique 2013-2014, pp. 92 et suivants (A paraître).

Commission a également édicté des Directives. C'est le cas des Directives de la CADHP sur le procès équitable (Dakar, 1994), ou encore des Directives et principes sur le droit à un procès équitable et à l'assistance judiciaire en Afrique (2007).

Par ailleurs, la Cour interaméricaine des droits de l'homme, dans une affaire relative à des civils jugés pour actes terroristes par un Tribunal militaire, a considéré que le jugement de civils par un Tribunal militaire était contraire au droit à un procès juste et équitable et au principe du « juge naturel ». La Commission interaméricaine a toujours considéré que les Tribunaux militaires ne réunissent pas les conditions d'indépendance et d'impartialité exigées par la Convention et la Déclaration américaines[34].

Dans le cadre de sa Résolution « Terrorisme et droits de l'homme », la Commission Interaméricaine des Droits de l'Homme (CIDH) a affirmé que selon sa doctrine :

« Les Tribunaux militaires ne peuvent juger des civils, sauf s'il n'existe pas de tribunaux civils, quand tel procès est de fait impossible. Même dans ces cas, le CIDH, a signalé que les procédures doivent reconnaître les garanties minimales établies par le droit international, ce qui inclut [...] un juge indépendant, le droit de la défense, libre choix de l'avocat et accès aux preuves et le principe du contradictoire »[35].

Le débat autour de la justiciabilité des civils devant les juridictions militaires trouve un terreau favorable dans le droit onusien, en ceci que celui-ci a érigé des conditions à ladite justiciabilité.

B. … À l'admission conditionnée de la justiciabilité des civils devant les juridictions militaires par le droit onusien

Les conditions de la justiciabilité des civils devant les juridictions militaires pour les cas de terrorisme ont diverses sources. Leur présentation (1) est préalable à l'exposé de leur caractère difficilement applicable (2).

---

[34] ANDREU-GUZMAN Federico, « Terrorisme et Droits de l'Homme », Commission Internationale des Juristes, p. 71.

[35] Résolution « Terrorisme et Droits de l'Homme » du 12 décembre 2001.

1. Les conditions de justiciabilité

Les conditions de la justiciabilité des civils devant les juridictions militaires en cas de terrorisme ont des origines diverses[36].

- **Les conditions énumérées par la rapporteuse spéciale sur l'indépendance des juges et des avocats (dans un rapport transmis à l'Assemblée générale, 07 août 2013)**

Elles se déclinent de la sorte :

- Le jugement de civils par des Tribunaux militaires doit être limité strictement à des cas exceptionnels concernant les civils assimilés au personnel des armées en raison de leurs fonctions ou du lieu où ils se trouvent, qui sont accusés d'avoir commis une infraction en dehors du territoire de l'État, et lorsque les tribunaux de droit commun, sur place ou dans l'État d'origine ne sont pas en mesure de connaître de l'affaire ;
- La charge de prouver l'existence de ces circonstances exceptionnelles incombe à l'État, ces circonstances devant être établies au cas par cas.

- **Les conditions de la Commission des Droits de l'Homme (Résolution 2005/30 du 19 avril 2005)**

Elles se déclinent de la sorte :

- L'insertion des juridictions militaires dans l'ordonnancement juridictionnel national ;
- L'application des règles du procès équitable ;

- **Les conditions du Comité des Droits de l'Homme (observations générales n° 13 et 32)**

Elles se déclinent ainsi qu'il suit :

- Le civil doit être un justiciable exceptionnel du Tribunal militaire ;
- Il y a nécessité de juger le civil dans le strict respect des garanties de l'article 14 du Pacte International relatif aux Droits Civils et Politiques (PIDCP) ;

---

[36] KOUM (F.), *op. cit,* pp. 67 et suivants.

- Il faut une nécessité et une justification du recours au Tribunal militaire pour juger un civil pour des raisons objectives et sérieuses ;
- Il faut une spécificité des catégories de personnes et d'infractions en question rendant les tribunaux civils incapables d'entreprendre des procès ;
- Il appert que toutes les conditions énumérées participent du respect du droit à un procès équitable. Seulement, elles sont pour certaines difficiles à respecter au regard de plusieurs raisons.

2. Des conditions au respect difficile

Toutes les conditions de justiciabilité des civils devant les Tribunaux militaires sont difficilement applicables[37].

Des conditions telles « *la nécessité et la justification du recours au Tribunal militaire pour juger un civil pour des raisons objectives et sérieuses* » ne sont pas des conditions prévues par l'article 14 du PIDCP. C'est dans ce sens que va l'opinion dissidente du juge Abdelfattah Amor[38]. Il a rappelé la position du Comité en ces termes : « l'échec de l'État partie à démontrer le besoin d'avoir recours à un tribunal militaire dans le cas présent, signifie que le Comité n'a pas besoin d'examiner si le tribunal militaire a, dans les faits, apporté toutes les garanties au titre de l'article 14 ». Il poursuit en rappelant que le Comité a conclu que : « le procès et la condamnation de Abbassi Madani par un tribunal militaire, révèlent une violation de l'article 14 »[39]. Le juge dit ne pas pouvoir adhérer à la démarche et la conclusion que véhicule ce paragraphe 8.7 des constatations du Comité. Il a estimé qu'elles vont au-delà du sens de l'article 14, et s'écartent de l'observation générale dont il fait l'objet[40].

Par ailleurs, le fait de prévoir de telles conditions comme celles sus-indiquées, peut s'apparenter à une volonté de substitution de l'État, pour juger le bien-fondé de l'alternative des Tribunaux

[37] KOUM (F.), *op. cit,* pp. 140 et suivants.
[38] Communication n°1172/2003 du Comité des droits de l'homme.
[39] Extraits du paragraphe 8.7 de la communication.
[40] CCPR/C/89/D/1172/2003 du 21 juin 2007, p.14.

militaires[41]. Pourtant, la politique criminelle d'un pays, notion théorisée par la doctrine[42], est de sa compétence souveraine. En effet, à l'observation, le droit international n'interdit pas les Tribunaux militaires parce que n'étant pas contraires à l'esprit du Pacte International relatif aux Droits Civils et Politiques (PIDCP). Un État est donc libre d'organiser son système judiciaire tel qu'il l'entend. Ceci participe de la souveraineté de la politique criminelle dont tous les États jouissent. Le concept de politique criminelle peut même être compris comme une réponse au phénomène criminel.

Au demeurant, nous pouvons observer que les conditions de justiciabilité sont dans l'ensemble respectées par des pays critiqués tels le Cameroun, à titre illustratif. Le premier exemple est pris dans la loi n° 2006/015 du 29 décembre 2006 portant organisation judiciaire et subséquemment modifiée. Elle consacre en son article 3 les Tribunaux militaires dans l'organisation judiciaire camerounaise. Le second exemple est relatif à la confirmation du respect des règles du procès équitable en majorité dans les Tribunaux militaires. Ainsi, les accusés / prévenus sont défendus par des conseils, il y a application du principe du double degré de juridiction, il y a application du droit de se taire garanti par le Code de Procédure pénale, etc.

---

[41] Le juge ABDELFATTAH AMOR est revenu sur le fait que le Comité ait toujours estimé que, s'il est vrai que le Pacte n'interdit pas la constitution des Tribunaux militaires, le jugement des civils par ces tribunaux devrait rester exceptionnel et se dérouler dans les conditions qui respectent véritablement toutes les garanties stipulées à l'article 14. Il a donc posé la question suivante dans son opinion dissidente : faudrait-il aller au-delà et poser d'autres conditions en demandant à l'État partie de démontrer (relativement à la poursuite de civils devant les Tribunaux militaires) que « les tribunaux civils ordinaires ne sont pas en mesure d'entreprendre ces procès, que d'autres formes alternatives de tribunaux civils spéciaux ou de haute sécurité ne sont pas adaptés à cette tâche » ? Pour lui, cette nouvelle condition posée par le Comité ne va pas sans poser des difficultés juridiques sérieuses. Elle ne s'inscrit pas de manière certaine dans le champ de l'article 14 et l'observation générale n° 13 ne la prévoit pas. Soumettre l'État à des conditions non prévues au départ ne constitue pas une application appropriée des normes définies par le Pacte ou qui lui sont imputées, cf CCPR/C/89/D/1172/2003 du 21 juin 2007, p.15.

[42] Définie au début du 20e siècle par Von Lizt comme étant « *l'ensemble systématique des principes au moyen desquels l'État et la société doivent organiser la lutte contre le crime* », la notion de politique criminelle a été approfondie par Henri Donnedieu de Vabres, suivi par Roger Merle et André Vitu qui la considèrent comme étant la réaction de l'État contre le phénomène criminel, in KEUBOU Philippe, *Précis de procédure pénale camerounaise*, PUA, 2010, p. 15.

CONCLUSION

La compétence des Tribunaux militaires en matière de terrorisme est encadrée par le droit international, en ceci que celui-ci incite les États à prendre des mesures pour réprimer le terrorisme. Le Cameroun par exemple a fait le choix d'adopter plusieurs mesures, parmi lesquelles une répression judiciaire par les Tribunaux militaires à qui il a donné compétence exclusive en la matière. Une ambiguïté peut naître, quant au fait que le droit international incite les États à réprimer le terrorisme, que cette infraction soit commise par des civils, mais que le droit international soit en même temps réticent à la poursuite de cette catégorie de justiciable devant ce type de juridiction.

Il est constant qu'en jugeant des civils devant les Tribunaux militaires, le Cameroun ne viole pas le droit international contraignant. Au contraire, il reste soumis à la norme internationale, en respectant des instruments juridiques internationaux tels des résolutions du Conseil de sécurité, dont l'application est obligatoire pour les États, dès lors qu'elles sont prises dans le cadre du Chapitre VII de la Charte des Nations Unies.

En outre, l'essentiel semble résider en la nécessité d'appliquer les règles du procès équitable, quelle que soit la juridiction désignée par un législateur national pour réprimer le terrorisme.

Au demeurant, des imperfections existent quant à l'organisation de la compétence des Tribunaux militaires en matière de terrorisme. Dans ce sens, pour le cas du Cameroun du moins, l'avant – projet de loi portant prévention et répression des actes de terrorisme et actes assimilés, qui sera un amendement de la loi de 2014 portant répression des actes de terrorisme, est une réforme attendue./-

BIBLIOGRAPHIE

- **OUVRAGES SPÉCIALISÉS**

BANNELIER Karine, CHRISTAKIS Théodore, CORTEN Olivier et DELCOURT Barbara (dir), *Le droit international face au terrorisme : après le 11 septembre 2001*, Éditions A. PEDONE, octobre 2002, 356 p.

KEUBOU Philippe, *Précis de procédure pénale camerounaise*, PUA, 2010, 203 p.

KOUM (F.), *La justiciabilité des civils devant les juridictions militaires et le droit international : le cas du Cameroun,* thèse de doctorat, Université de Yaoundé II – SOA, année académique 2013-2014, 471 p. (A paraître)

- **ARTICLES**

AMANN Diane Marie, « Les Commissions militaires aux États-Unis, *Archives Politiques*, Éditions Pédone, 2007/1, n° 29, pp. 215-239 ;

ASCENCIO Hervé, « Effets juridiques et efficacité des résolutions du Conseil de Sécurité des Nations Unies portant sur le Liban », Les cahiers de l'Orient, n° 94, 2009, pp. 37–63 (https://www.cairn.info/revue-les-cahiers-de-l-orient-2009-2-pages-37.htm, dernièrement visité le 24 juin 2021 à 20 h) ;

CALLEJON Claire, « Les principes des Nations Unies sur l'administration de la justice par les Tribunaux militaires : pour une justice militaire conforme au droit international », in *Droits fondamentaux*, n° 6, janvier-décembre 2006, pp. 1-16 ;

EDIMO François, « L'incrimination du terrorisme en droit pénal camerounais », *Juridical Tribune*, Volume 6, Issue I, juin 20161, pp. 164-174 ;

KLEIN Pierre, « Le Conseil de Sécurité et la lutte contre le terrorisme : dans l'exercice de pouvoirs toujours plus grands ? », *Revue québécoise de droit international* (Hors-série), 2007, pp. 133-147 ;

SOREL Jean-Marc, « Existe-t-il une définition universelle du terrorisme ? », in BANNELIER Karine, CHRISTAKIS Théodore, CORTEN Olivier et DELCOURT Barbara (dir), *Le droit international face au terrorisme : après le 11 septembre 2001*, Éditions A. PEDONE, octobre 2002, pp. 35-68 ;

- **DICTIONNAIRE**

CORNU Gérard, *Vocabulaire juridique*, 10e édition, « Quadrige », PUF, 2014, 1099 p.

- **LÉGISLATION**

INSTRUMENTS JURIDIQUES SUPRA NATIONAUX

Charte des Nations Unies, 10 décembre 1945 ;

Pacte International relatif aux Droits Civils et Politiques du 16 décembre 1966 ;

Observation générale n° 13 du Comité des droits de l'Homme, 1984 ;

Directives de la CADHP sur le procès équitable (Dakar, 1994) ;

Convention internationale pour la répression des attentats terroristes à l'explosif (1997) ;

Convention de l'Organisation de l'Unité Africaine sur la Prévention du Terrorisme et la lutte contre le Terrorisme (Alger, juillet 1999) ; Convention internationale pour la répression du financement du terrorisme (1999) ;

Convention internationale pour la répression des actes de terrorisme nucléaire (2005)

Observation générale n° 32 du Comité des Droits de l'Homme, 2007 ;

Règlement n° 01/CEMAC/UMAC/CM du 11 avril 2016 portant Prévention et Répression du Blanchiment des Capitaux et du Financement du Terrorisme et la Prolifération en Afrique Centrale ;

TEXTES NATIONAUX

Loi n° 2006/015 du 29 décembre 2006 portant organisation judiciaire et subséquemment modifiée ;

Loi n° 2008/015 du 29 décembre 2008 portant organisation judiciaire militaire et fixant les règles de procédure applicables devant les Tribunaux militaires ;

Loi n° 2014/028 du 23 décembre 2014 portant répression des actes de terrorisme ;

Loi n° 2016-7 du 12 juillet 2016 portant Code pénal ;

Loi n° 2017/012 du 12 juillet 2017 portant Code de justice militaire ;

- **JURISPRUDENCE**

COMMISSION AFRICAINE DES DROITS DE L'HOMME ET DES PEUPLES

Media Rights Agenda / Nigeria (2000) ;

Law Office of Ghazi Suleiman / Soudan (2003) ;

Kevin MGWANGA GUMNE et Al / Cameroon (2009);

COMITÉ DES DROITS DE L'HOMME

Communication n° 1172/2003

- **AUTRES**

Résolution 1373 du Conseil de Sécurité ;

ONUDC, « Questions les plus fréquemment posées sur les aspects du droit international touchant la lutte contre le terrorisme », 2009, 120 p. ;

Rapport de Martin SCHEININ, Rapporteur spécial sur la promotion de la protection des droits de l'homme et des libertés fondamentales dans le cadre de la lutte contre le terrorisme, transmis par le Secrétaire général des Nations Unies aux membres de l'Assemblée générale, en application de la Résolution 62/159 de l'Assemblée générale et de la Résolution 6/28 du Conseil des droits de l'homme, distribution générale datée du 6 août 2008, 24 p.

Rapport du Haut-Commissaire des Nations Unies aux droits de l'homme sur la protection des droits de l'homme et des libertés fondamentales dans la lutte antiterroriste, Conseil des droits de l'homme, seizième session, distribution générale le 15 décembre 2010, 18 p. ;

Rapport de la rapporteuse spéciale sur l'indépendance des juges et des avocatstransmis à l'Assemblée générale, 07 août 2013./-

LE PRINCIPE D'INDÉPENDANCE ET LA JUSTICE MILITAIRE CAMEROUNAISE EN MATIÈRE DE RÉPRESSION DU TERRORISME

Hervé Magloire MONEBOULOU MINKADA

Agrégé de Droit privé et des Sciences criminelles,
Enseignant à l'Université de Douala, moneboulou@yahoo.fr

INTRODUCTION

« L'autorité judiciaire doit demeurer indépendante pour être à même d'assurer le respect des libertés essentielles telles qu'elles sont définies par le préambule de la Constitution de 1946 et par la Déclaration des droits de l'homme à laquelle il se réfère[1] ». Il ressort de cette citation, l'exigence d'avoir une justice indépendante en général. Ce modèle de justice devient le baromètre d'appréciation de la modernité ou de l'antiquité du pouvoir judiciaire. C'est dans ce sillage qu'intervient la thématique suivante : « Le principe d'indépendance et la justice militaire camerounaise en matière de répression du terrorisme ».

La définition des termes clés structurant le thème s'impose. La Justice Militaire est rendue par des juridictions spécialisées, le plus souvent militaire, qui ont compétence pour juger les faits et actes commis par des militaires dans l'exercice de leurs fonctions, ou par des militaires associés (insurgés, révolutionnaires, espions). Dans le contexte camerounais, la Justice Militaire est incarnée par le tribunal militaire et les juridictions de recours. Le tribunal militaire s'entend comme la juridiction qui juge les militaires, au sens premier. Mais, la définition légale apporte des précisions et des éclaircissements. La première précision est que le tribunal militaire est une juridiction à compétence spéciale[2]. Elle se distingue à l'instance des juridictions de

---

[1] Loi constitutionnelle du 3 juin 1958, 4°, in Bissardon (S.), *Droit et justice en citations et adages*, Paris, Litec, 2e édition 2005, p. 9.

[2] Article 2 alinéa 1 de la loi N° 2017/012 du 12 juillet 2017 portant code de justice militaire.

droit commun[3] que sont le Tribunal de Première Instance et le Tribunal de Grande Instance. Sa compétence est objective[4] ; c'est pourquoi le tribunal militaire peut juger les militaires et les civils. Le tribunal militaire a une compétence territoriale[5] et matérielle[6]. C'est une juridiction pénale d'exception dont le ressort couvrait tout le territoire national ; elle siégeait à Yaoundé. Mais il était également créé des tribunaux militaires dans les villes de Douala, Buea, Bafoussam, Garoua, qui accueillaient des audiences foraines conformément à l'article 2 de l'ordonnance 72/5 du 26 août 1972. Cette ordonnance qui organisait la juridiction militaire a été modifiée par la loi n° 90/048 du 19 décembre 1990. La loi n° 2008/015 du 29 décembre 2008 portant organisation judiciaire militaire et fixant des règles de procédure applicables devant les tribunaux militaires est venue abroger ces deux textes. Il est désormais créé un tribunal militaire par région, avec pour siège le Chef-lieu de la région. Le texte le plus récent sur la question est la loi N° 2017/012 du 12 juillet 2017 portant Code de Justice Militaire . Cette loi établit la compétence du tribunal militaire en matière des infractions relatives aux actes de terrorisme[7]. Avant cette loi, celle de 2014 portant répression des actes de terrorisme avait déjà retenue la compétence du tribunal militaire[8]. Par ailleurs la définition des actes terroristes reste difficile à l'échelle universelle. Toutefois, il s'observe une aisance à définir les actes terroristes par l'État[9] ou les groupes d'États[10] d'une part et la doctrine [11]d'autre part.

---

[3] Tribunal normalement compétent, sauf lorsqu'un texte spécial exclut expressément cette compétence. Cf. S. Guinchard et T. Lebard (dir.), *Lexique des termes juridiques*, Paris, Dalloz, 25e édition, 2017-2018, p. 1208.

[4] Par compétence objective, il faut entendre une aptitude reconnue à un organe d'agir sur la base des faits « in rem ». Or la compétence subjective s'entend d'une aptitude reconnue à un organe d'agir sur la base de la qualité de la personne « intuitu personae ».

[5] Lire sur la question : S.S. Kuaté Tameghe, *La justice, ses métiers, ses procédures*, Paris, l'Harmattan, 4e édition, 2021, p. 255 et s.

[6] Lire sur la question : S.S. Kuaté Tameghe, op.cit., p. 258 et s.

[7] Article 8 c.

[8] Article 12 de la Loi N° 2014/028 du 23 décembre 2014 portant répression des actes de terrorisme.

[9] Article 2 cité.

[10]Convention entre les États membres du comité des chefs de police de l'Afrique centrale (CCPAC) en matière de lutte contre le terrorisme, 27 mai 2004.

[11] M.J. Zanga, « L'insaisissable visage du terrorisme : jalons pour une définition universelle du terrorisme à partir des législations nationales africaines », in A.D.

Quant à l'expression « indépendance » , elle est polysémique. Au sens de l'État, c'est une condition pour une Nation, un pays, un État dans lequel les résidents et la population exercent l'auto-gouvernance, et habituellement une souveraineté totale sur le territoire. L'opposition de l'indépendance est le fait d'être totalement régenté par une autorité suzeraine ou coloniale. C'est le droit pour un État d'exercer ses compétences internes et externes sans subordination à un autre État ou à une autorité internationale, mais en restant tenu d'observer le Droit international et de respecter ses engagements conventionnels[12]. Au sens de l'individu, c'est la situation de celui qui n'est pas lié par un contrat de travail ou qui travaille pour son propre compte[13]. C'est aussi la situation d'un individu qui exerce seul et en toute liberté les pouvoirs qui lui sont conférés, à l'instar de l'indépendance des époux dans l'exercice d'une profession[14]. Toutefois, l'indépendance sera appréhendée dans cette analyse sous l'angle des principes directeurs de la justice : le principe de l'indépendance. Sa définition n'est pas aisée, car c'est un principe fluctuant dans son entendement. Toutefois, il prend corps avec l'interdiction adressée aux tribunaux de s'immiscer dans l'activité législative et, inversement, la prohibition adressée au législateur de ne pas s'ingérer dans la fonction juridictionnelle. De là la séparation des fonctions administratives et judiciaires et, inversement, la règle de l'indépendance de la justice à l'égard de l'exécutif[15]. Cependant, trois conditions cumulatives permettent de saisir ce principe. La première condition est l'inamovibilité selon laquelle un décideur indépendant ne peut être révoqué pour un motif arbitraire, mais seulement pour une cause déterminée et raisonnable. La deuxième condition essentielle consiste dans la sécurité financière selon laquelle un décideur n'est véritablement indépendant que si son traitement est prévu par la loi, de manière à le protéger des ingérences arbitraires de l'exécutif. Enfin, la troisième condition est l'indépendance institutionnelle du tribunal relativement aux questions administratives qui ont un effet direct sur l'exercice de ses fonctions judiciaires (temps du délibéré, assignation

---

Olinga (dir.), *Droit international, Droits nationaux et lutte contre le terrorisme en Afrique*, Yaoundé, PUCAC, 2017, pp. 85-106.

[12] Cornu (G.) (dir.), *Vocabulaire juridique*, Paris, PUF, 10e édition, 2020, p.534

[13] Idem

[14] Idem

[15] Lire sur la question : S.S. Kuaté Tameghe, *La justice, ses métiers, ses procédures*, op.cit., p. 1335.

des causes, etc.)[16]. Le principe d'indépendance de la justice vise deux objectifs : préserver la confiance du public dans l'impartialité de la magistrature d'une part ; et assurer le maintien de la primauté du droit d'autre part. L'indépendance individuelle doit être distinguée de l'indépendance institutionnelle. La finalité est que la justice comme pouvoir judiciaire échappe à toute influence extérieure de la part de l'exécutif et du législatif comme de celle de tous les intervenants de la société[17]. Le principe d'indépendance est une composante d'un trio : « *Droit à un tribunal compétent, indépendant et impartial* [18]» ou « *Indépendance, impartialité et compétence de l'appareil judiciaire, y compris des tribunaux militaires* [19]».

Au terme de cette analyse notionnelle, l'indépendance de la Justice Militaire camerounaise en matière de répression du terrorisme serait entendue comme la prédisposition des juridictions et du personnel intervenant après des actes terroristes à se déployer sans une influence ou une interférence du pouvoir exécutif ou du pouvoir judiciaire.

Le thème s'inscrit dans une controverse saisissable sous l'angle du Droit pénal comparé. Trois tendances se dégagent. Dans certains droits, prévaut nettement l'indépendance à l'égard de l'exécutif. C'est le cas en Italie où les parquetiers sont assimilés aux juges et soumis, comme eux, au Conseil supérieur de la magistrature, lequel est garant de leur indépendance[20]. Dans d'autres pays, le parquet est dépendant du pouvoir exécutif. Il s'agit de pays où le ministre de la Justice est son chef hiérarchique. L'article 36 CPP français permet au ministre d'enjoindre au procureur général « *par instructions écrites et versées au dossier de la procédure d'engager ou de faire engager des poursuites* ». Il est vrai qu'à l'audience, le parquet recouvre sa liberté puisque selon un adage célèbre « *si la plume est serve, la parole est libre* »[21]. L'Angleterre représente une situation mixte. Le *Crown Prosecution Service* (CPS) dépend de l'*Attorney general*, qui est membre du Gouvernement. L'Attorney doit consentir à la poursuite

---

[16] http://v1.ahjucaf.org/Definition-du-Principe-D,6257.html

[17] Idem

[18] Projet de principes sur l'administration de la justice par les tribunaux militaires, Principe N° 13, Document E/CN.4/2006/58, du 13 janvier 2006.

[19] Nations Unies, Assemblée générale, Distr.Générale 29 janvier 2015 Français Original : anglais, A/hrc/28/32, p. 3.

[20] J. Pradel, *Droit pénal comparé*, Paris, Dalloz, 1995, p.326.

[21] Ibid., p. 327.

pour quelques infractions graves, et il peut arrêter une poursuite, le CPS ne pouvant alors absolument rien faire. On pourrait croire que l'Attorney dispose d'un pouvoir important. Au vrai, il n'en est rien, car cet organe ne fait pas partie du cabinet et n'est donc guère sujet aux demandes des autres ministères[22]. À la lumière de ces divergences, la question suivante s'impose : *la Justice Militaire camerounaise en matière de répression du terrorisme observe-t-elle le principe d'indépendance ?*

Au regard de cette question, la réponse suivante l'emporte parmi les réponses possibles[23] : *la Justice Militaire camerounaise en matière de répression du terrorisme doit observer le principe d'indépendance de façon contrôlée*.

Le sujet revêt un intérêt théorique parce que sur le plan des idées, il urge de revisiter la théorie de la séparation des pouvoirs en déterrant John Locke et Montesquieu. L'analyse donne aussi l'occasion de lire le choix de politique pénale du Cameroun en matière de répression du terrorisme. Ce choix demeure souverain, malgré les recommandations onusiennes hostiles à la justiciabilité des civils devant les tribunaux militaires[24]. Sur le plan pratique, il est question de tirer profit du discours théorique pour s'accorder sur le statut et le contenu du principe de l'indépendance de la justice. Il en découle une hiérarchie des pouvoirs gage d'un État stable, sans sacrifier le pouvoir de juger. Le principe d'indépendance de la Justice Militaire en matière de répression du terrorisme doit être contrôlé (I), mais ce contrôle doit être nuancé (II).

---

22 Ibid., p. 328.

23 La réponse à la question centrale peut justifier plusieurs approches. Pour les uns, la Justice Militaire en matière de répression du terrorisme doit observer le principe d'indépendance. Pour les autres, la Justice Militaire en matière de répression du terrorisme ne doit pas observer le principe d'indépendance. Une autre approche peut affirmer que : la justice militaire en matière de répression du terrorisme doit observer le principe d'indépendance de façon nuancée.

24 Lire sur la question : Nations-Unies, Assemblée Générale, A/HRC/28/32, Conseil des droits de l'homme, 28e session, Distr. générale 29 janvier 2015 Français Original : anglais.

I. UN PRINCIPE D'INDÉPENDANCE DE LA JUSTICE MILITAIRE CONTRÔLE EN MATIÈRE DE RÉPRESSION DU TERRORISME

La Justice Militaire est une manifestation du pouvoir judiciaire dans les casernes. Sa compétence en matière de répression du terrorisme est légalement acquise. À l'observation des textes, l'indépendance de la Justice Militaire est contrôlée, à cause d'une indépendance fonctionnelle des magistrats de siège amoindrie d'une part (A), et une indépendance institutionnelle affaiblie d'autre part (B).

A. Une indépendance fonctionnelle des magistrats de siège amoindrie

L'indépendance fonctionnelle veut dire que dans l'exercice de leur fonction, les magistrats du tribunal militaire ne sont pas influencés par le pouvoir exécutif ou législatif. L'indépendance des magistrats de siège est amoindrie à cause de l'inamovibilité perdue (1). Cette indépendance est revigorée par un pouvoir de juger constant (2).

1. L'indépendance des magistrats de siège amoindrie par l'inamovibilité perdue

L'inamovibilité est l'institution en vertu de laquelle les magistrats du siège ne peuvent être ni révoqués, ni suspendus, ni mis à la retraite prématurément, ni déplacés par la volonté arbitraire du Gouvernement ou du Pouvoir exécutif sans observation des formes et conditions prévues par la loi. Elle est prévue par l'article 5 du décret n° 82/467 du 04 octobre 1982 qui dispose que « ... *les magistrats du siège sont inamovibles et ne peuvent recevoir, sans acceptation de leur part, une autre affectation* ». Ainsi, le magistrat est protégé contre les révocations, les déplacements ou les suspensions arbitraires qui pourraient constituer des moyens de pression sur lui. Mais l'inamovibilité ne couvre pas le magistrat pendant toute la durée de ses fonctions. Celui-ci peut être mis en retraite, reformé pour invalidité ; il peut être l'objet de mesures disciplinaires. Cette règle de l'inamovibilité est dans notre système judiciaire plus une hypothèse d'école qu'une règle appliquée. Bien plus, cette garantie a été supprimée par le décret n° 95/048 du 8 mars 1995. De la sorte, les magistrats civils affectés au tribunal militaire ne pourront plus se prévaloir de l'inamovibilité. Quant aux magistrats militaires, le statut de la magistrature ne leur est pas applicable[25]. En l'absence de statut particulier qui leur est applicable, il reste régis par les textes applicables aux forces de défense[26]. Si l'indépendance de la Justice Militaire est affaiblie par la perte de l'inamovibilité, elle demeure consolider par le pouvoir de juger.

2. L'indépendance des magistrats revigorée par un pouvoir de juger constant

Le magistrat de siège en fonction au tribunal est indépendant ; parce qu'il a le pouvoir de juger. Il est question de trancher les litiges en appliquant la loi de manière juste et impartiale, et surtout sans recevoir des ordres de qui que ce soit. Le droit à un tribunal indépendant est consacré par plusieurs textes d'envergure internationale. Certains le consacrent de manière explicite : Article 10 Déclaration Universelle des Droits de l'homme[27] et l'article 14 (1. du Pacte international relatif aux droits civils et politiques[28]. une consécration implicite s'observe aux termes de l'article 7 Charte africaine des droits de l'homme et des peuples[29]. Sur le plan national, la Constitution du 18 janvier 1996 au

---

[25] Article 2 alinéa 2 du Décret N° 95/048 du 8 mars 1995.

[26] Loi N° 80/12 du 14 juillet 1980 sur le statut des militaires.

[27] Toute personne a droit, en pleine égalité, à ce que sa cause soit entendue équitablement et publiquement par un tribunal indépendant et impartial, qui décidera, soit de ses droits et obligations, soit du bien-fondé de toute accusation en matière pénale dirigée contre elle.

[28] Tous sont égaux devant les tribunaux et les cours de justice. Toute personne a droit à ce que sa cause soit entendue équitablement et publiquement par un tribunal compétent, indépendant et impartial, établi par la loi, qui décidera soit du bien-fondé de toute accusation en matière pénale dirigée contre elle, soit des contestations sur ses droits et obligations de caractère civil. Le huis clos peut être prononcé pendant la totalité ou une partie du procès soit dans l'intérêt des bonnes mœurs, de l'ordre public ou de la sécurité nationale dans une société démocratique, soit lorsque l'intérêt de la vie privée des parties en cause l'exige, soit encore dans la mesure où le tribunal l'estimera absolument nécessaire lorsqu'en raison des circonstances particulières de l'affaire la publicité nuirait aux intérêts de la justice ; cependant, tout jugement rendu en matière pénale ou civile sera public, sauf si l'intérêt de mineurs exige qu'il en soit autrement ou si le procès porte sur des différends matrimoniaux ou sur la tutelle des enfants.

[29] Toute personne a droit à ce que sa cause soit entendue. Ce droit comprend : a. le droit de saisir les juridictions nationales compétentes de tout acte violant les droits fondamentaux qui lui sont reconnus et garantis par les conventions, les lois, règlements et coutumes en vigueur ; b. le droit à la présomption d'innocence, jusqu'à ce que sa culpabilité soit établie par une juridiction compétente ; c. le droit à la défense, y compris celui de se faire assister par un défenseur de son choix ; d. le droit d'être jugé dans un délai raisonnable par une juridiction impartiale

Cameroun en son article 37 [30], l'article 310 du Code de procédure pénale[31] et article 5 du Décret N° 95/048 du 8 mars 1995 portant statut de la magistrature[32] affirment un pouvoir judiciaire indépendant. Si ces textes régissent la magistrature assise en général, les magistrats militaires ont un texte particulier, qui affirme leur indépendance. Il s'agit du Décret N° 2007/189 du 07 juillet 2007 portant Règlement de discipline générale dans les forces de défense en son article 41[33].

Il ressort de ces textes, l'affirmation légale de l'indépendance de la magistrature assise. Elle se matérialise par le pouvoir de juger. Lorsque le magistrat de siège en service au tribunal militaire examine un dossier, il est libre dans la prise de décision. Il observe la loi et la conscience[34]. Ainsi, ni le pouvoir exécutif, ni le pouvoir judiciaire, encore moins le parquet ne lui impose l'orientation à donner à la décision de justice. Seulement, il ne s'agit pas d'un pouvoir arbitraire. En effet, les décisions rendues par le magistrat doivent être motivées de peur d'être attaquées. C'est le sens des dispositions de l'article 24, alinéa c du Code de Justice Militaire du 12 juillet 2017[35].

En clair, l'indépendance de la Justice Militaire est amoindrie pour deux idées. La première est que, l'inamovibilité jadis rempart de l'indépendance est désormais perdue. Il reste que le pouvoir de juger en application de la loi et de la conscience reste le seul rempart de l'indépendance de la Justice Militaire . À l'inverse, l'indépendance institutionnelle des magistrats militaires est affaiblie.

---

[30] (1) La justice est rendue sur le territoire de la République au nom du peuple camerounais. (2) Le pouvoir judiciaire est exercé par la Cour Suprême, les Cours d'appel, les Tribunaux. Il est indépendant du Pouvoir exécutif et du Pouvoir législatif. Les Magistrats du siège ne relèvent dans leurs fonctions juridictionnelles que de la loi et de leur conscience.

[31] Le juge décide d'après la loi et son intime conviction.

[32] Les magistrats du siège disposent dans leurs fonctions juridictionnelles, que de la seule loi et de leur conscience.

[33] « … les magistrats militaires, uniquement dans l'exercice de leurs fonctions, sont indépendants du commandement et ne relèvent que du Ministre et de leurs supérieurs dans la hiérarchie propre. ».

[34] Lire sur la question : A. Akam Akam, « La loi et la conscience dans l'office du juge », *Revue Ersuma*, N° 1, juin 2012, pp. 501-526 ; H. M. Moneboulou Minkada, « Justice idéale et justice juridique : Plaidoyer pour une justice juridique légitime », *Annales Africaines*, Vol 2, N° 5, Décembre 2016, pp. 229-248.

[35] « Les jugements du tribunal militaire sont motivés en fait et en droit, sous peine de nullité d'ordre public ».

B. Une indépendance institutionnelle des magistrats militaires affaiblie

L'indépendance institutionnelle des magistrats militaires s'entend de l'autonomie de ce corps du pouvoir judiciaire par rapport au pouvoir exécutif et législatif. Cette indépendance est affaiblie à raison des prérogatives du pouvoir exécutif sur les magistrats du tribunal militaire (1) et sur l'action publique devant le tribunal militaire (2).

1. Les prérogatives du Pouvoir exécutif sur les magistrats du tribunal militaire

Le Pouvoir exécutif est un des trois pouvoirs qui structurent la vie dans un État. Il est incarné par le Président de la République et le Gouvernement. L'influence du Président de la République sur la Justice Militaire tire son fondement de l'obésité de ses prérogatives. En explorant la Constitution du 18 janvier 1996, il ressort de l'article 8 des pouvoirs en tant que Chef des forces armées[36]. Il a un pouvoir de nomination des magistrats de l'ordre civil au tribunal militaire[37]. À défaut de sanctionner les magistrats militaires, ils seront révoqués de fait. Cela veut dire qu'un magistrat militaire, qui déplaît au Président de la République se verra affecter à un autre service sans justification. Fort de l'obéissance militaire, ce mouvement ne sera même pas commenté. Bien que le Règlement de discipline générale dans les forces de défense affirme l'indépendance des magistrats militaires du commandement dans l'exercice de leurs fonctions ; il reste que ces magistrats relèvent du ministre de la Défense et leurs supérieurs dans leur hiérarchie propre[38]. Par ailleurs, le pouvoir de nommer les magistrats en charge d'instruire, de juger et de poursuivre le ministre chargé de la Justice militaire participe de cet affaiblissement de l'indépendance[39]. Ce pouvoir hiérarchique qu'exerce le ministre de la Défense et les

---

[36] (2) Il est le Chef des Forces Armées. (10) Il nomme aux emplois civils et militaires de l'État.

[37] Décret N° 2020/587 portant nomination des magistrats de l'ordre judiciaire aux parquets des tribunaux militaires.

[38] Article 41 du Décret N° 2007/189 du 07 juillet 2007 portant Règlement de discipline dans les forces de défense.

[39] Article 29 du Code de justice militaire de 2017 : « Lorsque l'infraction relève de la compétence du Tribunal militaire, le Ministre chargé de la justice militaire désigne un Magistrat chargé d'instruire l'affaire, et trois (03) autres d'un grade au moins égal à celui du mis en cause, en vue du jugement éventuel de l'affaire en premier ressort. Il désigne également le représentant du Parquet ».

supérieurs du magistrat militaire ne permet pas à ce dernier d'être statutairement indépendant.

Quant aux magistrats civils affectés au tribunal militaire, ils continuent de répondre de leurs actes devant le Conseil supérieur de la magistrature. L'examen des dispositions de ce Conseil sur le plan institutionnel persuade de la mainmise de l'Exécutif sur le Judicaire en général et le tribunal militaire en particulier. Ainsi, le Conseil Supérieur de la Magistrature est présidé par le Président de la République[40] et le ministre chargé de la Justice comme Vice-Président[41]. Le texte encadrant le Conseil Supérieur de la Magistrature fait du Président de la République, l'institution qui précise le contenu et garantit l'indépendance de la magistrature[42]. C'est ce Conseil qui gère la carrière des magistrats au regard de leur avancement[43] et poursuites disciplinaires[44]. L'emprise de l'Exécutif sur le Judiciaire est perceptible aussi en scrutant le statut de la magistrature de 1995. Il en ressort que les magistrats du Parquet et les attachés de justice relèvent administrativement de la seule autorité du ministre de la Justice. Ils lui sont hiérarchiquement subordonnés[45]. Les carrières des magistrats du siège et du parquet sont décidées devant cette instance[46]. La ministre de la Justice note, et propose à l'avancement au parquet ou au siège, et inversement [47]. C'est aussi le Président de la République après avis du Conseil Supérieur de la Magistrature, qui inflige la sanction[48]. Il découle de ces développements que le pouvoir exécutif contrôle les magistrats militaires tant au siège qu'au parquet. Quid des prérogatives du Pouvoir exécutif sur l'action publique devant le tribunal militaire ?

2. Les prérogatives du Pouvoir exécutif sur l'action publique devant le tribunal militaire

Le pouvoir exécutif comprend le Président de la République et le gouvernement. Ce dernier est formé du Premier ministre et des autres

---

[40] Article 1er alinéa 1 de la loi N° 82-014 du 26 novembre 1982 fixant l'organisation et le fonctionnement du Conseil Supérieur de la Magistrature.

[41] Article 1er alinéa 2.

[42] Article 10.

[43] Article 18 à 20.

[44] Article 21 à 37.

[45] Article 3 du Décret N° 95/048 du 8 mars 1995 portant statut de la magistrature.

[46] Article 6.

[47] Article 31 alinéa 1.

[48] Article 49.

ministres, donc le ministre de la Défense. Et l'action publique devant le tribunal militaire consiste en la poursuite pour punir les responsables d'infractions prévues par le Code de Justice Militaire devant cette instance. Les prérogatives du pouvoir exécutif sur l'action publique devant le tribunal militaire consistent en moyens permettant à ce pouvoir d'influencer la procédure devant cette juridiction. L'examen des dispositions de l'article 13 du Code de Justice Militaire illustre la combinaison entre le Président de la République et le ministre chargé de la Justice militaire pour influencer la mise en mouvement et l'exercice de l'action publique. En substance, l'action publique est mise en mouvement et exercée par le Commissaire du Gouvernement[49]. Il est tenu d'en référer au ministre chargé de la Justice militaire[50]. Ce dernier détermine en tant que besoin les affaires visées[51]. Sur prescription du Président de la République, le ministre chargé de la Justice Militaire peut arrêter à tout moment, avant le prononcé du jugement, toute poursuite pénale devant le Tribunal militaire[52]. De même, le Commissaire du gouvernement peut requérir par écrit, après autorisation du ministre chargé de la Justice militaire, l'arrêt des poursuites à tout stade de la procédure et avant l'intervention d'une décision au fond, en cas d'atteinte à l'intérêt social ou la paix publique[53].

Il ressort de ces dispositions certains constats. Le premier est que le Commissaire du gouvernement est nommé par décret du Président de la République[54]. C'est ce Commissaire qui doit saisir le tribunal militaire et requérir la sanction. Le deuxième constat est que les affaires que le Commissaire du gouvernement soumet à la juridiction militaire sont celles choisies par le ministre de la Défense comme ministre en charge de la Justice militaire. Et le dernier constat est que l'action publique déclenchée n'a pas la garantie d'aller jusqu'au bout ; à cause de l'arrêt des poursuites avant le jugement. Cet arrêt peut émaner aussi bien du Président de la République sans justification[55] que du ministre de la Défense avec la justification d'atteinte à l'intérêt social ou à la

[49] Article 13 alinéa 1 du Code de justice militaire de 2017.
[50] Article 13 alinéa 2.
[51] Article 13 alinéa 3.
[52] Article 13 alinéa 4.
[53] Article 14 alinéa 1.
[54] Article 5 alinéa 2.
[55] C'est un pouvoir discrétionnaire.

paix publique[56]. En conséquence, l'action publique devant le tribunal militaire est contrôlée par le Pouvoir exécutif. Cette mainmise du Pouvoir exécutif sur le Parquet importe parce que ce dernier peut servir de messager auprès du président du tribunal. En effet, la concertation en vue de la fixation de la date de la première audience[57] peut permettre de préjuger la décision finale.

L'indépendance de la Justice Militaire en matière de répression du terrorisme est contrôlée pour deux raisons. La première raison est que cette indépendance existe dans le pouvoir de juger. Et la seconde raison est que l'indépendance est fragilisée par la suppression de l'inamovibilité des magistrats de siège, et les prérogatives du Pouvoir exécutif sur les magistrats assis et debout du tribunal militaire. Un tel modèle peut être nuancé en matière de répression du terrorisme.

II. UN CONTRÔLE NUANCÉ DU PRINCIPE DE L'INDÉPENDANCE DE LA JUSTICE MILITAIRE EN MATIÈRE DE RÉPRESSION DU TERRORISME

La Justice Militaire en matière de répression du terrorisme se caractérise par une indépendance contrôlée. Ce contrôle de la Justice Militaire est qualifié de « nuancé » pour deux raisons. La première raison est que le contrôle de la Justice Militaire est théoriquement justifié (A). Et la seconde raison est que le contrôle de la Justice Militaire peut être ajusté (B).

A. Un contrôle de la Justice Militaire théoriquement justifié

Le contrôle de la Justice Militaire en matière de répression du terrorisme est justifié par deux idées. La première idée est relative à la nullité du pouvoir judiciaire (1). Et la seconde idée est assise sur l'assimilation du terroriste à l'ennemi de l'État (2).

1. Une justification fondée sur la nullité du pouvoir judiciaire

La nullité du pouvoir judiciaire consiste en une remise en cause du statut de pouvoir autonome de cette institution par rapport au pouvoir législatif et exécutif. De la sorte, si le pouvoir judiciaire est nul, il sera logique que l'indépendance contrôlée d'une composante comme le

---

[56] C'est une justification passe-partout, et donc le contenu objectif est difficile à établir, quand bien même certains cas seraient pertinents.
[57] Article 20 alinéa 1.

tribunal militaire soit cohérente. La notion de nullité du pouvoir judiciaire s'inscrit dans un contexte historique. Il a été question de la controverse entre John Locke et Montesquieu sur la séparation des pouvoirs. En substance, l'affirmation de la séparation des pouvoirs a pour fondement la lutte contre l'absolutisme du pouvoir [58]pour l'édification de l'État moderne. En alternative à cette vision sociale, fondée sur la concentration des pouvoirs, la séparation des pouvoirs a été théorisée. John Locke a développé sa théorie dans un ouvrage intitulé : *Traité du Gouvernement civil, 1690 et* Montesquieu dans *De L'esprit des lois* en 1748.

Pour Locke, la société héritière des hommes libres de l'état de nature possède à son tour deux pouvoirs essentiels : le pouvoir législatif et le pouvoir exécutif. Le pouvoir législatif règle comment les forces d'un État doivent être employées pour la conservation de la société et de ses membres ; et le pouvoir exécutif assure l'exécution des forces positives au-dedans. Locke identifie un troisième pouvoir dérivé : le pouvoir confédératif. Il est lié au pouvoir exécutif. Sur ces trois pouvoirs, il continue en expliquant que par le pouvoir législatif, le prince ou le magistrat fait des lois pour toujours, et corrige ou abroge celles qui sont faites. Par le pouvoir exécutif, le prince fait la paix ou la guerre, envoie ou reçoit des ambassades, établit la sûreté, et prévient les invasions. Par le troisième pouvoir, le prince punit les crimes, ou juge les différends des particuliers. On appellera cette dernière la puissance de juger, et l'autre simplement la puissance exécutrice[59] ». En ce qui concerne la puissance de juger, l'auteur de l'Esprit des lois précise que « *la puissance de juger ne doit pas être donnée à un sénat permanent, mais exercée par des personnes tirées du corps du peuple dans certains temps de l'année, de la manière prescrite par la loi, pour former un tribunal qui ne dure qu'autant que la nécessité le requiert* ». De cette façon, la puissance de juger, si terrible parmi les hommes, n'étant

---

[58] L'absolutisme s'est établi progressivement dans le royaume de France, trouvant dans le règne de Louis XIV (1643-1715) son expression la plus aboutie. Ses successeurs Louis XV (1715-1774) et Louis XVI (1774-1792) vont s'efforcer de perpétuer ce modèle. Le Roi considère qu'il tient son pouvoir de Dieu et qu'il n'a de comptes à rendre qu'à lui. La cérémonie du sacre à Reims qui fait de lui « l'oint du seigneur » assure sa légitimité, en fait le « ministre de Dieu sur terre ». Sa personne est donc sacrée. Il dispose de la totalité des pouvoirs : exécutif, législatif, judiciaire. Il peut faire la paix ou la guerre, anoblir, battre monnaie, lever des impôts. Il peut par une « lettre de cachet » faire emprisonner qui il veut sans jugement.

[59] Ibid. p.112.

attachée ni à un certain état, ni à une certaine profession, devient pour ainsi dire invisible et nulle[60]. Selon Montesquieu, le pouvoir de juger est nul, parce qu'il est le fruit de la volonté du pouvoir législatif. C'est un pouvoir donné.

Au soir de cette controverse théorique, il en ressort que dans le contexte camerounais, la séparation de pouvoirs est une réalité textuelle. Cependant, les textes organisent une collaboration des pouvoirs en faveur du pouvoir exécutif[61]. Et c'est à juste titre que le Président de la République soit garant de l'indépendance du pouvoir judiciaire[62]. En tant que garant de l'indépendance du pouvoir judiciaire, le pouvoir exécutif va contrôler l'action de la Justice Militaire . C'est pourquoi, l'indépendance de la Justice Militaire est contrôlée. Cette explication théorique se veut générale. Dans le cas spécifique de la répression du terrorisme, l'indépendance de la Justice Militaire doit être contrôlée parce que le terroriste est assimilé à l'ennemi de l'État.

2. Une justification fondée sur l'assimilation du terroriste à l'ennemi de l'État

Lever l'équivoque sur la nature du terroriste, entre délinquant et ennemi, commande de préciser la distinction ontologique et terminologique de ces concepts. Il s'agit en général de la question sur le visage du criminel. Ce dernier peut être soit un délinquant, soit un ennemi. Si le délinquant est la figure la plus en vue, l'ennemi aussi a toujours existé. Le délinquant[63] désigne le criminel, qui viole la loi dans l'État de droit[64]. L'application de la sanction pénale à son encontre est

---

[60] Ibid., p.113.

[61] Dans cette collaboration, le pouvoir exécutif a une compétence législative et contrôle le pouvoir judiciaire.

[62] Article 37 alinéa 3 de la Constitution de 1996 au Cameroun.

[63] E. R. Zaffaroni, « Dans un État de droit, il n'y a que des délinquants », *RSC*, 2009, p. 43 et s.

[64] En France comme en Allemagne, l'État de droit est conçu comme un type particulier d'État, soumis à un « régime de droit » : dans un tel État, le pouvoir ne peut user que de moyens autorisés par l'ordre juridique en vigueur, tandis que les individus disposent de voies de recours juridictionnelles contre les abus qu'il est susceptible de commettre. Au cœur de la théorie de l'État de droit, il y a donc le principe selon lequel les divers organes de l'État ne peuvent agir qu'en vertu d'une habilitation juridique : tout usage de la force matérielle doit être fondé sur une norme juridique. (…) les organes de l'État sont ainsi tenus au respect de normes juridiques supérieures. La théorie de l'État de droit postule la soumission de l'administration au droit. Et cette soumission doit être garantie par l'existence d'un contrôle juridictionnel exercé, soit

fondée sur le mauvais usage de la liberté ou l'inconscience. Si possible, la resocialisation peut être une finalité de sa sanction. Le juge lui appliquera en conséquence une peine ou une mesure de sûreté pour le récupérer. La doctrine dans cette optique a trouvé une métaphore suffisamment expressive : « le droit pénal de l'ami » pour exprimer l'opposé du « droit pénal de l'ennemi ». En clair, le délinquant porte atteinte à certaines valeurs que l'État protège, sans remettre en cause l'État lui-même. En image, le délinquant détruit les biens d'une personne, sans détruire la personne elle-même. À l'inverse, l'ennemi renvoie au criminel, qui viole la loi dans l'État absolu[65]. C'est un criminel lucide, qui fait certes un mauvais usage de la liberté, mais y ajoute la volonté de détruire l'État. L'ennemi s'attaque à l'idéologie de l'État, à son identité et donc à la vision sociétale de l'État. Et c'est à juste titre que l'État se sentant menacé riposte par la logique de guerre. L'État veut survivre face à un ennemi qui veut saper ses fondements. Il mettra en place un droit pénal dit de « l'ennemi ».

Au regard de ce qui précède, il apparait que le terroriste est proche du visage de l'ennemi que de celui du délinquant. Le fait pour le législateur d'entretenir un flou entre les deux visages peut être vu par certains comme une originalité camerounaise. Toutefois, le législateur camerounais n'a pas la paternité de la réponse terroriste. Criminel idéologique, avec l'ambition d'attenter aux fondements idéologiques de l'État, *le terroriste se pose en réalité comme un ennemi de l'État*. Aussi, l'ennemi est défini comme celui qui n'offre aucune garantie quant à sa conduite future ; il veut détruire l'ordre juridique et il vit dans un état de guerre permanent[66]. C'est une définition compréhensible dans la mesure où pour une certaine doctrine le droit et l'État font un. C'est la doctrine de l'assimilation entre l'ordre juridique et l'État. Elle est défendue par Kelsen. Pour ce dernier, il y a identité entre l'État et

---

par le juge ordinaire, soit par des tribunaux spéciaux. L'intervention du juge constitutionnel apparaît indispensable pour faire respecter cette primauté. L'État de droit contraste avec la *Rule of law* britannique fondée sur le souci de protection des droits et libertés individuelles ; et la *due processof law* aux Etats-Unis qui suppose imposer aux autorités une manière d'agir (*proceduraldueprocess*) et un certain contenu au droit applicable (substantive due process). Cf. J. Chevallier, *La théorie de l'État de droit*, Paris, Montchrestien, 5e édition, 2010, pp.14-15.

[65] Lire sur la question : J. Gunther, « Aux limites de l'orientation par le droit : le droit pénal de l'ennemi », *RSC*, 2009, p. 7 et s.

[66] C. Lazerges, « Le déclin du droit pénal : l'émergence d'une politique criminelle », *RSC*, 2016, p. 649.

l'ordre juridique. Il n'y a pas l'État d'un côté et son ordre juridique de l'autre, comme le concevaient la plupart des auteurs de son temps. L'État *est* l'ordre juridique[67]. L'important dans la présente analyse n'est pas ce débat sur l'ordre juridique[68] ; mais la vision permettant d'établir une analogie entre l'État et le droit. La présence d'un ennemi au sein de l'État justifie la mise en place d'un régime juridique dérogatoire du droit commun. Il est question du droit pénal de l'ennemi[69]. En clair, il est question d'écarter toutes dispositions de nature à mettre en difficulté l'État dans la recherche de l'ennemi terroriste. Sont visés les limites

---

[67]V. Carré de Malberg qui recherchant le fondement et l'étendue de la puissance de l'État suppose l'existence de l'État d'abord, à qui advient, ensuite, une certaine puissance, v. *Contribution à la théorie générale de l'État*, Paris, Sirey, 1920, reprise CNRS, 1962, t. 1, p. 194-195. Pour d'autres exemples, v. J. Chevallier, " L'ordre juridique ", *op. cit.,* p. 40-41.

[68]C. Leben, « De quelques doctrines de l'ordre juridique », Cairn info, p. 19-40.

[69]Théorisé par G. Jakobs (G. Jakobs, « Aux limites de l'orientation par le droit : le droit pénal de l'ennemi », *Rev. sc. crim.* 1/2009, dossier « Droit pénal de l'ennemi - Droit pénal de l'inhumain », pp.7-18.), le droit pénal de l'ennemi, qui s'inscrit dans la tradition initiée par Von Liszt et intègre des conceptions du droit de punir que ne renierait pas Carl Schmitt (J. Walther, « Figures et normalisation de l'exception en droit pénal français », Actes des Journées de droit pénal comparé franco-allemand, *L'exception*, Lyon, 2015, à paraître à la SLC.), consistait à l'origine, à relever l'existence d'incriminations qui anticipent la répression sur l'*iter criminis* en considération de la dangerosité sociale présumée d'un auteur, qui se comportant en citoyen déloyal et se plaçant ainsi au ban de la communauté politique, serait privé de certains droits que seule l'allégeance citoyenne permet de réclamer. Plus précisément, l'auteur postule qu'il « est possible de proposer un critère de distinction : l'aspect personne fait un pas en arrière et l'aspect ennemi vient sur le devant de la scène, quand les droits de la personne sont réduits, parce qu'on ne peut plus attendre de la personne un comportement conforme à la loi dans l'avenir, et que ce comportement non conforme est quelque chose de durable. (...). La dangerosité de l'individu détenu prime sur tout, il est l'ennemi de la société, il n'est plus un citoyen libre, il n'est plus un citoyen qui a la pleine jouissance de tous ses droits » (G. Jakobs, *op. cit.*, pp. 12-13.).

constituées par la garde à vue[70] et la détention provisoire[71] ainsi que les droits de la défense[72]. L'État va même jusqu'à supprimer le caractère politique à l'infraction terroriste. C'est dans ce sens que Reynald Ottenhof y avait insisté : *« La politique criminelle en matière de lutte contre le terrorisme se trouve soumise aux aléas de la conjoncture politique, rendant par là même difficilement crédible, la volonté de soustraire la définition de l'infraction de terrorisme, comme son régime, aux analyses dégagées pour l'infraction politique[73] »*.

Si le terroriste est assimilé à l'ennemi de l'État, et que la figure de l'État de droit doit faire place à l'État absolu, il est logique que le dépositaire du pouvoir souverain de l'État en la personne du Président de la République exerce un contrôle sur les leviers permettant de faire face à cette menace. En droit administratif, il n'est pas étrange qu'on qualifie la répression des actes terroristes comme actes de gouvernement justifiant que l'État ne se soumette plus au Droit. Et la

---

[70] La loi du 23 décembre 2014 prévoit un délai de 15 jours renouvelables. Il demeure une imprécision sur le nombre de fois qu'on peut renouveler. Si l'on peut renouveler autant de fois que le Commissaire du Gouvernement en a besoin ; il en ressort en fait que la garde à vue est à durée illimitée. Ce qui peut est justifié par la nature sui generis de l'infraction terroriste. Toutefois, si le renouvellement est limité, on peut y voir une incohérence par rapport à une procédure pénale assise sur un État absolu ou sans limites. Dans sa décision la plus récente sur le sujet, La Cour européenne des droits de l'homme a eu à statuer sur la dérogation appliquée par le Royaume-Uni à l'occasion de l'adoption de la loi antiterroriste de 2001. Dérogeant au droit à la liberté et à la sûreté garantie par l'article 5 de la Convention européenne des droits de l'homme, cette loi autorisait le ministre de l'Intérieur à placer en détention sans limitation de durée, ni comparution devant la justice les suspects de terrorisme de nationalité étrangère (C. Haguenau-Mbizard, « La législation sur l'état d'urgence - une perspective comparative »,)

[71]La détention provisoire est encadrée par les délais (article 221 du code de procédure pénale). Une telle mesure s'explique pour un délinquant ; car dans une procédure pénale ordinaire, la liberté est la règle et la détention, l'exception. Cependant, on ne saurait en présence d'un ennemi, faire de la liberté la règle et la détention l'exception. Conformément au droit pénal de l'ennemi, la détention est la règle et la liberté l'exception. Sur cette base, on ne saurait aménager la détention provisoire pour un ennemi dans un État absolu.

[72] Dans l'ensemble des droits de la défense, on peut s'attarder sur la présomption d'innocence. Le prévenu-terroriste est-il présumé innocent ou présumé coupable ? Il semble que la présomption d'innocence qui structure l'État de droit et une procédure pénale ordinaire ne saurait être évoquée en présence d'une procédure pénale contre l'ennemi de l'État. Le prévenu-terroriste doit être traité comme un présumé coupable.

[73]R. Ottenhof, « Le droit pénal français à l'épreuve du terrorisme », *RSC* 1987, n° 3, pp.607-619.

politique pénale va épouser cette orientation, d'où les prérogatives tentaculaires du Pouvoir exécutif en vue de contrôler le fonctionnement de la Justice Militaire .

Le contrôle de l'indépendance de la Justice Militaire peut être justifié par la nullité du pouvoir judiciaire d'une part et l'assimilation du terroriste à l'ennemi de l'État d'autre part. Toutefois, la justification du contrôle de l'indépendance n'est hostile qu'à l'admission des ajustements pour une indépendance digeste de la Justice Militaire .

B. Un contrôle de la Justice Militaire à ajuster

Le contrôle de la Justice Militaire en matière de répression du terrorisme peut être ajusté par la création d'un Conseil de la magistrature militaire (1) d'une part, et la restauration de l'inamovibilité pour tous les magistrats (2) d'autre part.

1. L'ajustement par la création d'un Conseil de la magistrature militaire

La suggestion d'un Conseil de la magistrature militaire est fondée sur certains constats. Le premier est celui du principe de l'égalité de chance. Le tribunal militaire n'a pas que les magistrats militaires au parquet au siège. Les magistrats civils ou de l'ordre judiciaire sont affectés pour officier au tribunal militaire, tout en restant dépendant du Conseil Supérieur de la Magistrature. Or les magistrats militaires n'ont pas de Conseil. Pour tous, les magistrats affectés au tribunal militaire connaissent le même contentieux. Le second constat est que les magistrats militaires, bien qu'indépendants dans l'exercice de leurs fonctions relèvent tout de même du ministre en charge de la Défense et de leurs hiérarchies propres. Cela veut dire qu'une magistrature militaire ne serait pas nécessaire parce que l'office du Ministre en charge de la défense et leurs hiérarchies propres jouent ce rôle. Pourtant la création d'un Conseil de la Magistrature militaire établit la spécificité d'un corps et offre un cadre moins arbitraire dans l'examen des questions disciplinaires interpellant les magistrats. Le Conseil serait un cadre ouvert de débats et d'échanges sur les dossiers délicats des magistrats. À l'inverse, le pouvoir discrétionnaire d'un ministre de la Défense ou d'un chef hiérarchique ne favorise pas un examen très objectif d'un dossier. Enfin, à l'exemple du magistrat de l'ordre judiciaire soumis à un Statut particulier, le magistrat militaire mérite aussi d'être soumis à un statut particulier.

L'idée d'un Conseil Supérieur de la Magistrature militaire n'est pas une fiction. Elle est en vigueur en Italie. La loi n° 561 du 30 décembre 1988 a créé le Conseil de la magistrature militaire, auquel elle a confié " *pour les magistrats militaires, les mêmes attributions que celles prévues pour le Conseil supérieur de la magistrature* ". Le Conseil de la magistrature militaire, qui est renouvelé tous les quatre ans, comprend :- le premier président de la Cour de cassation, qui le préside ; - le procureur général militaire près la Cour de cassation ; - cinq magistrats militaires élus, dont au moins un magistrat militaire près la Cour de cassation ; - deux membres extérieurs à la magistrature militaire, choisis d'un commun accord par les présidents de la Chambre des députés et du Sénat, parmi les professeurs de droit de l'enseignement supérieur ou parmi les avocats ayant au moins quinze ans d'expérience. Les magistrats militaires peuvent non seulement exercer les fonctions de juge, de procureur et de juge " pour les investigations préliminaires ". Ils peuvent également être affectés aux organes de surveillance de l'administration pénitentiaire, créés sur le modèle de ceux qui existent pour la justice pénale ordinaire. Le souci n'est pas de copier et transposer au Cameroun le modèle italien de Conseil de la Magistrature militaire ; mais de s'en inspirer pour que la réflexion en termes de projet soit faite. Ainsi, en intégrant le modèle camerounais où la Constitution autorise le Président de la République à garantir l'indépendance du pouvoir judiciaire, il est possible d'avoir un Conseil de la magistrature militaire composé de : - le Président de la République comme celui qui préside ; -le ministre de la Défense comme Vice-président ; -le premier président de la Cour de suprême ; - le procureur général militaire près la Cour suprême ; - cinq magistrats militaires, dont 03 nommés par le Président de la République et 02 choisis par les autres membres du Conseil ; - deux membres extérieurs à la magistrature militaire. Outre la création d'un Conseil de la magistrature militaire, l'ajustement de l'indépendance de la Justice Militaire passe par la restauration de l'inamovibilité pour tous les magistrats.

2. L'ajustement par la restauration de l'inamovibilité pour tous les magistrats de siège

En droit, l'inamovibilité est la protection dont jouissent les juges contre les changements arbitraires de poste par le pouvoir exécutif, au cas où celui-ci serait insatisfait des jugements rendus par un juge. Cette protection existe dans de nombreux systèmes juridiques.

Dans les États de common law, l'origine de la règle d'inamovibilité remonte à l'*Act of Settlement* de 1701. Dans le Renvoi relatif à la rémunération des juges de la Cour provinciale de l'Île-du-Prince-Édouard[74], la Cour suprême du Canada affirme que cette règle fait partie de la Constitution du Canada par l'intermédiaire du préambule de la Loi constitutionnelle de 1867. De plus, l'art. 99 LC 1867 prévoit qu'il est impossible de révoquer un juge sans au préalable tenir un vote au Sénat et à la Chambre des communes après une recommandation du Conseil de la magistrature. Avant l'entrée en vigueur de l'Act of Settlement, cette règle n'existait pas en droit britannique, comme l'illustre la démission forcée du juge Edward Coke en 1616 après que celui-ci eut posé des limites au pouvoir royal dans l'arrêt des Proclamations[75] et l'arrêt Dr Bonham[76].

En droit français, et selon le dernier alinéa de l'article 64 de la Constitution du 4 octobre 1958, « les magistrats du siège sont inamovibles ». L'inamovibilité des juges du siège a donc une valeur constitutionnelle et supra-législative. Le principe ne s'applique pas aux magistrats du ministère public (procureurs et procureurs généraux). Lors de l'épuration de la fonction publique par les républicains à la fin du XIXe siècle, le législateur français aurait cependant choisi d'ignorer le principe de l'inamovibilité de la magistrature du siège.

Le législateur camerounais a prévu l'inamovibilité à l'article 5 du décret n°82/467 du 04 octobre 1982, puis l'a supprimé avec le décret n° 95/048 du 8 mars 1995 portant statut de la magistrature. Cela veut dire que les magistrats de siège ne bénéficient plus de l'inamovibilité. Pourtant celle-ci constitue un gage de l'indépendance de la magistrature assise. Les raisons de la suppression de cette inamovibilité ne sont pas officiellement données.

Restaurer l'inamovibilité de la magistrature assise consiste pour le législateur à prendre un texte pour l'énoncer à nouveau. Seulement, ce texte doit indiquer les contours de cette inamovibilité pour éviter d'avoir un énoncé creux et vide avec des textes voisins, qui le paralysent. Ainsi l'inamovibilité des magistrats assis pourrait consister à les nommer pour une durée déterminée par l'acte de nomination. Avant la fin de la durée, il sera impossible de les révoquer, tant qu'ils

---

[74][1997] 3 RCS 3
[75]EWHC KB J22
[76]8 Co. Rep. 107

prennent des décisions motivées par la loi. Suivre cette suggestion n'est pas sans précaution. En effet, les décisions du juge seront toujours attaquées, si elles ne sont pas motivées. Le magistrat convaincu de partialité sera récusé. Et celui qui commet une infraction pourrait toujours être poursuivi. Enfin, les procédures disciplinaires resteront en vigueur.

Cette inamovibilité pourrait compléter le décret n° 95/048 du 8 mars 1995 portant statut de la magistrature. Quant aux magistrats militaires, ils devraient attendre du législateur un statut de la magistrature militaire, qui viendrait fixer les contours de cette inamovibilité.

CONCLUSION

En dernière analyse, le thème a porté sur l'indépendance de la Justice Militaire camerounaise en matière de répression du terrorisme. La question centrale est de savoir si la Justice Militaire camerounaise était indépendante en matière de répression du terrorisme au Cameroun. Des réponses possibles à cette question, celle qui a porté notre ambition est la suivante : la Justice Militaire camerounaise en matière de répression du terrorisme doit avoir une indépendance contrôlée. Si l'indépendance dans le temps de juger est acquise, elle est compromise en examinant les prérogatives du Pouvoir exécutif sur le Pouvoir judiciaire. Un tel modèle peut paraître critiquable pour un État moderne, mais certaines justifications viennent persuader de sa pertinence. En fait, le pouvoir judiciaire n'en est pas un pour aspirer à l'indépendance. Par conséquent, le tribunal militaire et les juridictions de recours ne sauraient être indépendants. Bien plus la répression du terrorisme justifie le passage de l'État de droit à l'État absolu. Ce qui justifie que tous les leviers de répression soient à la disposition de celui qui doit défendre l'État et la Constitution : le Président de la République. Toutefois, plaider une indépendance contrôlée de la Justice Militaire n'est pas incompatible avec le réajustement du minimum d'indépendance de la justice tolérée. Pour atteindre ce résultat, le législateur doit créer un Conseil de la magistrature militaire, un statut de la magistrature militaire et restaurer l'inamovibilité de la magistrature assise. Si la Justice Militaire comme forme de justice étatique pose le problème d'indépendance, il serait curieux d'explorer la question dans la justice privée.

BIBLIOGRAPHIE

I-Ouvrages

Bissardon (S.,), *Droit et justice en citations et adages*, Paris, Litec, 2e édition 2005.

Carré De Malberg, *Contribution à la théorie générale de l'État*, Paris, Sirey, 1920.

Chevallier (J.), *La théorie de l'Etat de droit*, Paris, Montchrestien, 5e édition, 2010,

Cornu (G.) (dir.), *Vocabulaire juridique*, Paris, PUF, 10e édition, 2014.

Guinchard et T. Lebard (dir.), *Lexique des termes juridiques*, Paris, Dalloz, 25e édition, 2017-2018,

Kuaté Tameghe (S.S.), *La justice, ses métiers, ses procédures*, Paris, L'Harmattan, 4e édition, 2021.

Locke (J.), *Traitement du gouvernement civil (*1690), Londres, 5e édition, 1728.

Montesquieu, *De l'Esprit des lois*, Paris, Flammarion, 1979.

Pradel (J.), *Droit pénal comparé*, Paris, Dalloz, 1995.

II-Articles

Akam Akam (A.), « La loi et la conscience dans l'office du juge », *Revue Ersuma*, N° 1, juin 2012, pp. 501-526 ;

Gunther (J.), « Aux limites de l'orientation par le droit : le droit pénal de l'ennemi », *RSC*, 2009, p. 7 et s.

Haguenau-Moizard (C.), « La législation sur l'état d'urgence - une perspective comparative », *Recueil Dalloz*, Dalloz, 2016, p. 665 et s.

Lazerges (C.), « Le déclin du droit pénal : l'émergence d'une politique criminelle », *RSC*, 2016, p. 649 et s.

Leben (C.), « De quelques doctrines de l'ordre juridique », Cairn info, p. 19-40.

Moneboulou Minkada (H. M.), « Justice idéale et justice juridique : Plaidoyer pour une justice juridique légitime », *Annales Africaines*, Vol 2, N° 5, Décembre 2016, pp. 229-248.

Ottenhof (R.), « Le droit pénal français à l'épreuve du terrorisme », *RSC* 1987, n° 3, pp.607-619

Walther (J.), « Figures et normalisation de l'exception en droit pénal français », Actes des Journées de droit pénal comparé franco-allemand, *L'exception*, Lyon, 2015.

Zaffaroni (E. R.), « Dans un Etat de droit, il n'y a que des délinquants », *RSC*, 2009, p. 43 et s.

Zanga (M.J.), « L'insaisissable visage du terrorisme : jalons pour une définition universelle du terrorisme à partir des législations nationales africains », in A.D. Olinga (dir.), *Droit international, Droits nationaux et lutte contre le terrorisme en Afrique*, Yaoundé, PUCAC, 2017, pp. 85-106

LA PROCÉDURE DEVANT LES TRIBUNAUX MILITAIRES EN MATIÈRE DE TERRORISME FACE AUX EXIGENCES DU PROCÈS ÉQUITABLE

Le point de vue de l'universitaire

Jean KENFACK

Chargé de Cours à l'IRIC

INTRODUCTION

La dignité humaine est aujourd'hui retenue comme l'une des valeurs cardinales de la communauté internationale ; en témoigne la mobilisation autour des principes, des règles, des mécanismes, dont la finalité est d'exorciser le spectre des atteintes aux droits de l'homme. En effet, la personne humaine en raison de son identité universelle est considérée comme devant faire l'objet d'une égale préoccupation que l'on se situe sur le plan interne ou sur le plan international. La jouissance des droits de l'homme par les individus est désormais considérée comme indifférente à l'attitude des États à l'égard des instruments juridiques qui les énoncent[1] en raison du statut de droits objectifs qui leur est attaché. Dès lors, il devient tout à fait normal de parvenir à une convergence normative entre l'ordre juridique international et les ordres juridiques nationaux, à un effacement progressif des disparités de normes de protection. Ce souci de convergence ne saurait d'ailleurs se limiter dans l'ordre juridique international, bien au contraire il doit irradier les ordres juridiques internes pour lisser les différences d'approches en ce qui concerne les types de réponses judiciaires offertes pour le traitement de la question des droits de l'homme.

Sous un autre angle, les menaces à la paix et le terrorisme portent un affront à la sécurité des sociétés et des individus. Face au stress quasi-permanent auquel les défis sécuritaires confrontent les États, ces

---

[1] DUPUY (P.M), *Droit international public,* paris, Dalloz, 2004, p.208.

derniers ont tendance à sacraliser la lutte contre ces fléaux en l'érigeant en question vitale, bousculant les priorités telles que la protection des personnes humaines.

En effet, la lutte contre le terrorisme est devenue le terreau des politiques sécuritaires même si le terrorisme lui-même est un phénomène ancien. De fait, il est courant de remonter les origines du terrorisme à la Révolution française de 1789 à l'occasion de la chute Robespierre pour désigner la politique de terreur exercée par le Comité du salut public sous son autorité. Mais, tout bien considéré, ce phénomène est antérieur à la révolution visée[2]. C'est dire que le terrorisme a des marques profondes dans l'histoire et s'est toujours présenté sous de multiples facettes dans le temps et dans l'espace, d'où la difficulté de le sérier.

« Le terme évoque dans le langage courant une violence extrême, des victimes innocentes, un climat d'angoisse. Il renvoie au fanatisme et à la barbarie »[3]. Ainsi présenté, il ne fait pas de doute qu'il soit instrumenté pour disqualifier l'adversaire et mobiliser l'opinion publique contre ce dernier. En effet, plusieurs sens sont donnés au phénomène terroriste. Il en résulte une multitude d'approches qui aident sans doute à l'identification des critères communs sans toutefois conduire à une définition de la notion[4].

Sur le plan sociologique, la définition se heurte à la diversité d'approches, tributaires des finalités et des modalités opératoires. Au niveau de la science politique, la recherche d'une définition confronte le chercheur à des analyses d'une généralité déconcertante[5], diversifiées et parfois contradictoires. Les approches philosophiques de la notion

---

[2]On parle de terrorisme des sicaires, extrémistes juifs dont l'origine remonte au mouvement des Maccabées qui, en 175 avant Jésus Christ. On évoque également les pratiques au XIe de siècle la secte des "assassins" issue du chiisme qui sévit de l'Iran à la Syrie, et qui met en exergue un premier terrorisme islamique dont Ben Laden en a fait une source d'inspiration, de la terreur que la Ligue parisienne ultra catholique a fait régner à Paris de 1585 à 1594 ou du terrorisme des nihilistes et des anarchistes en Russie.

[3] GUILLAUME (G) : « Préface », In Bannelier(K) et als (dir), op.cit.pII.

[4] SOREL (J.M) : « Existe-t-il une définition universelle du terrorisme ? », In Bannelier (K), op. cit, p.40.

[5] Pour Isabelle Sommier, le terme terrorisme désigne « *des modes d'action hétéroclites pouvant s'inscrire dans des stratégies classiques autant que d'autres formes de violence* » cité par SOREL (J.M), op.cit. p. 41

mettent l'accent soit sur les finalités, adoptent une posture téléologique[6].

Le recours à la doctrine du droit international permet d'identifier quelques définitions : la première est fournie par Gilbert Guillaume[7]. Pour cet auteur, l'activité terroriste se caractérise par trois éléments à savoir tout d'abord, un élément matériel constitué par des actes de violence de nature à provoquer la mort ou à causer des dommages corporels graves ; ensuite la méthode utilisée, c'est-à-dire une entreprise individuelle ou collective tendant à la perpétration de ces actes, entreprise caractérisée par une certaine préparation, des efforts coordonnés dans l'objectif à atteindre. Enfin le but poursuivi, l'objectif qui est de créer la terreur chez des personnes déterminées ou plus généralement dans le public. Dans ce cadre, seule la dimension symbolique est privilégiée[8]. Tel que présenté, le terrorisme « ... *implique l'usage de la violence dans des conditions de nature à porter atteinte à la vie des personnes ou à leur intégrité physique dans le cadre d'une entreprise ayant pour but de provoquer la terreur en vue de parvenir à certaines fins. Si ces fins sont politiques, le terrorisme peut être qualifié de politique* »[9]. Une autre définition est fournie par P. Wilkinson qui considère le terrorisme comme « *l'utilisation systématique de moyens de destruction ainsi que la menace d'y recourir, pour terroriser des individus, des groupes, des communautés ou des gouvernements et les forcer à faire des concessions en faveur des objectifs terroristes* »[10].

Le Dictionnaire de droit international public pour sa part définit le terrorisme international comme *le fait illicite de violence grave commis par un individu ou un groupe d'individus, agissant à titre individuel ou avec l'approbation, l'encouragement, la tolérance, le soutien d'un État, contre des personnes ou des biens, dans la poursuite d'un objectif*

---

[6] Ibid. p.42.

[7] GUILLAUME (G) : « Le droit international et le terrorisme », *RCADI*, 1989, Tome 215, pp. 304-306.

[8] Le fait de frapper par hasard les victimes, de façon indiscriminée, car cet élément est le vecteur de la terreur.

[9] Ibid, p.306. Il est à noter que cette définition permet de séparer le terrorisme des notions voisines telles la guerilla, l'assassinat politique, l'anarchisme ou la violence politique même si les pratiques terroristes peuvent être utilisées pour accomplir ces actions.

[10] Cité par SOREL (J.M), op. cit., p.43

idéologique, et susceptible de mettre en danger la paix et la sécurité internationales[11].

Certains auteurs se gardent, en raison de la complexité du terrorisme et de la délicatesse de la question de se lancer dans un quelconque effort de définition de la notion. D'autres écartent toute signification juridique le considérant comme un simple *term of convenience*[12]. Certains encore opèrent la distinction entre terrorisme interne et terrorisme international, terrorisme individuel et terrorisme de groupe, terrorisme d'État et terrorisme individuel[13].

Sur le plan conventionnel et en l'absence d'une définition universelle, le pragmatisme dicte les approches[14].

---

[11] SALMON (J) (dir), Dictionnaire de droit international public, Bruxelles, Bruylant, AUF, 2001, p.1081.

[12] HIGGINS (R), « The General International Law of Terrorism » In HIGGINS(R) & FLORY (M) eds), *Terrorism and International Law*, Routledge, Londres et LES, New York, 1997, pp.13-28,

[13] Voir KOHEN (M.G) : « Les controverses sur la notion de terrorisme d'État », In Bannelier, op.cit., p. 84.

[14]Ainsi aux termes du paragraphe 3 de l'article 1er de la Convention de l'OUA du 14 juillet 1999 sur la prévention et la lutte contre le terrorisme, est considéré comme acte terroriste :

a) *Tout acte ou menace d'acte en violation des lois pénales de l'État partie, susceptible de mettre en danger la vie, l'intégrité physique, les libertés d'une personne ou d'un groupe de personnes, qui occasionne ou peut occasionner des dommages aux biens privés ou publics, aux ressources naturelles, à l'environnement ou au patrimoine culturel, et commis dans l'intention : i) d'intimider, provoquer une situation de terreur, forcer, exercer des pressions ou amener tout gouvernement, organisme, institution, population ou groupe de celle-ci, d'engager toute initiative ou de s'en abstenir, d'adopter, de renoncer à une position particulière ou d'agir selon des principes ; ou ii) de perturber le fonctionnement normal des services publics, la prestation de services essentiels aux populations ou de créer une situation de crise au sein des populations ; iii) de créer une insurrection générale dans un État partie.*
b) *Toute promotion, financement, contribution, ordre, aide, incitation, encouragement, tentative, menace, conspiration, organisation ou équipement de toute personne avec l'intention de commettre tout acte mentionné au paragraphe a (i) à a (iii).*

L'article 3 du même texte comporte toutefois une clause d'exclusion qui s'énonce ainsi qu'il suit :

« 1 *Sans préjudice des dispositions de l'Article 1er de la présente Convention, la lutte menée par les peuples en conformité avec les principes du droit international, pour la libération ou leur auto-détermination, y compris la lutte armée contre le colonialisme, l'occupation, l'agression et la domination par des forces étrangères ne*

Cet inconfort de l'absence d'une définition universelle confine nombre de législations nationales à renoncer à tout effort en vue de la recherche d'une définition synthétique de la notion pour se limiter à l'expression « actes de terrorisme ». C'est l'hypothèse de la loi n° 2014/028 du 23 décembre 2014 qui en son article 2, saisit l'acte de terrorisme à travers ses éléments constitutifs[15].

Il en résulte que le terrorisme donne du vertige aux États, il les met à rude épreuve. Cet état de fait a sans doute des répercussions sur les moyens d'y faire face. La plupart du temps, ces moyens font figure d'exceptions. La technique judiciaire ou juridictionnelle pour apporter des réponses à la menace terroriste ne déroge pas à cette constante. En effet, l'arme répressive en matière de terrorisme dans la plupart des

---

sont pas considérés comme des actes terroristes. ». En procédant à ce rétrécissement de son champ d'application, l'Union s'aligne sur la voie tracée par La Convention arabe sur la suppression du terrorisme du 22 avril 1998 et la Convention de l'Organisation de la Conférence Islamique (OCI) sur la lutte contre le terrorisme international signée à Ouagadougou le 1er juillet 1999.

[15] Pour ce texte, « (2) Est puni de la peine de mort, celui qui à titre personnel, en complicité ou en co-action, commet tout acte ou menace d'acte susceptible de causer la mort, de mettre en danger l'intégrité physique, d'occasionner les dommages corporels ou matériels, des dommages aux ressources naturelles, à l'environnement ou au patrimoine culturel dans l'intention :

a) D'intimider la population, de provoquer une situation de terreur ou de contraindre la victime, le Gouvernement et/ou une organisation, nationale ou internationale, à accomplir ou à s'abstenir d'accomplir un acte quelconque, à adopter ou à renoncer à une position particulière ou agir selon certains principes ;
b) De perturber le fonctionnement normal des services publics, la prestation des services essentiels aux populations ou de créer une situation de crise au sein des populations ;
c) De créer une insurrection générale dans le pays.

(2) Est puni de la peine de mort, celui qui, pour atteindre les mêmes objectifs que ceux précisés à l'alinéa 1 ci-dessus :

a) fournit et/ou utilise des armes et matériels de guerre ;

b) fournit et/ou utilise des micro-organismes ou tous autres agents biologiques, notamment les virus, les bactéries, les champignons ou des toxines ;

c) fournit et/ou utilise des agents chimiques, psychotropes, radio-actifs ou hypnotisants ;

d) procède à une prise d'otage.

(3) La peine est l'emprisonnement à vie lorsque les conséquences prévisibles des actes visés aux alinéas 1 et 2 ci-dessus sont la maladie d'animaux ou la destruction des plantes.

(4) Les infractions visées aux alinéas 1, 2 et 3 ci-dessus sont caractérisées même en cas de guerre officiellement déclarée. »

États n'est pas coulée dans le moule de la justice ordinaire. De fait, la plupart des infractions relatives au terrorisme font figure d'exceptions et de ce fait sont du ressort de la Justice Militaire . Or on sait que dans le cadre d'une telle justice, les considérations relatives à l'État de droit qui structure la protection des droits de la personne humaine ne bénéficient pas toujours d'une attention soutenue. En effet, définir la Justice Militaire n'est pas un exercice aisé. Elle peut s'entendre comme une justice conçue pour assurer la survie de l'État, un système d'administration de la justice pour les militaires ou dans un contexte militaire avec des cours martiales ou encore d'autres types d'institutions variables d'un pays à un autre[16]. Il en résulte que cette espèce de justice fait depuis l'essor de la protection des droits fondamentaux, l'objet de sérieuses remises en cause[17]. Elle serait peu soucieuse des considérations tenant aux garanties fondamentales des droits de l'homme. Bien plus, la lutte contre le terrorisme a contribué à consolider une situation déjà peu enviable pour les droits de l'homme dans l'administration de la Justice Militaire ; au point où il ne serait pas exagéré de parler de mépris pour ces valeurs. En effet, un des principes qui structurent la protection des droits de la personne humaine est celui du droit à un procès équitable. C'est dire que l'administration de la justice dans un contexte de respect des droits de la personne humaine doit intégrer le respect des exigences du procès équitable. L'enjeu du respect de ce principe dans l'administration de la Justice Militaire est d'assurer un juste équilibre entre la souveraineté de l'État et les préoccupations sécuritaires qui la sous-tendent d'une part, la protection des droits et libertés du justiciable d'autre part.

Pour qui s'intéresse à la procédure en matière de terrorisme devant le tribunal militaire face aux exigences du procès équitable, la question est de savoir quel est le statut des exigences du procès équitable devant le tribunal militaire lorsqu'il administre la justice sur les questions liées au terrorisme. Comment le juge militaire dans l'administration de la justice appréhende-t-il les exigences du procès équitable ? Les exigences du procès équitable sont-elles prises en compte dans le cadre

[16] Mulry Mondelice : « L'apport de la Convention Européenne des droits de 'homme à l'encadrement de la justice militaire sur le fondement des exigences de l'État de droit : entre humanisation et civilisation », Hors-série (2020), Revue québécoise de droit international, p. 165

[17] Gilles Letourneau et Michel W Drapeau, Military Justice in Action : Annotated National Defence Legislation, 2e édition, Toronto, Carswell, 2015.

de la procédure devant le tribunal militaire ? Ces exigences sont-elles compatibles avec le modus opérandi du tribunal militaire ?

En guise de réponse, il importe de relever que les exigences du procès équitable font l'objet d'une prise en compte insuffisante dans le cadre de la procédure devant le tribunal militaire. Il est donc urgent, dans un contexte d'essor du droit des droits fondamentaux d'axer la réflexion autour de l'intégration des exigences du procès équitable dans la manière dont le tribunal militaire assure l'administration de la justice.

I. UNE PRISE EN COMPTE INSUFFISANTE

L'observation et l'analyse montrent que la Justice Militaire a les allures d'une justice à part. C'est dans cette logique G. Clemenceau disait que pour diluer une notion ou pour faire perdre sa signification à un mot il suffisait de lui ajouter le terme « militaire »[18]. Ce propos révèle à quel point la polémique autour de la Justice Militaire demeure vive. Il est admis en effet que la Justice Militaire a tendance à se hisser au-dessus des principes fondamentaux de l'État de droit[19], tel que garantis par les instruments juridiques internationaux de protection des droits de l'homme et repris dans les textes juridiques internes à l'instar de la constitution[20]. Or on sait pertinemment que le propre de l'État de droit est de limiter le pouvoir de l'État à travers l'institution des normes justes, applicables à tous avec la même vigueur et susceptibles de contrôle par des organes impartiaux et indépendants au nombre desquels les juridictions. En effet, l'État de droit postule le respect de la règle de droit. Il se trouve que les juridictions militaires ne sont pas suffisamment imprégnées de cette doctrine de l'État de droit, c'est-à-dire de cette « *norme de référence pour évaluer la capacité d'un État à remplir ses obligations en matière de droits et libertés de la personne* »[21]. Il en résulte que le droit à un procès équitable qui constitue une composante essentielle de la justice dans les sociétés

---

[18] CLEMENCEAU G. cité par RAPOPORT (Th) : « L'appréciation du droit à un procès équitable et à un recours effectif en matière de justice militaire », In MBDE / Rapports droit interne et droit international ou européen, Publication de l'Université Paris Nanterre, le 06/04/2009, p.1

[19] Voir Luc Herschling : « Le regard d'un comparatiste : l'Etat dans et au-delà des cultures juridiques nationales », In SFDI, l'État de droit en droit international. Colloque de Bruxelles, Paris, Pedone 2009, pp 41-67.

[20] Voir sur ce point l'article 65 de la constitution camerounaise dans sa version réformée du 18 janvier 1996.

[21] Mulry Mondelice, op.cit, p. 164

démocratiques et qui contribue à la réalisation effective de l'État de droit, n'occupe qu'une place marginale dans l'administration de la Justice Militaire surtout lorsqu'il s'agit de statuer dans le cadre de la lutte contre le terrorisme. Au Cameroun, la répression des infractions en matière de terrorisme est du ressort du tribunal militaire[22]. Un parcours des éléments du procès équitable notamment en matière de procédure, nous permettra d'étayer cette assertion relative à la prise en compte marginale des exigences procédurales visées par le juge militaire, notamment lorsqu'il statue en matière de lutte contre le terrorisme. Notre examen sera articulé sur l'analyse du droit d'être jugé par un tribunal compétent, indépendant et impartial d'une part, l'analyse des autres exigences procédurales du procès équitable d'autre part.

A. Le droit d'être jugé par un tribunal compétent, indépendant et impartial

Les principaux instruments juridiques internationaux qui constituent l'épine dorsale de la protection des droits de l'homme à savoir les deux pactes de 1966, la convention contre la torture et la Déclaration universelle des droits de l'homme[23] reconnaissent aux individus sans distinction un certain nombre de droits et de garanties lorsqu'il s'agit de faire face ou de recourir à la justice. Au nombre de ces droits, figurent le droit d'accès au juge et le droit d'être jugé par un tribunal compétent, indépendant et impartial[24].

1. Le droit d'accès au juge

Pour ce qui est du droit d'accès au juge, il constitue une composante du procès équitable. À ce titre, toute personne accusée y compris le

---

[22] L'article 1(3) de la loi n° 2014/028 du 23 décembre 2014 portant répression des actes de terrorisme dispose que « Les infractions prévues par la présente loi relèvent de la compétence exclusive des juridictions militaires »

[23] À ces textes, il faut ajouter les instruments juridiques régionaux tels que la Convention Européenne de Sauvegarde des Droits de l'Homme et des Libertés Fondamentales (CESDH) du 04 novembre 1950, la Convention Américaine des droits de l'homme (CADH) du 22 novembre 1969 ainsi que la Charte Africaine des Droits de l'Homme et des Peuples (CADHP) du 27 juin 1981.

[24] Ce droit est garanti par l'article 14 du Pacte international pour les droits civils et Politiques de 1966, ratifié par le Cameroun le 27 juin 1984. Il en va également de l'article 6 de la Convention Européenne pour la Sauvegarde des droits de l'Homme, de l'article 8 de la Convention Interaméricaine des Droits de l'Homme.

terroriste a droit à ce que sa cause soit entendue par un tribunal[25]. L'article 14 du Pacte international pour les droits civils et politiques est sur ce point sans ambiguïtés. Une fois le tribunal saisi, il doit statuer sur la cause, c'est-à-dire y consacrer son activité juridictionnelle à travers l'exercice d'un contrôle effectif et suffisant. Sur ce point, on peut s'interroger sur la légitimité de la distinction faite sur le délai de la garde à vue ordinaire[26] et celui de la garde à vue en matière de terrorisme. En effet, l'article 11 de la loi n° 2014/028 du 23 décembre 2014 portant répression des actes de terrorisme précise que le délai de la garde à vue est de 15 jours renouvelable sur autorisation du Commissaire du Gouvernement compétent. L'article 12 du même texte prévoit la saisine du Tribunal militaire par ordre de mise en jugement direct du Commissaire du Gouvernement. C'est dire qu'en matière de terrorisme l'accès au juge s'opère dans les conditions plus restrictives. Cela est d'autant plus grave qu'on est en présence non seulement d'une situation de privation de liberté, mais également des circonstances où l'honneur voire la vie des individus sont mis en danger. Il en résulte une atteinte à cette exigence procédurale au procès équitable qu'est l'accès à un tribunal.

La personne accusée en matière de terroriste doit non seulement accéder à un tribunal, mais à un tribunal compétent. Le droit à un tribunal compétent constitue une des garanties procédurales essentielles du procès équitable. Les dispositions des textes internationaux relatives à ce droit sont formulées de façon claire sans possibilité de dérogation ou de restriction selon qu'on soit devant une juridiction civile ou une juridiction militaire. C'est un droit qui ne doit souffrir d'aucune atteinte surtout pour des justiciables poursuivis dans le cadre de la lutte contre le terrorisme qui, la plupart de temps encourent la peine de mort ou dans le meilleur des cas la peine à perpétuité, c'est-à-dire une privation permanente de liberté. De fait, la ratio legis de ce droit est d'éviter l'immixtion du pouvoir exécutif ou de l'autorité militaire dans le fonctionnement de la justice. La Justice Militaire étant une justice d'exception, le doute s'élève quant à sa capacité à offrir aux justiciables les garanties identiques ou à tout le moins similaires à celles que peut

---

[25] Article 7 de la Charte Africaine des Droits de l'Homme et des Peuples.

[26] Le délai de garde à vue ordinaire est de 48 heures renouvelable. Voir à ce sujet NANAN LEKOGMO (H) : « Crise du droit et terrorisme. Retour sur le droit à un procès équitable des présumés terroristes ». *ADILAAKU. Droit, politique et société en Afrique*, 1(2), 69-84. DOI : 10.46711/adilaaku.2019.1.2.6

offrir une juridiction civile[27]. L'analyse des déclinaisons de ce droit permettra de nous édifier sur ce point.

L'exigence de compétence renvoie à la possession par les membres du tribunal, de la formation et des qualifications professionnelles. Cette exigence soulève quelques difficultés surtout lorsqu'on est en présence d'une juridiction militaire à composition mixte, c'est-à-dire constituée à la fois des magistrats et des non magistrats. À titre d'illustration, aux termes de l'article 5 (1) de la loi n° 2017/012 du 12 juillet 2017 portant Code de Justice Militaire , siègent aux côtes des magistrats des assesseurs. Ces derniers peuvent être des militaires n'ayant reçu au préalable aucune formation en droit. L'article 7 du même texte qui vise la collégialité en matière criminelle, prévoit la possibilité d'une instance constituée d'un Magistrat-Président et de deux assesseurs[28]. En effet, l'intérêt de la présence d'un assesseur est de parvenir à une décision mesurée, impartiale. Cependant, on peut plutôt obtenir l'inverse si le choix des assesseurs ne s'appuie pas sur des critères rigoureux au nombre desquels le respect des exigences du procès équitable.

De fait, l'assesseur au tribunal militaire n'est pas nécessairement un professionnel du droit ou un magistrat professionnel. Il n'est pas non plus un membre de passage ; bien au contraire, il est membre à part entière du Tribunal. C'est dire qu'il peut participer aux débats même si cela s'opère la plupart de temps par l'intermédiaire du président du tribunal. Il est même de son devoir de contribuer à l'accessibilité des débats, à leur intelligibilité. Bien plus, il peut par son avis nourrir la réflexion du Président pour l'orienter dans un sens ou dans un autre. Le Président du Tribunal délibère avec l'assesseur sur la nature et le contenu des peines ainsi que sur les autres mesures à prendre. L'assesseur participe également ou est associé à la rédaction de la motivation du jugement. Or, on sait que le choix de cet acteur ne repose pas sur des préoccupations de maitrise de la technique juridique, ni sur l'intérêt que ce dernier porte aux questions de justice ou de procès équitable. Pourtant ces éléments sont essentiels pour une procédure inspirée des exigences du procès équitable. Dans un tel contexte, le critère de compétence est tout simplement dévoyé.

La situation est encore plus préoccupante si les assesseurs visés siègent dans une formation constituée pour juger les civils.

---

[27] RAPOPORT (Th), op.cit. p.1

[28] Article 7 (1) (b), loi n° 2017/012 du 12 juillet 2017 portant code de justice militaire.

En effet, dans son Observation générale n° 13 (par. 4), portant sur l'article 14 du Pacte international relatif aux droits civils et politiques, le Comité des droits de l'homme a souligné à gros traits la pertinence du doute qui peut s'élever en pareille circonstance :

« *L'existence, dans de nombreux pays, de tribunaux militaires ou d'exception qui jugent des civils, (...) risque de poser de sérieux problèmes en ce qui concerne l'administration équitable, impartiale et indépendante de la justice. Très souvent, lorsque de tels tribunaux sont constitués, c'est pour permettre l'application de procédures exceptionnelles qui ne sont pas conformes aux normes ordinaires de la justice.* »

Toutefois, bien que marquant son hostilité de principe vis-à-vis du jugement des civils par les tribunaux militaires, le comité nuance son propos en ces termes : « *s'il est vrai que le Pacte n'interdit pas la constitution de tribunaux de ce genre, les conditions qu'il énonce n'en indiquent pas moins clairement que le jugement de civils par ces tribunaux devrait être très exceptionnel et se dérouler dans des conditions qui respectent véritablement toutes les garanties stipulées à l'article 14* ».

On est donc en présence de violation du droit de toute personne à ce que sa cause soit entendue équitablement et publiquement par un tribunal compétent, indépendant et impartial. Cette observation est d'autant plus opportune que lorsque le Président du Tribunal est un magistrat civil, les deux assesseurs sont systématiquement des militaires[29].

En tout état de cause, le parcours de l'article 7 qui porte sur la composition du Tribunal suscite quelques perplexités. En effet, aux termes de l'alinéa 2, en matière correctionnelle ou de simple police, le tribunal est constitué d'un juge unique même si la possibilité est offerte à cette instance, par « *jugement avant-dire droit rendu d'office ou sur réquisition du Commissaire du Gouvernement ou à la demande d'une partie, de décider qu'une affaire soit jugée en collégialité* ». Quoi qu'il en soit, la non-conformité par rapport au critère de compétence semble établie au Cameroun[30].

---

[29] Article 7 (3), loi n° 2017/012 du 12 juillet 2017 portant code de justice militaire

[30] Voir sur ce point Geneviève Giudicelli-Delage : « Les garanties procédurales du procès équitable, Rapport de synthèse », In Elisabeth Lambert Abdelgawad (dir),

2. Des garanties d'indépendance et d'impartialités non satisfaisantes

Pour ce qui est des garanties d'indépendance et d'impartialité, un consensus émerge sur l'idée que dans le cadre de la Justice Militaire , elles portent sur les aspects statutaires du juge militaire par rapport à la hiérarchie et à la discipline militaire. En effet, les tiraillements entre l'obligation de respect de la chaine de commandement et les préoccupations liées aux exigences d'une procédure impartiale peuvent compromettre l'exercice serein de la fonction juridictionnelle par le juge militaire dans le cadre de la répression du terrorisme. Les autres aspects à l'aune desquels l'impartialité peut être appréciée concernent la carrière, l'absence de juges et des procureurs sans visages, les questions de formation et d'expérience. À cela, il faut greffer l'existence ou non de pratiques telles que l'esprit de corps qui peut conduire à l'impunité surtout lorsque les justiciables sont des militaires poursuivis pour les faits de violation des droits de l'homme dans un contexte de lutte contre le terrorisme. Le risque d'atteinte au droit au procès équitable et aux garanties offertes par une juridiction est ici fort élevé. C'est sans doute en raison de cette méfiance que le rapport de la Sous-commission des droits de l'homme des Nations Unies présenté en 2006 affirmait que « *la jurisprudence et la doctrine du Comité des droits de l'Homme, du Comité contre la torture, du Comité des droits de l'Enfant, de la Commission africaine des droits de l'Homme et des Peuples et de la Cour et de la Commission interaméricaine des droits de l'Homme ainsi que les procédures thématiques et par pays de la Commission des droits de l'Homme sont unanimes à ce sujet : les tribunaux militaires ne sont pas compétents pour juger les militaires responsables de graves violations de droits de l'homme commises contre des civils* »[31].

Les exigences d'indépendance et d'impartialité pourraient donc être vérifiées à l'aune du mode de désignation et du mandat des membres du tribunal, de la conduite personnelle d'un juge (elle peut être de nature à susciter des craintes légitimes et objectivement justifiées), l'existence

---

Juridictions militaires et tribunaux d'exception en mutation : perspectives comparées, Université Paris 1 Panthéon Sorbonne-CNRS, mai 2007, p.31.

[31] Rapport Decaux, Doc. ONU E/CN.4/2006/58, 13 janvier 2006, para. 35. Voir aussi Federico Andreu-Guzman, "Military jurisdiction and international law", Military courts and gross human rights violations, vol. I, Commission Internationale des Juristes, Genève, 2004.

d'une protection contre des pressions extérieures (juges militaires baignant dans une multitude de liens de subordination avec la chaine de commandement, juges officiers soumis à la hiérarchie militaire.

En l'absence de ce type de garanties institutionnelles, l'ingérence dans le fonctionnement de la Justice Militaire peut se situer à trois niveaux :

- au niveau du déclenchement de l'action publique .Dans un tel cas de figure, il est fort probable que la justice ne soit pas librement rendue si l'exécutif ou l'autorité militaire possède un intérêt spécifique pour une issue donnée dans le cadre de la procédure [32]; à titre d'illustration, si aux termes de l'article 13 de la loi n° 2017/012 du 12 juillet 2017 portant Code de Justice Militaire , le Commissaire du Gouvernement est responsable de la mise en mouvement de l'action publique devant le tribunal militaire, en revanche, ce dernier est tenu de se référer au ministre chargé de la Défense pour certains types d'affaires[33]. L'inconfort du Commissaire du Gouvernement devant ce type d'affaires est d'autant plus marqué que seul le ministre de la Défense détermine les affaires signalées et ce en cas de besoin. Par ailleurs, le pouvoir exécutif peut, à tout moment, avant le prononcé du jugement, faire cesser toute poursuite pénale devant le tribunal militaire[34]. La répression des infractions en matière de terrorisme n'échappe pas à cette situation puisqu'elle est du ressort du tribunal militaire. Il y a là une immixtion caractérisée de l'autorité militaire sur le cours de la justice. Une telle situation est en contrariété avec les exigences d'impartialité requises dans le cadre du procès équitable.

- l'homologation/validation par le pouvoir exécutif ou l'autorité militaire de la décision du tribunal. Elle peut s'exprimer à travers le pouvoir de modification sans aggravation, le pouvoir de renvoyer de nouveau en jugement ou encore le pouvoir de classement. Dans ce dernier cas, la justice est tout simplement mise hors-jeu. Il est vrai que

---

[32] Certains auteurs n'hésitent d'ailleurs pas à qualifier les juridictions militaires de « véritables d'instruments du pouvoir militaire face au pouvoir civil ». Frederico Andreu-Guzman de la Commission internationale des Juristes cité par RAPOPORT (Th), op. cit., p.1

[33] C'est l'hypothèse des affaires signalées pour lesquelles il est tenu de se référer au ministre de la Défense. Il est à noter que c'est le ministre de la Défense qui détermine ces affaires signalées, en cas de besoin.

[34] Article 13 (4), loi portant Code de justice militaire précitée.

ces pratiques n'ont pas cours au Cameroun mais elles sont caractéristiques du nombre de juridictions militaires[35].

- l'exercice des voies de recours : des cas ou la révision de la décision de justice ne peut se faire que sur autorisation du pouvoir exécutif ou à la discrétion de ce dernier[36]. Les pratiques ainsi relevées mettent à rude épreuve le principe d'indépendance de la juridiction, celui de l'accès à un tribunal[37], mais également l'exigence du respect des droits de la défense[38].

L'appréciation de l'impartialité est dans une certaine mesure tributaire des critères de l'indépendance. Les deux critères sont à bien des égards liés. On pense à cet effet à la complaisance à l'égard des justiciables militaires, à leur impunité[39], le traitement inégalitaire des justiciables, le port de l'uniforme par le Président ou le Commissaire du Gouvernement ou encore l'absence de récusation[40], l'absence de séparation entre les fonctions de poursuite et de jugement, la présence résiduelle des magistrats civils ou bien l'expression libre de ces derniers dans un milieu où l'opacité et la discipline militaire constituent des référents. Tous ces éléments peuvent laisser planer un doute sur l'impartialité du tribunal. La Justice Militaire au Cameroun n'est pas à l'abri de telles sources de doute, surtout en matière de lutte contre le terrorisme où l'émotion semble prendre le pas sur l'offre des garanties d'une procédure juste et équitable.

Par ailleurs, la définition des infractions relevant de la compétence du tribunal militaire, que l'auteur soit un militaire ou un civil rend également problématique la prise en compte des exigences procédurales du procès équitable, en l'occurrence le droit à un tribunal compétent,

---

[35] C'est le cas de l'Égypte, de l'Irlande et du Chili.

[36] C'est l'hypothèse des Commissions militaires aux USA.

[37] NGONO (S), « l'application des règles internationales de procès équitable par le juge judiciaire au Cameroun », in Juridis Périodique, n° 63, 2005, pp.34-45.

[38] PRADEL (J), Procédure pénale, 16è édition, Cujas, 2011, p.313.

[39] L'idée ici est que la justice militaire ne doit pas se transformer en privilège pour ses justiciables militaires. Elle doit servir les intérêts d'une justice normale en se gardant d'adopter une posture d'indulgence ou de protection particulière pour une catégorie de justiciables, notamment ceux relevant des forces armées.

[40] Cas des tribunaux militaires argentins. Il est fort aise que les articles 591 et suivants du Code de procédure pénale aient prévu ce droit au profit des justiciables y compris devant les tribunaux militaires. Seulement, la question est de savoir quelle est l'issue donnée aux demandes de récusation introduites par ces justiciables (Sieur Ayuk Tabe a eu à utiliser ces dispositions à plusieurs reprises).

indépendant et impartial, si du moins on se réfère aux obligations que le Cameroun tient de l'article 7 de la Charte africaine des droits de l'homme et des peuples.

B. Une ouverture marginale aux garanties des droits de la défense et d'autres exigences du procès équitable

Seront visés ici l'accès au dossier, le droit à la présomption d'innocence, le droit au bénéfice de l'assistance d'un interprète, le droit d'être juge sans retard excessif, le droit à ne pas s'auto-incriminer, le droit à une preuve légale et l'interdiction des moyens illicites.

1. Un respect approximatif des droits de la défense

Si le droit de se faire assister par un avocat[41] ne fait pas de doute devant la plupart des juridictions militaires[42] en matière de répression du terrorisme, en revanche l'accès au dossier n'est pas toujours aisé. Il peut arriver que le dossier soit tenu secret ; il peut aussi arriver qu'il soit transmis, amputé de ses éléments essentiels. Il s'agit là d'une grave entorse aux exigences du procès équitable, en l'occurrence l'article 7 (1) de la charte africaine des droits de l'homme et des peuples, l'article 14 (3) du PIDCP. Par ailleurs, l'accusé n'est pas toujours mis en mesure de prendre connaissance de la substance du dossier de l'accusation avant le début du procès. Cet état de fait, quelles qu'en soient les raisons, met le justiciable dans l'impossibilité de préparer sa défense en temps utile notamment par la constitution entre autres de la liste des témoins à décharge, ce dernier étant dans l'impossibilité de savoir quelles sont précisément celles des allégations qu'il y a lieu de contrecarrer à travers cet exercice. Ceci heurte ainsi de front le principe de l'égalité des armes. En l'absence de cette exigence, un procès ne saurait être qualifié de conforme aux exigences du procès équitable. Le mépris à l'égard des droits de la défense s'exprime aussi à travers la restriction du nombre de témoins ainsi que la pratique des interrogatoires non contradictoires. Bien plus, l'utilisation du pouvoir du juge militaire dans la conduite des débats, peut briser les espoirs placés dans le principe de l'égalité des armes. En effet, ce dernier peut

---

[41] Article 417 du Code de procédure pénale.

[42] Encore qu'une différence doit être faite entre la possibilité pour le justiciable de se faire assister par un avocat et la présence de l'avocat en salle d'audience. Cette présence peut relever du pouvoir discrétionnaire du tribunal. C'est le cas de la procédure devant les Commissions militaires aux USA.

décider si et à quelles conditions les témoins doivent être entendus ; il peut aussi décider d'entendre des témoins de l'accusation dont la liste a été transmise pour prise de connaissance à la défense. Tout ceci laisse penser à bien des égards qu'une bonne partie des éléments qui structurent les droits de la défense sont laissés à la discrétion du juge militaire. La répression du terrorisme n'échappe pas à cette constante. Par ailleurs, le droit de se faire assister par un avocat n'emporte pas systématiquement le droit à l'obtention d'une aide juridictionnelle en cas d'indigence du justiciable. Bien plus, l'interrogation peut concerner la portée réelle du fait pour un justiciable d'être assisté par un avocat devant le tribunal militaire au regard d'un certain nombre de pratiques qui peuvent dépouiller ce droit de toute substance[43] et de tout effet utile.

En ce qui concerne le droit de disposer du temps et des facilités nécessaires pour préparer sa défense, il importe de relever qu'en matière de répression des infractions dans le cadre de la lutte contre le terrorisme, la personne poursuivie est dans la grande majorité des cas en détention préventive. Il en résulte qu'elle ne peut pas préparer sa défense en toute sérénité puisqu'elle n'a pas les facilités nécessaires, car ne peut ni se déplacer pour réunir les moyens de sa défense, ni disposer des moyens de communication utiles et suffisants pour cette opération. Or le propre de ce droit est d'« offrir à chaque partie une possibilité raisonnable de présenter sa cause dans des conditions qui ne la placent pas dans une situation de désavantage par rapport à son adversaire »[44]. Il y a là à bien des égards une rupture de l'égalité procédurale.

S'agissant d'autres garanties liées au temps, elles visent le respect du droit d'être informé dans les meilleurs délais, prévu par le PIDCP en son article 9 (2). L'ordre juridique camerounais l'intègre à divers stades procéduraux[45]. En dépit de ces affirmations textuelles, la pratique n'est pas toujours exempte de reproches. En effet, même au stade de la garde à vue, la personne qui y est placée doit être informée par l'officier de police judiciaire de la nature de l'infraction sur laquelle porte l'enquête.

---

[43] C'est le cas du refus systématique de la mise en liberté provisoire.

[44] CEDH, 7 octobre 1993, Dombo Beheer C/Pays-Bas.

[45] L'article 31 du CPP dispose ainsi que « *sauf cas de crime ou de délit flagrant, celui qui procède à une arrestation doit décliner son identité, informer la personne du motif de l'arrestation [...]* ». L'article 167 (1) du CPP prévoit que lors de sa première comparution devant le juge d'instruction, après vérification de son identité, le juge informe le suspect des faits qui lui sont reprochés.

2. Une réticence marquée vis-à-vis des garanties liées au temps, à la traduction et au silence

Pour ce qui est du droit d'être juge sans retard excessif ou du droit d'être juge dans un délai raisonnable, il constitue l'une des clés du procès équitable ; elle implique la conduite de la procédure de façon à éviter des lenteurs injustifiées. Ceci s'opère par la simplification des procédures et la réduction des délais étant entendu que dans la plupart de cas la personne poursuivie en matière de terrorisme est en détention. Plus précisément, le droit d'être jugé dans un délai raisonnable appelle un effort de rationalisation du cadre procédural aux fins de simplification, de souplesse, d'accessibilité et de réduction des délais[46]. Quoique l'appréciation du délai raisonnable soit tributaire de la complexité de l'affaire et de l'enjeu du procès, le justiciable doit être ainsi en mesure d'obtenir la justice dans un délai qui n'est pas anormalement long. Or on sait que l'une des caractéristiques dominantes du tribunal militaire c'est les renvois qui peuvent d'ailleurs être qualifiés d'abusifs. L'absence d'obligation en matière de renvoi concourt à l'entretien de telles pratiques nuisibles au procès équitable. Le droit d'être jugé sans retard excessif s'exprime avec une résonnance particulière dans le cadre de la répression des actes de terrorisme dans la mesure où le justiciable encourt la plupart de temps la peine de mort. Le maintien de ce dernier dans une situation d'incertitude prolongée étant de nature à avoir des impacts psychologiques qui peuvent constituer une violation de son droit à l'intégrité physique (article 5 de la charte africaine des DHP, article 14 (3) du PIDCP.

En ce qui concerne le droit à la traduction, l'article 354 (1) du CPP[47] dispose que « » ; *[...] lorsque le prévenu ne s'exprime pas dans l'une des langues officielles compris des membres de la juridiction ou s'il est nécessaire de traduire un document versé aux débats, le Président désigne un interprète [...].* Toutefois, il ne suffit pas de mettre à disposition l'interprète lors des audiences. Bien plus, l'interprète doit être en mesure de faciliter la communication de la personne poursuivie avec les officiers de police judiciaire et tous les autres acteurs de la chaine y compris ses avocats. Il en va de même de sa présence lors des

[46] Voir à ce sujet MOCKLE (D) : « La justice, l'efficacité et l'imputabilité » In *Les Cahiers de droit*, volume 54, issue 4, Décembre 2013, pp 613-688

[47] Loi n° 2005/007 du 27 juillet 2005 portant Code de procédure pénale.

auditions. Dans le contexte de la lutte contre le terrorisme, il n'est pas avéré que ce type d'assistance dépasse le stade du service minimum.

Pour ce qui est du droit au silence, l'article 366 du CPP prescrit au juge d'instruction d'aviser à peine de nullité de la procédure la personne déférée sur son droit de se taire devant la juridiction. Cependant, il ne doit pas s'agir d'un simple rituel. La personne déférée doit être avisée sur son droit de consulter le dossier de la procédure et son droit d'option pour un avocat.

3. Une attitude de méfiance vis-à-vis du droit à la présomption d'innocence

L'une des exigences du procès équitable qui a du mal à prendre corps dans l'administration de la Justice Militaire est sans conteste le droit à la présomption d'innocence. En effet, aux termes du préambule de la constitution camerounaise, « *tout prévenu est présumé innocent jusqu'à ce que sa culpabilité soit établie au cours d'un procès conduit dans le strict respect des droits de la défense* ». Le même préambule affirme « l'attachement du peuple camerounais aux libertés fondamentales inscrites dans la Déclaration Universelle des droits de l'Homme, la Charte africaine des Droits de l'Homme et des peuples et toutes les Conventions internationales y relatives et dûment ratifiés ». Cette position du constituant emporte pour conséquence que le droit à la présomption d'innocence doit s'imposer à toutes les juridictions nationales y compris les juridictions militaires même dans le cadre de la répression du terrorisme.

Ce droit est également garanti par l'article 14 (2) du Pacte International pour les droits civils et politiques en ces termes : « *toute personne accusée d'une infraction pénale est présumée innocente jusqu'à ce que sa culpabilité ait été légalement établie* ». En matière de terrorisme, la tendance qui se dégage est que la présomption de culpabilité est en voie de prendre le pas sur la présomption d'innocence. De fait, cette garantie postule que le terroriste poursuivi bénéficie de la présomption d'innocence aussi longtemps que le tribunal compétent en l'occurrence le tribunal militaire n'aura pas rendu une décision contraire.

En effet, la prise en compte de cette garantie implique pour toute juridiction le recours exceptionnel à la détention préventive. Pour la Commission Africaine des Droits de l'Homme et des Peuples, il s'agit d'une privation arbitraire de liberté : « *Les détenus érythréens n'ont pas été inculpés ou traduits en justice. Ce fait en lui-même est arbitraire, tel qu'indiqué auparavant par la Commission. Dans la Communication 10 [2]/93 26 ; la Commission soutient que « là où des individus ont été détenus sans aucune inculpation... ce fait constitue une privation arbitraire de leur liberté et par conséquent une violation de l'article 6* »[48]. La pratique des juridictions militaires surtout en matière de lutte contre le terrorisme atteste d'une méconnaissance caractérisée de cette garantie du procès équitable notamment à travers la pratique systématique des gardes à vue d'une durée excessive (l'article 11 de la loi antiterroriste camerounaise prévoit une garde à vue de 15 jours renouvelables sans limites par le commissaire du gouvernement sans aucune obligation de motivation)[49], des détentions provisoires. Il s'agit là d'une entorse aux articles 1 et 6 de la CADHP, 9 (3) du PICP.

Pour ce qui est du droit à une preuve légale, plusieurs rapports évoquent la question de la torture pour obtenir des aveux dans le cadre de la procédure devant le tribunal militaire[50].

S'agissant de la publicité des débats, elle puise sa source dans l'article 10 de la DUDH[51]. Elle est complétée en cela par l'article 14 du PIDCP : « *Tout le monde a droit à ce que sa cause soit entendue [...] publiquement* ».

Le Conseil d'État en France a érigé cette règle en principe général de droit[52]. Le Conseil Constitutionnel lui a emboité le pas pour ce qui

---

[48] Affaire Érythrée (2007) AHRLR 73 (ADHP 2007) p.74 ; lire également, The Law Society of England and Wales : « Rapport d'observation de procès-Cameroun : Affaire Nkongho Felix Agbor Balla, Fontem Neba et Consorts » Audience du 27 février 2017, Tribunal Militaire de Yaoundé

[49] Le cas du Sieur Paul AYAH Albine est sur ce point fort illustratif. L'intéressé a été gardé à vue pendant plusieurs mois sans avoir fait l'objet d'une inculpation. On peut donc valablement se demander si le droit à la sûreté a vocation à l'écrasement lorsqu'une personne fait l'objet de poursuites dans le cadre de la répression des actes de terrorisme.

[50] Voir sur ce The Law Society of England and Wales : « Rapport d'observation de procès-Cameroun : Affaire Nkongho Felix Agbor Balla, Fontem Neba et Consorts », op.cit.

[51] On peut aussi retrouver cette garantie à l'article 6 de la Convention européenne pour la sauvegarde des droits de l'homme.

[52] CE, 4 octobre 1974, *Dame David.*

est des audiences pénales en 2017[53]. C'est dans cette logique que L'article 6 de la loi n° 2006/015 du 29 décembre 2006 portant organisation judiciaire prescrit la publicité même devant les tribunaux militaires en matière de terrorisme en ces termes : « *(1) La justice est rendue publiquement et toute décision est rendue publiquement [...]* ». L'idée qui sous-tend ce principe est d'assurer l'accès à la salle d'audience afin de dissiper tout soupçon qui pourrait s'élever des débats secrètement tenus. Toutefois, on peut s'interroger sur l'opérationnalité de ce principe en matière de répression des infractions terroristes lorsqu'on sait que l'accès du public à la salle d'audience est bien souvent obstrué par la présence d'un volume non négligeable d'éléments des forces de l'ordre dans la salle visée. Plus précisément, les places réservées au public sont la plupart de temps occupées par ces derniers, empêchant ou restreignant ainsi la participation du public aux audiences considérées. Par ailleurs, l'inconfort de la salle d'audience peut constituer un élément de fragilisation de ce droit. En effet, dans une salle qui n'est pas climatisée, ni équipée de microphones, certaines parties de la procédure peuvent échapper à ceux des participants qui ne sont pas installés à proximité des juges et des parties. Il en résulte une atteinte au droit à la publicité des débats[54]. Bien plus, le recours au huis clos demeure une pratique au sein du Tribunal Militaire de Yaoundé[55].

4. Une approche réservée à l'égard des autres garanties

D'autres garanties du procès équitable en matière de procédure devant la même juridiction concernent les moyens de preuve[56], la séparation des fonctions de poursuite, d'instruction et de jugement, la conduite de l'enquête préliminaire en matière de crime. Sur ce point, la loi contre la répression des actes de terrorisme déroge au Code de

---

[53] CC n° 2017-645 QPC, 21 juillet 2017.

[54] Voir sur ce The Law Society of England and Wales : « Rapport d'observation de procès-Cameroun : Affaire Nkongho Felix Agbor Balla, Fontem Neba et Consorts », op.cit, p.9.

[55] Le 17 août 2020 ; quatre membres des forces armées ont été condamnés à une peine de 10 ans de prison et un autre à 10 ans de prison pour meurtre commis dans le village de Zelevet dans la Région de l'Extrême-Nord dans le cadre de la lutte contre le terrorisme notamment la lutte contre le groupe Boko Haram. Seulement, ce procès qui a débuté en août 2019 a été conduit à l'abri de tout accès du public aux audiences.

[56] La lutte contre le terrorisme ne s'encombre pas des exigences relatives à la légalité des preuves. Il en résulte que les moyens tels que la surveillance vidéo, les écoutes téléphoniques et la saisie des appareils aux fins du contrôle des courriers électroniques privés sont utilisés.

procédure pénale et au Code de Justice Militaire puisqu'elle n'admet pas d'information judiciaire. En effet, l'article 12 de ce texte s'énonce en ces termes : « *Pour l'application de la présente loi, le Tribunal Militaire est saisi par ordre de mise en jugement direct du Commissaire du Gouvernement compétent* ». Cette disposition heurte de front les articles 14 (3) (c) du PIDCP et 7 (1) de la CADHP. Quant à la séparation des fonctions, force est de relever que si les affirmations textuelles ne font pas de doute, son ancrage réel dans l'administration de la justice par le juge militaire est encore attendu. L'absence de l'enquête préliminaire par un juge civil concourt aussi à semer le doute sur la prise en compte des exigences du procès équitable dans le cadre de la procédure devant le tribunal militaire en matière de lutte contre le terrorisme.

En tout état de cause, le Cameroun du fait de son statut de partie à plusieurs instruments juridiques en matière de droit de l'homme se doit d'être vigilant. Il doit ainsi veiller à ce que les textes internes soient alignés sur les prescriptions des instruments juridiques internationaux considérés. Il faut d'ailleurs noter à cet égard que la CADHP est sur ce point plus exigeante : « *Aucune circonstance, qu'il s'agisse d'une menace de guerre, d'un état de conflit armé international ou interne, d'instabilité politique interne ou de toute autre situation de danger public, ne peut être invoquée pour justifier des dérogations au droit à un procès équitable* »[57]. La lutte contre le terrorisme ne saurait en la matière notamment pour ce qui est des exigences procédurales requises pour un procès équitable, faire figure d'exception.

Il découle de ce qui précède que la conversion de la Justice Militaire aux exigences du procès équitable en matière de procédure dans le cadre de la lutte contre le terrorisme est encore attendue. Il est donc nécessaire non seulement d'axer la réflexion sur un encadrement de cette justice qui la recentre sur les principes de l'État de droit, mais aussi de veiller à l'appropriation par les acteurs de cette justice des exigences fondamentales de la justice dans une société démocratique. Cet exercice

---

[57] Commission Africaine des Droits de l'Homme et des Peuples, Communication 74/92, Commission Nationale des Droits de l'Homme et des Libertés v Tchad [(2000) AHRLR 66 (ACHPR 1995)], para 36 : « Contrairement aux autres instruments des droits de l'homme, la Charte Africaine ne permet pas une dérogation aux obligations du traité en raison des situations d'urgence. Ainsi, même une situation de guerre civile au Tchad ne peut être invoquée pour justifier la violation par l'Etat ou son autorisation de violation de la Charte Africaine ».

contribuera sans nul doute à poser les jalons pour une claire expression du droit à un procès équitable y compris devant le juge militaire.

II. LA NÉCESSITÉ D'UN ANCRAGE DES EXIGENCES PROCÉDURALES DU PROCÈS ÉQUITABLE DANS L'ADMINISTRATION DE LA JUSTICE MILITAIRE

La légitimité de l'institution au sein d'un État d'une Justice Militaire n'est pas en soi sans intérêt. De fait, qui mieux qu'un juge militaire peut statuer de façon appropriée aux atteintes à la discipline militaire telles que la désertion[58], l'insubordination[59], les abus d'autorité[60], l'atteinte aux biens militaires[61] et les infractions contre l'honneur [62]? On se représente l'inconfort du juge ordinaire s'il était appelé à consacrer son exercice au jugement de telles infractions. Seulement, une gêne s'élève lorsqu'une juridiction militaire voit sa compétence s'étendre au jugement des civils. Dans un tel contexte, il devient clair d'affirmer que le droit des civils à un recours effectif est mis à mal. Il en résulte un risque de piétiner son droit à un procès équitable, même dans une circonstance où la personne civile fait l'objet d'une poursuite dans le cas de la répression des actes de terrorisme.

Par ailleurs, dans le cadre de la lutte contre le terrorisme, les violations des droits de l'homme peuvent être perpétrées à la fois par les civils et les militaires. Devant cette situation, confier le jugement des militaires à une juridiction militaire peut paraitre inconvenant, dans la mesure où l'esprit de corps peut prendre le pas sur la recherche de la vérité et l'administration d'une justice impartiale. Il y a là un risque d'impunité qui met à mal les exigences procédurales du procès équitable. La justice pénale camerounaise n'est pas à l'abri de ce type de considérations.

Les éléments qui précèdent fondent la nécessité pour les pouvoirs publics d'assurer à tous et par toutes les juridictions y compris les juridictions militaires le respect du droit au juge, qui réalise un équilibre entre la souveraineté de l'État d'une part, la protection des droits et libertés du justiciable[63] d'autre part. De ce constat il se dégage des pistes

---

[58] Titre III, chapitre II (articles 32 à 37), loi portant code de justice militaire précitéé.
[59] Titre III, chapitre III (articles 38 à 44), loi portant Code de justice militaire précitéé.
[60] Titre III, chapitre IV (articles 45 à 50), loi portant Code de justice militaire précitéé
[61] Titre III, chapitre V (articles 51 à 60), loi portant Code de justice militaire précitéé
[62] Titre III, chapitre VI (articles 61 à 67), loi portant Code de justice militaire précitéé
[63] 63 Mulry Mondelice, op.cit, p.163.

de réformes pour l'ancrage des exigences procédurales du procès équitable dans l'administration de la Justice Militaire . Ces orientations pour la réforme tournent autour du confinement de la Justice Militaire à la répression des infractions purement militaires. Cet état de fait a pour déclinaisons l'éviction de la juridiction militaire du jugement des civils d'une part (A), l'exclusion du champ de compétence du juge militaire des infractions relatives à la violation des droits de l'homme (B).

A. L'éviction de la juridiction militaire du jugement des civils

La limitation de la compétence personnelle des juridictions militaires est le fruit d'une construction qui fait intervenir les instances internationales chargées de la protection des droits de l'homme et les mécanismes institutionnels régionaux au nombre desquels figurent en bonne place les juridictions régionales chargées de la protection des droits de l'homme. Quoique le civil soupçonné ou accusé d'acte terroriste soit un vecteur de peur, d'émotion et même de toutes sortes de préjugés, il n'en reste pas moins un humain dont la protection des droits est sollicitée.

1. L'état de la question

Ce mouvement a pris corps avec la présentation par le rapporteur spécial de la Sous Commission de la Promotion et de la Protection des Droits de l'Homme des Nations Unies Emmanuel Décaux, mettant en lumière une liste de principes relatifs à l'administration de la justice par les juridictions militaires. Ce rapport marque une évolution décisive en la matière dans la mesure où il pose le principe de l'incompétence des juridictions militaires pour le jugement des civils[64]. Certes, ces principes ne sont pas dotés d'une valeur normative, mais leur capacité à inspirer les législatifs et les normes internationales futures n'est pas à négliger.

D'ailleurs, dix années avant la présentation du rapport Decaux, quelques initiatives régionales en vue de la réduction du champ de compétence de la Justice Militaire se sont manifestées, en dépit de leur portée limitée. C'est le cas de la convention interaméricaine sur les disparitions forcées des personnes qui s'est imprégnée de cette

---

[64] Principe 5.

problématique pour exclure de la compétence des juridictions militaires la répression de cette catégorie d'infractions[65].

De son côté, la jurisprudence de certaines cours instituées dans les systèmes régionaux de protection des droits de l'homme s'est inscrite dans la direction du confinement de la compétence des juridictions militaires. Il en va ainsi de la Cour Interaméricaine des Droits de l'Homme qui dans une espèce[66] du 16 août 2000, a écarté toute possibilité pour les civils d'être jugés par les juridictions militaires. Pour la Cour en effet, les juridictions militaires ne devaient « *juger que les militaires pour la commission de délit ou de fautes qui par leur nature affectent des biens juridiques propres à leur ordre* ». La Cour Européenne des Droits de l'Homme, même elle ne s'aligne pas systématiquement sur l'option du confinement, opte pour un encadrement rigoureux de la compétence et de l'action de la juridiction militaire dans l'administration de la justice au regard du droit à un procès équitable. Dans cette perspective, la Cour a balisé une ligne d'action qui va de la discipline militaire à des affaires impliquant des droits de caractère civil dans un contexte militaire. Sur le premier point, La cour l'exprime en ces termes : « *le pouvoir de la justice pénale militaire ne devrait s'étendre aux civils que s'il existe des raisons impérieuses justifiant une telle situation, et ce, en s'appuyant sur une base légale claire et prévisible* »[67]. Sur le deuxième point, la Cour a aspiré dans le champ d'applicabilité du droit à un procès équitable les contestations relatives à des droits de caractère civil entre l'État et les membres de son personnel soumis à la discipline militaire[68]. Le système

---

[65] La Convention interaméricaine sur la disparition forcée des personnes a été adoptée le 9 juin 1994 à Bélém de Para au Brésil. Voir sur ce point Rapoport (Th), op.cit.

[66] Affaire Durand et Urgate contre Pérou. Voir sur ce point DUHAME (B) & HANSBURY (E) : « Les développements en droit interaméricain pour l'année 2015 », In Chronique de droit interaméricain en 2015, *Annuaire Canadien de Droit International*, volume 53, octobre 2016, pp328-361.

[67] Affaire *Ergin contre Turquie* 16 juin 2005, n° 50691/99 paragraphe 54-60. La Cour a jugé « qu'un tribunal militaire exerçant sa juridiction relativement à un civil pour des actes dirigés contre les forces armées, suscite des doutes raisonnables quant à l'impartialité d'un tel tribunal. [Ce] système peut facilement être perçu comme annihilant la distance nécessaire entre la juridiction et les parties à une procédure pénale […] » cité par Mulry Mondelice, op.cit, p.173.

[68] Voir à ce sujet Nicolae Virgiliu contre Roumanie n° 41720/13 (25 juin 2019) paragraphe 103, 188-189 : [la] Cour rappelle que le droit à un procès équitable doit s'interpréter à la lumière du principe de prééminence du droit, qui requiert l'existence d'une voie judiciaire permettant à la personne concernée d'obtenir la sanction de ses

africain des droits de l'homme n'est pas en marge de cette évolution dans le cadre des Directives et principes de la Commission Africaine des Droits de l'Homme et des Peuples sur le droit à un procès équitable et à l'assistance judiciaire en Afrique[69]. La Commission dans son exercice a eu à s'exprimer sur ce point en ces termes :

« 98. *La section chargée des matières relatives à la sécurité de l'État au sein du Tribunal spécial est présidée par un cadre supérieur de l'armée qui n'est pas tenu d'avoir une formation en droit. Il est assisté de deux assesseurs, tous deux militaires. Le Tribunal spécial lui-même est présidé par un officier de l'armée relative aux communications 139/94, 154/96 et 161/97 International PEN, Constitutional Rights Project, Interights et Civil Liberties Organisation c/Nigeria), la Commission a conclu que "les tribunaux militaires spéciaux... constituaient une violation de l'article 7 alinéa 1, litera (d) de la Charte en raison même de leur composition laissée à la discrétion de l'organe exécutif." Soustraire la procédure pénale de la compétence des tribunaux de l'ordre judiciaire pour la confier à une extension de l'exécutif compromet nécessairement l'impartialité des tribunaux à laquelle la Charte africaine fait référence. Indépendamment de la qualité des personnes siégeant dans de telles juridictions, leur seule existence constitue une violation des principes d'impartialité, d'indépendance de la magistrature et, partant, de l'article 7 alinéa 1, litera (d)* »[70].

---

droits de caractère civil. Chaque justiciable a droit à faire statuer par un tribunal sur toute contestation à ses droits et obligations de caractère civil » cité par Mulry Mondelice, op.cit, p.169.

[69] « A.4 a*) L'indépendance des instances juridictionnelles et des juges doit être garantie par la constitution et les lois du pays et respectée par le gouvernement, ses institutions et autorités ; [...] e) Les tribunaux militaires ou autres juridictions spéciales n'employant pas les procédures dûment établies conformément à la loi ne doivent pas être crées dans le but de priver les juridictions ordinaires de leur compétence. [...] g) Les instances juridictionnelles sont indépendantes du pouvoir exécutif.* »

[70] Commission Africaine des Droits de l'Homme et des Peuples, Mauritanie : Association mauritanienne des droits de l'Homme / Mauritanie (2000) AHRLR (ACHPR 2000). Bien plus, dans sa décision *Law Office of Ghazi Suleiman c. Soudan*, la Commission réaffirme sa position de principe selon laquelle : *« les tribunaux militaires doivent respecter les normes d'un procès équitable. Ils ne devraient en aucun cas juger des civils. De même, les tribunaux militaires ne devraient pas connaître des délits qui sont de la compétence des juridictions ordinaires » (Law Office of Ghazi Suleiman c. Soudan*, Commission africaine des droits de l'Homme et

Au regard de ce qui précède, il importe de relever qu'il y a à bien des égards une convergence des systèmes régionaux de protection des droits de l'homme en vue de contenir les juridictions militaires dans leur domaine traditionnel qui est celui de la répression des infractions purement militaires. Cette position est d'ailleurs partagée au niveau des instances onusiennes chargées de la protection des droits de l'homme[71]. Il est donc souhaitable que cette évolution prenne corps à travers l'élaboration des législations nationales plus soucieuses de l'État de droit, mais également l'émergence des normes internationales qui fixent des obligations en ce sens à l'égard des juridictions militaires.

2. Le bien-fondé des positions favorables à une éviction

En effet, depuis les attaques du 11 septembre 2001, la protection des droits de l'homme est au centre de nombreuses préoccupations. Les États tant au niveau régional qu'au niveau universel se sont engagés à mettre hors d'état de nuire le terrorisme[72] et ce dans le respect de l'État de droit et des droits de l'homme. Seulement, on a assisté à l'émergence d'une série de textes nationaux qui heurtent de front le principe même de l'État de droit[73]. Nul n'ignore que les actes de terrorisme constituent une atteinte à l'État de droit et aux droits fondamentaux. De fait, la vulnérabilité des individus, des groupes et des États face au phénomène terroriste est connue. Seulement, les mesures prises dans le cadre de la lutte contre ce phénomène doivent être nécessaires, spécifiques, efficaces, proportionnées et conformes à la légalité au risque d'engendrer des régressions dans le domaine de la protection de la

des Peuples, Communication 222/98 et 229/99, 33e Session Ordinaire, Niamey, Niger, 15 mai 2003, https://www1.umn.edu/humanrts/ africa/comcases/F222-98.html).

[71] En août 2013, la Rapporteure spéciale des Nations unies sur l'indépendance des juges et des avocats a établi dans son rapport soumis à l'Assemblée Générale des Nations unies que les juridictions militaires ne peuvent, par principe, être considérées compétentes pour juger des civils, et que l'État doit veiller à ce que les civils accusés d'une infraction pénale, quelle qu'en soit la nature, soient jugés par les tribunaux civils. Voir sur ce point « Indépendance des juges et des avocats », rapport établi par la Rapporteure spéciale sur l'indépendance des juges et des avocats, Gabriela Knaul, Doc. ONU A/68/285, 7 août 2013, para. 67.

[72] La Stratégie antiterroriste mondiale des Nations Unies a été adoptée par l'Assemblée générale dans sa résolution 60/288 en 2006.

[73] On peut citer à cet effet la Patriot Act aux États-Unis du 26 octobre 2011, loi du 20 novembre 2015 sur l'état d'urgence en France, loi française n° 2017-1510 du 30 octobre 2017 renforçant la sécurité intérieure et la lutte contre le terrorisme.

personne humaine. La soif de répression ayant pris de pas sur la recherche de la vérité dans les exigences du procès équitable, les juridictions militaires ont, à bien des égards, supplanté les juridictions ordinaires dans la répression des actes qui s'intègrent dans ce domaine. Des situations d'exception à la légalité se sont multipliées au point de créer un cadre propice à l'accoutumance[74]. Des transformations se mettent en place au point de faire bousculer le droit commun. L'une d'elles est sans conteste le surdimensionnement du droit à la sécurité qui du coup occulte le droit à la sûreté au sens du droit pour tout individu à la vie, à la liberté et à la sûreté de sa personne[75]. Cette érection du droit à la sécurité en droit fondamental a pour conséquence de subordonner la jouissance du droit à la sûreté à la réalisation du premier. L'article 1er de la loi française pour la sécurité intérieure du 18 mars 2003 illustre parfaitement ce point de vue : « *La sécurité est un droit fondamental et l'une des conditions de l'exercice des libertés individuelles et collectives* ». Cette doctrine de la sacralisation du droit à la sécurité, à laquelle est fortement attachée la Justice Militaire a pour implication la représentation de la personne accusée d'actes de terrorisme non comme délinquant[76], c'est-à-dire un humain investi d'une dignité, par voie de conséquence qui a vocation à la perfection, mais plutôt comme un ennemi qui est appelé à disparaitre pour que l'ordre juridique continue à déployer ses effets. Tout ceci crée des conditions favorables au contournement de la justice ordinaire pour trouver dans la Justice Militaire l'instrument idoine pour la réalisation de cette finalité[77]. Cette intrusion des perceptions militaires dans les réalités judiciaires est susceptible de dénaturer l'administration de la

---

[74] Voir à ce sujet LEZERGES (Ch) : « Les droits de l'homme à l'épreuve du terrorisme », In *Revue de Science Criminelle et de Droit Pénal Comparé*, Dalloz, 2018, n° 3, pp 753-764.

[75] Voir à ce sujet l'article 2 de la Déclaration des droits de l'homme et du citoyen de 1789, l'article 3 de la DUDH.

[76] Lire à ce sujet BECCARIA (C), *Des délits et des peines*, réédité, Flammarion, 2006.

[77] Réagissant à cette tendance à l'évitement de la justice ordinaire à travers la prolifération des lois d'exception, le Procureur général près de la Cour de Cassation, à l'occasion de la rentrée solennelle de cette institution, le 14 janvier 2016, s'est exprimé en ces termes : « *face aux défis et aux enjeux des temps présents, il peut être une tentation, une facilité et, pourquoi pas pour certains une opportunité de modifier notre ordre juridique par des réformes qui n'auraient que l'apparence d'une réponse appropriée aux périls qui nous guettent. Or, la petite musique de notre justice judiciaire, si essentielle à l'existence même de notre État de droit, apparaît parfois bien peu audible quand résonnent les coups donnés à la démocratie* », cité par LEZERGES (Ch) : « Les droits de l'homme à l'épreuve du terrorisme », op.cit, p.759.

justice dans une société démocratique. La répression des actes de terrorisme au Cameroun baigne dans cette tendance à la « *fondamentalisation* » du droit à la sécurité raison pour laquelle un confinement de la Justice Militaire aux infractions purement militaires serait une piste de solution pour le retour au respect des exigences du procès équitable dans ce domaine de l'activité juridictionnelle. Bien plus, force est de relever que si l'État de droit est une construction permanente, en revanche tout droit pénal doit s'y déployer y compris le droit pénal de la lutte antiterroriste. Sortir de cette borne serait ouvrir la porte au triomphe du droit pénal de l'ennemi, c'est-à-dire un droit caractérisé par l'abandon de la croyance en l'homme [78]ou un droit pénal qui méconnaissant l'universalité des droits et libertés fondamentaux opère par exclusion[79]. Dans un contexte de domination de la figure de l'ennemi, les avancées obtenues avec l'entrée en vigueur du Code de procédure pénale peuvent être contrecarrées, devenir inopérantes ou dans le meilleur des cas réduites dans leur portée. Plus encore, l'ennemi qui est la personne poursuivie dans le cadre de la répression des actes de terrorisme est présenté comme dangereux même si le contenu du terme n'est pas objectivé. Ce discours de la dangerosité qui trouve un terreau dans le domaine militaire y compris la Justice Militaire , a pour objet de susciter la peur et par voie de conséquence l'adhésion des populations[80] afin que toutes les précautions soient prises pour neutraliser, voire faire disparaitre le terroriste. Ainsi, il suffira, dans de

---

[78] Ibid., p.760. *« l'ennemi (« Feind ») est celui qui n'offre aucune garantie quant à sa conduite future ; il veut détruire l'ordre juridique et il vit dans un état de guerre permanent* ». Lire sur ce point G. Jakobs, Bürgerstrafrecht une Feindstrafrecht, HRRS 3/2004, p. 88 s.

[79] L'ennemi a vocation à être exclu de la communauté des humains. Au Cameroun, le véhicule des termes comme « *ennemi de la nation* » est devenu une pratique courante des médias publics pour qualifier soit les personnes poursuivies, soit les personnes qui prennent des distances par rapport à certains actes supposés être commis par les forces de défense. Voir à ce sujet G. Giudicelli-Delage, Droit pénal de la dangerosité, droit pénal de l'ennemi, *RSC* 2010. 69.

[80] L'exemple de la Côte d'Ivoire est sur ce point illustratif. Lors d'une émission de téléréalité, un homme présenté comme ancien auteur d'actes de crimes sexuels a été invité pour faire des simulations au cours de ladite émission. Après coup, cet état de fait a suscité un émoi général au sein de la population au point où en moins d'une semaine, le juge a prononcé des sanctions pénales à l'encontre de l'animateur et de son invité pour « apologie du viol » et « atteinte à la pudeur ». Il ne s'agit certes pas d'une procédure devant un tribunal militaire, mais cela montre à quel point la figure de la dangerosité peut peser sur la justice. Lesdites sanctions pénales ont été prononcées le 2 septembre 2021.

pareilles circonstances, d'invoquer une menace à l'ordre public pour que la culpabilité cède sa place à la dangerosité[81] avec tout son cortège d'atteintes aux droits fondamentaux[82] y compris le droit à un procès équitable.

Au regard de ce qui précède, la Justice Militaire devrait conserver son statut d'institution vouée à la discipline des troupes. Les auteurs d'actes de terrorisme, puisqu'il est difficile de les rattacher à un commandement organisé, ne sauraient en être des justiciables. Ce souci exprimé pour la limitation de la compétence des juridictions militaire s'étend à la connaissance de ce type de justice des affaires relatives à la violation des droits de l'homme.

B. L'exclusion de la compétence des juridictions militaires pour les affaires relatives à la violation des droits de l'homme.

En 2013, la Rapporteure des Nations Unies sur l'indépendance des juges et des avocats est clairement revenue sur l'idée selon laquelle la compétence des juridictions militaires devait se limiter à l'instruction et au jugement des infractions purement militaires dont font l'objet les membres des forces armées. À cela, il y a une double explication : la qualité de militaire n'autorise pas la perpétration des actes constitutifs de violations des droits de l'homme ; les garanties qui entourent le procès équitable ne sont pas réunies en la matière par les juridictions considérées. Il en résulte que les auteurs des violations des droits humains à l'instar des personnes poursuivies dans le cadre de la répression du terrorisme doivent être jugés par les juridictions de droit commun[83].

1. Les risques de négation du droit à un recours effectif

En effet, l'article 8 du Code de Justice Militaire qui porte sur la compétence du juge militaire cible entre autres les crimes de guerre, les crimes contre l'humanité[84], les crimes de génocide, les infractions

---

[81] LEZERGES (Ch), op.cit, p.762.

[82] Vidéo surveillance nuit et jour, l'inscription en France par exemple au fichier S, le recours aux sources anonymes…

[83] FIDH, La justice militaire, droits des femmes, encadrement des manifestations : les acquis de la réforme menacés. Note de position adressée aux membres du Gouvernement et aux Députés de l'Assemblée Nationale, Guinée, 13 avril 2016.

[84] Il est vrai que la Convention IV de Genève en son article 66 vise la justice militaire en faisant référence à la possibilité de faire juger les civils par les militaires pour des

relatives aux actes de terrorisme. Ceci pourrait susciter quelques interrogations au regard du statut de Rome[85]. Aux termes de l'article 17 paragraphe 2 de ce texte, pour déterminer le manque de volonté d'un État à juger, cette juridiction peut tenir compte, « *eu égard aux garanties d'un procès équitable reconnues par le droit international* », de l'élément ci-après : « La procédure n'a pas été menée ou n'est pas menée de manière indépendante ou impartiale, mais d'une manière qui dans les circonstances, est incompatible avec l'intention de traduire en justice la personne concernée ». Les juridictions militaires étant suspectées de ne pas réunir les garanties d'indépendance et d'impartialité requises, devraient être déchargées par le législateur de cette compétence au profit des juridictions civiles[86].

L'idée qui sous-tend cette réflexion est que la connaissance par les juridictions militaires des affaires relatives aux violations des droits de l'homme surtout dans un contexte de lutte contre le terrorisme peut nuire au droit à un recours effectif et au droit à la protection judiciaire. On peut aussi orienter le débat sur le problème de l'expérience des juridictions militaires sur les questions de terrorisme y compris la répression des actes qui s'y rapportent.

Pour ce qui est du droit à un recours effectif, force est de relever qu'il y a un important risque de tolérance de l'institution militaire à l'égard des violations des droits de l'homme commises par les militaires surtout au moment de mobiliser les moyens d'investigation et de la punition des auteurs des violations considérées ; or on est ici en présence des violations des droits de l'homme qui affectent la société dans son

infractions commises contre l'ordre juridique de la partie occupante. Cette disposition n'offre pas de garanties en matière de procédure ou de procès équitable mais la nécessité d'offrir de telles garanties s'est imposée. Seulement, on s'est rendu compte que ces garanties n'avaient aucune prise réelle devant les juridictions visées.

85 Il est vrai, le Cameroun n'est pas encore partie au Statut de Rome portant création de la Cour Pénale Internationale mais il a activement participé aux négociations de cet instrument juridique. Au cas où les règles qu'il pose accèdent au statut de normes du droit international coutumier, elles peuvent lui être imposables.

86 Un rapport d'experts mandatés par le Bureau du Procureur de la Cour pénale internationale sur le principe de complémentarité vise la compétence des juridictions militaire comme un élément sur la base duquel on peut évaluer le manque ou la capacité d'un Etat à juger (Document de politique générale relatif aux examens préliminaires, Bureau de la Procureure de la CPI, novembre 2013 https://www.icccpi.int/en_menus/icc/structure%20of%20the%20court/office%20of%20the%20prosecutor/policies%20and%20strategies/Pages/draft%20policy%20paper%20on%20preliminary%20examinations.aspx).

ensemble[87]. Il ne s'agit pas de spéculations, ni de simples perceptions, mais des questions qui peuvent avoir une incidence réelle sur l'administration de la justice. En effet, le fait qu'un juge militaire demeure membre des forces armées pendant qu'il occupe ses fonctions est un facteur de nuisance pour l'apparence de justice. Au-delà de l'esprit de corps qui l'anime, ses liens avec la chaine de commandement constituent des facteurs de pression de nature à imposer l'indulgence surtout lorsqu'il a pour justiciable une personne de grade supérieur. De fait, les liens avec la chaine de commandement peuvent avoir de sérieuses implications sur l'activité du juge militaire. À titre de préoccupation, on peut se poser la question de savoir si un juge militaire peut aisément parvenir à la conclusion suivant laquelle le témoignage d'un officier de grade élevé manque de crédibilité. De plus, l'appartenance à la chaine de commandement implique la soumission à la disciplinc militairc. Cct état dc fait crée un inconfort du fait dc la situation de subordination de la hiérarchie militaire. Il y a là une sorte d'incohérence entre la fonction de membre du tribunal et le rapport de sujétion qui résulte du lien avec la chaine de commandement. Cet état de fait prend un relief particulier lorsqu'il faut statuer sur des questions sensibles telles que les violations des droits de l'homme par les membres des forces armées, questions sur lesquelles la hiérarchie militaire peut avoir une position.

Pour ce qui est du droit à la protection judiciaire, les analyses précédentes ont montré que les juridictions militaires n'offraient pas de garanties suffisantes en la matière[88].

2. L'exigence de rationalisation de la Justice Militaire

Reste alors la question de savoir si le voisinage des actes de terrorisme ou des graves violations des droits de l'homme avec les infractions et la discipline militaires serait de nature à expliquer l'option pour les juridictions militaires pour la connaissance des infractions visées. La réponse nous semble négative. Ce voisinage, s'il existe, ne peut pas à lui seul asseoir la compétence des juridictions militaires en la matière[89]. En effet, l'observation et l'analyse de l'activité judiciaire

[87] Affaire Durand et Urgate contre Pérou.

[88] Voir les développements relatifs à la prise en compte insuffisante des autres exigences procédurales du procès équitable, supra.

[89] Il me semble que le fonds commun entre la culture militaire et la culture terroriste peut être très mince.

montrent que les juges ordinaires sont souvent conviés à statuer sur les affaires relevant des domaines du droit qui ne leur sont pas a priori familiers sans que cela ne suscite quelque problème que ce soit. Il suffit pour les parties de mettre à leur disposition les faits et les règles juridiques qui sous-tendent leurs prétentions. À notre sens, un niveau suffisant d'expérience en matière de justice pénale peut assurer la compréhension du phénomène terroriste y compris la répression des actes qui en résultent. C'est dire que le voisinage, à supposer qu'il existe, peut conférer un avantage et non s'ériger en critère décisif d'attribution de compétence[90].

CONCLUSION

Les débats autour de la rationalisation de la Justice Militaire sont aujourd'hui largement répandus avec en toile de fond les garanties procédurales du procès équitable y compris dans le cadre de la répression du terrorisme. Ils sont recentrés sur l'étendue des compétences *ratione materiae et personae* du tribunal militaire, lesquelles devraient se limiter aux militaires et non toucher les civils. Il est également préconisé la mise hors du champ de cette compétence les graves violations des droits de l'homme. Véhiculées dans le cadre de la diplomatie des droits de l'homme, les initiatives en ce sens prennent la forme des normes et bonnes pratiques à l'échelle internationale concernant la Justice Militaire . Le souhait est qu'elles aboutissent à des réformes dans le secteur de la justice qui restaurent la Justice Militaire dans sa noble et exaltante mission de protection de l'ordre et de la discipline militaire.

BIBLIOGRAPHIE

Ouvrages

ABDELGAWAD (E.L) (dir), Juridictions militaires et tribunaux d'exception en mutation : perspectives comparées, Université Paris 1 Panthéon Sorbonne-CNRS, mai 2007.

[90] Il est vrai qu'on peut aussi avancer que la répression du terrorisme requiert un certain nombre d'aptitudes telles que la mobilité, la capacité de déploiement ou la souplesse. Le service militaire les confère, mais n'en a pas l'exclusivité et à supposer qu'il en soit ainsi, la plupart des magistrats font le service militaire avant leur sortie de l'École Nationale d'Administration et de Magistrature (ENAM).

BANELIER (K) et als (dir*), Le droit international face au terrorisme*, Rapport Introductif CEDIN-Paris I, Cahiers Internationaux, N° 17.

BECCARIA (C), *Des délits et des peines*, réédité, Flammarion, 2006.

DUPUY (P.M), *Droit international public,* paris, Dalloz, 2004.

GUILLAUME (G) : « Le droit international et le terrorisme », *RCADI*, 1989, Tome 215, pp. 304-306.

HIGGINS(R) & FLORY (M) eds), *Terrorism and International Law*, Routledge, Londres et LES, New York, 1997, pp.13-28,

LETOURNEAU (G) et Drapeau (M.W), *Military Justice in Action : Annotated National Defence Legislation*, 2e édition, Toronto, Carswell, 2015.

PRADEL (J), *Procédure pénale*, 16è édition, Cujas, 2011, p.313.

SALMON (J) (dir), *Dictionnaire de droit international public*, Bruxelles, Bruylant, AUF, 2001

Articles

Herschling (L) : « Le regard d'un comparatiste : l'Etat dans et au-delà des cultures juridiques nationales », In *SFDI, l'État de droit en droit international*. Colloque de Bruxelles, Paris, Pedone 2009, pp 41-67.

Geneviève Giudicelli-Delage : « Les garanties procédurales du procès équitable, Rapport de synthèse », In Élisabeth Lambert Abdelgawad (dir), *Juridictions militaires et tribunaux d'exception en mutation : perspectives comparées*, Université Paris 1 Panthéon Sorbonne-CNRS, mai 2007.

LEZERGES (Ch) : « Les droits de l'homme à l'épreuve du terrorisme », In *Revue de Science Criminelle et de Droit Pénal Comparé*, Dalloz, 2018, n° 3, pp 753-764

MOCKLE (D) : « La justice, l'efficacité et l'imputabilité » In *Les Cahiers de droit*, volume 54, issue 4, Décembre 2013, pp 613-688

Mulry Mondelice : « L'apport de la Convention Européenne des droits de 'homme à l'encadrement de la Justice Militaire sur le fondement des exigences de l'État de droit : entre humanisation et civilisation », Hors-série (2020), Revue québécoise de droit international.

NANAN LEKOGMO (H) : « Crise du droit et terrorisme. Retour sur le droit à un procès équitable des présumés terroristes ». *ADILAAKU. Droit, politique et société en Afrique*, 1(2), 69-84. DOI : 10.46711/adilaaku.2019.1.2.6

NGONO (S) : « L'application des règles internationales du procès équitable par le juge judiciaire au Cameroun », In Juridis Périodique, n° 63, 2005, pp.34-45.

RAPOPORT (Th) : « L'appréciation du droit à un procès équitable et à un recours effectif en matière de justice militaire », In *MBDE / Rapports droit interne et droit international ou européen*, Publication de l'Université Paris Nanterre, le 06/04/2009.

Rapports

Rapport Decaux, Doc. ONU E/CN.4/2006/58, 13 janvier 2006.

Federico AndreuGuzman, "Military jurisdiction and international law", Military courts and gross human rights violations, vol. I, Commission Internationale des Juristes, Genève, 2004.

The Law Society of England and Wales : « Rapport d'observation de procès-Cameroun : Affaire Nkongho Felix Agbor Balla, Fontem Neba et Consorts » Audience du 27 février 2017, Tribunal Militaire de Yaoundé

Fédération Internationale des Droits de l'Homme (FIDH), *La justice militaire, droits des femmes, encadrement des manifestations : les acquis de la réforme menacés.* Note de position adressée aux membres du Gouvernement et aux Députés de l'Assemblée Nationale, Guinée, 13 avril 2016.

LA PROCÉDURE DEVANT LES TRIBUNAUX MILITAIRES EN MATIÈRE DE TERRORISME FACE AUX EXIGENCES DU PROCÈS ÉQUITABLE

Le point de vue du magistrat militaire

Franck KOUM

Capitaine – magistrat, doctorant, Chef service des affaires Judiciaires et Pénitentiaires à la Direction de la Justice militaire

INTRODUCTION

Le phénomène du terrorisme a toujours été difficile à appréhender par le droit international. Il a été remarqué que la communauté internationale n'arrive pas à une définition consensuelle depuis des lustres. Elle est en effet depuis 1937 à la recherche d'une définition du terrorisme, définition que le Secrétaire Général de l'Organisation des Nations Unies (ONU) appelait encore de tous ses vœux près de 100 ans après[1], et la donne n'a pas changé en 2021. Si les législateurs africain[2] et onusien[3] par exemple se sont déjà essayés à une définition, les législateurs nationaux n'ont pas été en reste. C'est le cas du législateur camerounais qui identifie l'acte de terrorisme comme tout acte ou menace d'acte en violation des lois pénales de l'État susceptible de mettre en danger la vie, l'intégrité physique, les libertés d'une personne ou d'un groupe de personnes, qui occasionne ou peut occasionner des dommages aux biens privés ou publics, aux ressources naturelles, à l'environnement, au patrimoine culturel, et commis dans l'intention d'intimider, provoquer une situation de terreur forcer, exercer des pressions ou amener tout gouvernement à engager une initiative ou s'en

---

[1] DOUCET Ghislaine, « Terrorisme : définition, juridiction pénale internationale et victime », *Revue Internationale de Droit Pénal*, 2005/3, Vol. 76, p. 253.

[2]Cf article 3 de la Convention de l'OUA sur la Prévention et la Lutte contre le Terrorisme, l'article 2 de la Loi n° 2014/023 du 23 décembre 2014 portant répression des actes de terrorisme.

[3]Cf article 2.1 (b), Convention internationale pour la répression du financement du terrorisme, 9 décembre 1999 ; Résolution 1566 du Conseil de Sécurité, octobre 2004 ; Résolution 60/43 de l'Assemblée Générale des Nations Unies, janvier 2006.

abstenir, adopter ou renoncer à une position particulière, de perturber le fonctionnement normal des services publics, la prestation de services essentiels aux populations ou de créer une situation de crise au sein des populations, de créer une insurrection générale dans le pays[4]. Il reste que ce fléau cause de plus en plus de dégâts tant matériels qu'humains, et qu'une réponse adaptée mérite d'être apportée à son caractère « transfrontériste »[5] et à la radicalisation de ses auteurs.

Dans l'optique de la garantie des droits humains, un pays comme le Cameroun a fait le choix d'unifier le Code d'Instruction Criminelle (CIC) en vigueur dans la partie francophone de son territoire, et le Criminal Procedure Ordinance (CPO) en vigueur dans sa partie anglophone, en un Code de Procédure Pénale (CPP)[6] pour l'ensemble du pays. Ce texte – consensus est donc appliqué devant toutes les juridictions pénales au Cameroun. La procédure devant les Tribunaux militaires n'est pas restée en marge du CPP, même en matière de terrorisme, malgré leur nature de juridictions à compétence spéciale[7]. C'est la raison pour laquelle le législateur a prévu à l'article 1 (2) de la loi de 2014, que le CPP demeure applicable dans ses dispositions non contraires à ladite loi. Il s'agit là dans une certaine mesure, d'une autre matérialisation de l'État de droit.

L'État de droit pour parler de ce concept, c'est surtout, et plus que jamais, le respect des droits fondamentaux, en particulier, et dans le cas d'espèce, un ensemble de garanties processuelles constituant désormais une sorte de fonds commun des principes applicables à toutes les justices de type répressif[8]. C'est à ces garanties processuelles que renvoie la notion de procès équitable. La Justice Militaire envisagée de la sorte constitue un excellent miroir de l'état des rapports ou de l'équilibre trouvé au sein d'une société, entre les logiques sécuritaire et répressive d'un côté, et l'attention portée à la protection des libertés et de la dignité d'autre part[9].

---

[4]Cf article 2, Loin° 2014/028 du 23 décembre 2014 portant répression des actes de terrorisme.
[5] DOUCET Ghislaine, *op cit*, p. 254.
[6]Loi n° 2005/007 du 27 juillet 2005 portant Code de Procédure Pénale.
[7] Cf. article 2 (1), Loi n° 2017/012 du 12 juillet 2017 portant Code de Justice militaire.
[8] YAWAGA Spener, *La justice militaire au Cameroun. Réflexions à partir d'une discussion article par article du Code de Justice militaire*, les Éditions du Schabel, 2019, p. 14.
[9]*Idem.*

Les garanties processuelles font également référence à la notion de procédure. Celle-ci s'entend comme l'ensemble des règles gouvernant un type de procès. On parlera ainsi de la procédure devant la Cour de Cassation, de procédure gracieuse, etc[10]. Les garanties du procès équitable renvoient ainsi à tous les garde-fous que le législateur a prévus pour qu'un procès à l'exemple du procès pénal se tienne dans le respect des droits de chacun. Le droit international a très souvent douté de la fiabilité les Tribunaux militaires quant à leur capacité à conduire des procès sous le prisme du respect des droits de l'homme. Le fait que des civils puissent en être des justiciables récurrents aggrave même cette position du droit international. C'est dans ce sens qu'est allée l'ex-Sous-Commission de la promotion et de la protection des droits de l'homme qui s'est occupée pendant de nombreuses années des questions se rapportant au terrorisme et aux droits de l'homme, notamment de la question de l'administration de la justice par des tribunaux militaires. Selon cette institution, le recours à des cours ou à des tribunaux spéciaux, notamment militaires, pour juger des personnes soupçonnées de terrorisme peut porter sérieusement atteinte au droit à une procédure régulière, suivant la nature du tribunal ou de la cour en question et les éventuelles restrictions dont fait l'objet la personne comparaissant devant cette juridiction[11]. L'institution affiche un pessimisme avéré, en estimant qu'il est rare, notamment, qu'un Tribunal militaire soit l'instance indiquée pour juger un civil[12].

Confronter au droit international la procédure devant les Tribunaux militaires en matière de terrorisme, sans précision, renverrait à analyser l'organisation de la répression de cette infraction dans tous les États qui conservent des Tribunaux militaires dans leur ordonnancement juridique, et qui ont donné à ceux-ci, compétence exclusive dans la répression. Dans la présente réflexion, nous nous contenterons de parler du Cameroun pour éviter une trop grande extension du sujet. C'est dans ce sens que nous disons que le pays a décidé de donner comme réponse juridique et judiciaire au terrorisme, la répression par les Tribunaux

[10] CORNU Gérard, *Vocabulaire juridique*, 10e édition, « Quadrige », PUF, 2014, p. 809.
[11] Voir, par exemple, Commission africaine des droits de l'homme et des peuples, *Media Rights Agenda c. Nigéria*, communication n° 224/98 (par. 59 à 62) et Cour interaméricaine des droits de l'homme, *Castillo Petruzzi et autres c. Pérou*, arrêt du 30 mai 1999 (par. 128 à 131, 172), in Haut-Commissariat des Nations Unies, *Droits de l'homme, terrorisme et lutte antiterroriste*, Fiche d'information n° 32, 2009, p. 40.
[12] *Idem.*

militaires. La loi n° 2014/023 du 23 décembre 2014 portant répression des actes de terrorisme au Cameroun a consacré la compétence exclusive [13]de ces juridictions en la matière[14]. Cette loi a été prise dans un contexte particulier, au moment où les exactions atteignaient leur paroxysme dans la région de l'Extrême-nord Cameroun[15]. Le législateur s'est efforcé de s'arrimer en la matière au droit international, principalement au regard des engagements auxquels le Cameroun a souscrit. Pour rappel, le Cameroun a ratifié le Pacte International relatif aux Droits Civils et Politiques (PIDCP) le 27 juin 1984. Il y est dit que « *[...] Toute personne a droit à ce que sa cause soit entendue équitablement* »[16]. Cela signifie que les ressortissants des États ayant ratifié ce traité ont droit à un procès au cours duquel leurs droits seront respectés.

L'intérêt de la présente analyse consistera donc à vérifier si la procédure en matière de terrorisme, telle qu'elle a été conçue par le législateur camerounais à l'enquête préliminaire et à la phase de jugement, a respecté le droit international, d'où la question suivante : la procédure devant les Tribunaux militaires en matière de terrorisme est-elle conforme aux exigences du procès équitable ? La réponse à cette question va impliquer de revenir en détail sur la procédure devant ces juridictions en matière de terrorisme, ainsi que sur les règles du procès équitable. C'est dire qu'il sera utile de faire usage de la technique juridique parfois appelée dogmatique juridique. Cette technique vise à exposer l'état du droit tel qu'il existe et à en déterminer le contenu[17].En revisitant divers instruments juridiques, il s'agira de démontrer que la procédure devant les juridictions militaires en matière de terrorisme est une procédure au respect mitigé des exigences du procès équitable à

---

[13] La compétence exclusive ne concerne en réalité que les individus majeurs. Les mineurs poursuivis pour terrorisme sont justiciables des juridictions compétentes en matière de délinquance juvénile, comme prévu à l'article 9 du CJM.

[14]Cf article 1 (3), Loi n° 2014/028 du 23 décembre 2014 portant répression des actes de terrorisme.

[15] Il faut se rappeler effectivement que si la Loi a été adoptée courant 2014, c'est au cours de l'année 2013 que les premiers soubresauts de ce fléau se sont fait ressentir au Cameroun, notamment par des faits marquants tels l'enlèvement du prêtre français Georges VANDENBEUSCH, ou celui de la famille MOULIN-FOURNIER.

[16]Cf article 14 (1), Pacte International relatif aux Droits Civils et Politiques du 16 décembre 1966.

[17] CORTEN Olivier, *Méthodologie du droit international public*, Éditions de l'Université de Bruxelles, 2009, p. 23.

l'enquête préliminaire (I), mais en même temps assez conforme auxdites exigences devant la juridiction de jugement (II).

I. UNE PROCÉDURE AU RESPECT MITIGÉ DES EXIGENCES DU PROCÈS ÉQUITABLE À L'ENQUÊTE PRÉLIMINAIRE

Aux termes de l'article 9 du PIDCP, tout individu détenu du chef d'une infraction pénale sera traduit dans le plus court délai devant un juge. À l'observation, certaines personnes arrêtées et suspectées de terrorisme n'ont pas toujours été rapidement présentées à l'autorité judiciaire. L'enquête préliminaire en matière de terrorisme donne l'occasion d'observer le régime de la Garde à Vue (GAV), que l'on peut qualifier de problématique (A), et qui entraîne, en cas d'inaction, des risques concrets de violation des exigences du procès équitable (B).

A. Un régime juridique problématique de la gav en matière de terrorisme

De manière générale, les infractions des instruments juridiques en matière pénale au Cameroun ont un régime de GAV connu[18]. De manière spécifique, la GAV en matière de terrorisme se distingue, et les développements qui suivent oscilleront entre la présentation du régime juridique (1) et sa justification (2)

1. Présentation

La GAV est une mesure de police en vertu de laquelle une personne est, dans le cadre d'une enquête préliminaire et en vue de la manifestation de la vérité, retenue dans un local de police judiciaire, pour une durée limitée, sous la responsabilité d'un officier de police

---

[18] Aux termes de l'article 125 du CPP, la garde à vue a une durée maximum de huit (08) jours.
L'article 2 de la loi n°90/054 du 19 décembre 1990 relative au maintien de l'ordre prévoit que dans le cadre de la lutte contre le grand banditisme, les autorités administratives peuvent prendre des mesures de garde à vue d'une durée de quinze (15) jours renouvelables. Dans le cadre de l'état d'urgence, les autorités administratives de la partie du territoire concerné par la mesure peuvent ordonner la garde à vue des individus jugés dangereux pour la sécurité publique dans tous les locaux y compris dans un quartier spécial des établissements pénitentiaires pendant une durée de sept (07) jours pour les préfets et de quinze (15) jours pour les Gouverneurs. Ce délai est de deux (02) mois renouvelable une seule fois par le ministre chargé de l'Administration territoriale.

judiciaire (OPJ), à la disposition de qui il doit rester[19]. Cette définition de la GAV que l'on peut qualifier d'ordinaire est la même que la GAV en matière de terrorisme. Toutefois, la loi n° 2014/23 du 23 décembre 2014 portant répression des actes de terrorisme déroge au droit commun de la GAV, en prescrivant un régime spécial.

Au sens de la loi de 2008 aujourd'hui abrogée[20], la GAV avait une durée de dix (10) jours renouvelables une fois. Ce délai de privation de liberté était en inadéquation avec le CPP entré en vigueur en 2007. Depuis l'avènement du CJM en 2017, les délais de GAV ont été harmonisés. L'harmonisation dont il s'agit ne concerne pas les actes de terrorisme et assimilés.

Ainsi, aux termes de l'article 11 de la loi de 2014 portant répression des actes de terrorisme, le délai de la GAV est de quinze (15) jours renouvelables sur autorisation du Commissaire du gouvernement.

La première conséquence est que la GAV est une mesure prise par l'OPJ.

La deuxième conséquence est que le Commissaire du gouvernement n'intervient dans ce régime que pour un renouvellement et incidemment pour mettre un terme à la GAV, en cas de non-renouvellement.

Sur ces 02 premiers aspects au moins, le législateur est resté constant, et a conservé comme pour toutes les autres infractions, les pouvoirs de chaque autorité (OPJ et Commissaire du Gouvernement) dans le cadre de cette mesure privative de liberté.

La troisième conséquence est que la GAV peut être renouvelée *ad vitam aeternam*, et n'est donc pas limitée dans le temps. Ce pouvoir à caractère exceptionnel a été voulu ainsi par le législateur, au regard de la gravité des faits et à la recherche des indices.

La quatrième conséquence est qu'il s'agit d'un régime dérogatoire au droit commun, qui n'a rien à voir avec celui d'une GAV normale comme prévu par le CPP. Cela implique, sur le plan pratique, qu'un individu peut être placé sous le régime de la GAV normale, puis sous celui de la GAV pour terrorisme si des indices sont trouvés dans le sens

---

[19] Cf article 118 (1), Loi n° 2005/007 du 27 juillet 2005 portant Code de Procédure Pénale.

[20] Cfarticle 12 (4), Loi n° 2008/015 du 29 décembre 2008 portant organisation judiciaire militaire et fixant les règles de procédure applicables devant les tribunaux militaires.

de cette infraction. Ainsi, un suspect pourrait faire huit (8) jours maxima de GAV normale + 15 jours minimum de GAV pour terrorisme, et éventuellement plus en cas de renouvellement.

Le choix opéré par le législateur relativement au délai de la GAV en matière de terrorisme peut se justifier.

2. Justification

Le législateur a opté pour ces délais en fonction du contexte d'adoption de loi[21]. Le caractère visiblement extensible du temps de privation de liberté lors de GAV semble en adéquation avec les difficultés pratiques auxquelles font face les Officiers de Police Judiciaire (OPJ). La réalité est que les OPJ ne sont pas souvent les premiers sur les lieux de certains actes terroristes commis. À titre d'exemple, une attaque terroriste peut être perpétrée contre les Forces de Défense. Un suspect peut être interpellé au cours de l'assaut, puis remis aux OPJ. Après l'ouverture d'une enquête, ces derniers saisis des faits mettraient ledit suspect en GAV lorsque les indices sont graves et suffisamment concordants, et se rendraient sur les lieux dans le but de recueillir d'autres indices supplémentaires. Des investigations tendant à vérifier la véracité des faits devraient être effectuées. Toutefois, le retard de développement de la zone rendrait difficiles ces investigations pour les OPJ. Quelquefois, il faut se rendre en montagne pour traquer les coauteurs, dans des zones enclavées pour faire avancer l'enquête. D'autres aléas comme la peur des populations ne participent pas à la facilitation de l'enquête. Convaincre des témoins de coopérer alors que ceux-ci ont peur de représailles n'est pas aisé. Ces quelques aspects évoqués imposent généralement que le suspect soit toujours privé de sa liberté, et entraînent conséquemment une privation de liberté un peu plus longue. La même grille de lecture est opérante dans les régions du Nord-ouest et du Sud-ouest. Dans le sens de cette idée, le Professeur MONEBOULOU MINKADA Hervé Magloire pense que la durée illimitée de cette GAV peut se justifier par le caractère *sui generis* de l'infraction terroriste[22]. Le Professeur YAWAGA Spener corrobore cet

---

[21]Cf *supra* note 14.

[22]MONEBOULOU MINKADA Hervé Magloire, « La loi portant répression des actes de terrorisme au Cameroun », *Droit international, droits nationaux et lutte contre le terrorisme en Afrique*, Actes du Colloque international organisé par le Département de Droit international de l'Institut des Relations Internationales du Cameroun (IRIC),

état de fait, en justifiant les délais querellés par la complexité des affaires, et le caractère souvent international des faits qui, notamment dans le cadre de la lutte anti-terroriste, peuvent obliger les OPJ à procéder à des investigations lointaines[23].

Au demeurant, le caractère problématique du régime de la GAV en matière de terrorisme réside dans l'incertitude (garantie par le législateur) du nombre de jours, qu'un suspect pourrait être privé de sa liberté au stade de l'enquête préliminaire. Pour BIKIE Roland, l'instrumentalisation du droit pénal dans la lutte contre le terrorisme semble avoir franchi le rubicond[24]. Il estime que l'analyse de l'article 11 de la loi de 2014 révèle l'institution d'une privation de liberté illimitée, car aucune précision n'est faite sur le nombre de renouvellements autorisés[25].

Cet état de fait contraste avec des délais de GAV peu rallongés dans d'autres pays pour les mêmes raisons[26], et entraine des risques de violation des exigences du procès équitable.

B. Les risques de violation des exigences du procès équitable

Le Cameroun a estimé devoir apporter une réponse brutale au phénomène du terrorisme qu'il subit depuis des années. Toutefois, la

---

Yaoundé, les 8, 9 et 10 juin 2016, Presses de l'UCAC, Yaoundé, Octobre 2017, p. 553.

[23] YAWAGA Spener, *op cit,* p. 67.

[24] BIKIE Fabrice Roland, « Le droit pénal à l'aune du paradigme de l'ennemi », *La Revue des droits de l'homme*, 11/2017, p. 11.

[25]*Idem.*

[26]Cf MNAOURI Abderrafia, *Approche comparée de l'appareil législatif franco-marocain en matière de lutte contre le terrorisme*, Thèse de Doctorat soutenue à l'Université de Perpignan en 2015, pp. 178-179. S'agissant de la France, la loi n° 2006-64 du 23 janvier 2006 relative à la lutte contre le terrorisme énonce des dispositions particulières, dont la possibilité de prolonger le délai de GAV de quatre (4) à six (6) jours en ce qui concerne les suspects d'actes de terrorisme. On observe que dans ce pays, le délai de GAV est déjà prévu par le législateur. Il s'agit d'un délai que l'on peut qualifier de fermé, contrairement au délai du législateur camerounais qui peut être qualifié d'ouvert. Le cas du Cameroun ne saurait certainement faire l'objet de critique sur ce seul détail. Nous avons d'une part un pays développé (France) avec les moyens adéquats lui permettant, dans le cadre d'une enquête préliminaire de recueillir des indices à court terme. Nous avons d'autre part un pays du tiers monde (Cameroun) dont les moyens rudimentaires vont éventuellement imposer la nécessité de priver de sa liberté pour un délai plus long, un suspect d'acte de terrorisme.

loi de 2014 présente des risques de violation des exigences du procès équitable (1). Des perspectives (2) sont toutefois envisageables »

1. Présentation des risques

Aux termes de l'article 9 (3) du PIDCP, « *[t]out individu arrêté ou détenu du chef d'une infraction pénale sera traduit dans le plus court délai devant un juge ou une autre autorité habilitée par la loi à exercer des fonctions judiciaires, et devra être jugé dans un délai raisonnable ou libéré* ». L'élément essentiel ici est la notion de « court délai ».

Le délai est d'abord un espace de temps à l'écoulement duquel s'attache un effet de droit[27]. Si elle n'a pas été définie par les rédacteurs du PIDCP, la notion de délai devrait être comprise par le simple bon sens : un « court délai » ou « délai court » est simplement « délai qui n'est pas long », ou « qui ne s'étend pas dans le temps ».

Or, l'on constate aisément avec le régime de la GAV en matière de terrorisme au travers de la loi de 2014, qu'un individu pourrait faire un nombre considérable de jours privé de liberté, si le chef du parquet militaire ne fait pas montre de professionnalisme (c'est lui qui dirige l'enquête préliminaire), d'où le risque (malheureusement légal) de violation des exigences du procès équitable. Le Professeur MEBU NCHIMI déclare dans ce sens que : « *[...] le pouvoir de prorogation de cette mesure de privation de liberté semble avoir perdu toutes les précautions qui l'entourai[en]t et l'empêchait de devenir un instrument de l'arbitraire. Cette mesure de privation très temporaire de liberté semble s'être sérieusement rapprochée d'une véritable peine d'emprisonnement, puisqu'elle peut être renouvelée indéfiniment. Le Procureur de la République*[28] *étant désormais doté d'un pouvoir de prorogation sans limites [...]* »[29].

En estimant que la spécialisation de la répression du terrorisme exclut les mis en cause en la matière du bénéfice des garanties

---

[27] Cornu Gérard, *Vocabulaire juridique*, 10e édition, « Quadrige », PUF, 2014, 986 p.

[28] Commissaire du Gouvernement devant les juridictions militaires.

[29] MEBU NCHIMI Jeanne Claire, « Les auspices de la loi n° 2014/028 du 23 décembre 2014 portant répression des actes de terrorisme », *RASJ*, n° 2/2016, p.23.

procédurales issues de la loi de 2005, BIKIE Roland[30] semble plus alarmiste sur la question[31].

NLEME ONDJA'A Anicet Joël est encore plus catégorique, lorsqu'il perçoit la GAV en matière de terrorisme comme une irrégularité de la procédure conduisant à la sanction[32]. Il déclare ainsi que « *[l]a loi portant répression des actes de terrorisme [...] entretient cette violation des droits humains. Ce pouvoir de renouvellement concédé au Commissaire du [G]ouvernement constitue une énorme épée de [D]amoclès qui plane sur le présumé terroriste [...] or la loi aurait d[û] fixer au moins les motifs pouvant favoriser ledit renouvellement* »[33].

Le problème fondamental de la procédure en matière de terrorisme devant les juridictions militaires est le délai de GAV. Cette privation de liberté telle que pensée par le législateur dans la loi de 2014 est clairement en déphasage avec les règles du procès équitable. Un délai potentiellement trop long de GAV, bien que légal, qui ne serait plus différent d'une peine de prison, pourrait laisser penser à ce que MONEBOULOU MINKADA Hervé Magloire a appelé « *la crise de la présomption d'innocence* »[34] pourtant garantie par la Constitution[35]. Des perspectives sont envisageables.

---

[30] BIKIE Fabrice Roland, *op cit*, p. 12.

[31] Contrairement au Dr BIKIE Roland, nous ne pensons pas que la justice militaire soit *a priori* hostile aux possibilités légales d'élargissement du suspect à l'enquête préliminaire. En effet, la stricte compréhension des articles 246 (g) ou 584 et suivants du CPP, confrontée à la Loi de 2014 portant répression des actes de terrorisme n'empêche pas leur application. Les Officiers de Police Judiciaire et le Commissaire du Gouvernement demeurent juges de l'opportunité d'élargir un suspect, en fonction du moment de la GAV qui les concerne respectivement et des indices découverts.

[32]NLEME ONDJA'A Anicet Joël, *Droits de l'homme et lutte contre le terrorisme en Afrique : cas du Mali, de la Somalie du Nigéria et du Cameroun*, Thèse de Doctorat/PHD soutenue le 14 février 2020 à l'Université de Yaoundé II-Soa, p. 231.

[33]NLEME ONDJA'A AnicetJoël, *op cit*, p. 232.

[34]MONEBOULOU MINKADA Hervé Magloire, « La crise de la présomption d'innocence : regard croisé sur la procédure pénale camerounaise et de la Cour pénale internationale », *Juridical Tribune*, Volume 4, Issue, décembre 2014, p. 69.

[35]Cf Préambule de la Loi n° 2008/001 du 14 avril 2008 modifiant et complétant certaines dispositions de la Loi n° 96/06 du 18 janvier 1996 portant révision de la Constitution du 02 juin 1972.

2. Perspectives

Il est tout de même intéressant de constater que la réflexion en cours, tendant à la réforme de la loi de 2014, tient compte de cette réalité et apporte une solution supposée avoir un écho favorable chez les défenseurs des droits de l'homme. Ainsi, aux termes de l'article 26 de l'Avant-projet portant prévention et répression des actes de terrorisme et actes assimilés : « *Pour l'application de la présente loi, le délai de garde à vue est de quinze (15) jours renouvelables deux (2) fois sur autorisation du Commissaire du gouvernement* ». L'on constate que le législateur envisage de conserver un régime de privation de liberté à l'enquête préliminaire dérogatoire au droit commun. La spécialité de la poursuite due à la particularité de l'infraction entrainerait ainsi un délai maximal de quarante-cinq (45) jours de GAV.

En attendant cette éventuelle avancée du droit positif, la réalité de la procédure en matière de terrorisme devant les juridictions militaires est manifestement moins critiquable devant la juridiction de jugement.

II. UNE PROCÉDURE ASSEZ CONFORME AUX EXIGENCES DU PROCÈS ÉQUITABLE DEVANT LA JURIDICTION DE JUGEMENT[36]

L'exercice de mise en conformité de la procédure avec les standards internationaux en matière de protection des droits de l'homme auquel

---

[36] La loi de 2014 a prévu que le Tribunal Militaire soit saisi en cas de terrorisme par Ordre de Mise en Jugement Direct (OMJD) (Cf article 12, Loi n°2014/028 du 23 décembre 2014 portant répression des actes de terrorisme). La raison d'être de cet acte de poursuite est questionnable depuis l'avènement de la loi de 2017 portant CJM. L'économie de ce texte (Cf article 19 (2), Loi n°2017/012 du 12 juillet 2017 portant Code de Justice Militaire :
« *Le Tribunal Militaire est saisi par :*
a) Citation directe à la requête du Commissaire du Gouvernement ;
b) Ordonnance de renvoi du Juge d'Instruction ;
c) Arrêt de renvoi de la Chambre de contrôle de l'instruction ;
d) Procès-verbal d'interrogatoire au parquet en cas de flagrant délit ») renseigne en effet sur les modes de saisine du Tribunal Militaire. Nonobstant le fait que l'OMJD soit le mode de saisine par excellence consacré dans la loi de 2014 pour les actes de terrorisme et assimilés, force est de constater que bien qu'ayant conforté la compétence exclusive du Tribunal Militaire en matière de terrorisme, le législateur n'a prévu ce mode nulle part dans le nouveau texte.
Pis encore, l'article 70 de cet instrument juridique dispose que sont abrogées, toutes les dispositions antérieures contraires à la loi portant CJM, notamment, la loi n°2008/015 du 29 décembre 2008 portant organisation judiciaire militaire et fixant

se sont essayés les rédacteurs du CPP était important, non seulement pour l'amélioration de l'image de marque du pays, mais aussi et surtout pour garantir une meilleure protection des droits des personnes confrontées à une accusation de nature pénale[37]. La procédure en matière de terrorisme a profité de cette cure de jouvence, et est aujourd'hui à notre sens, globalement respectueuse des garanties générales (A) et spécifiques (B) du procès équitable.

A. Une procédure respectueuse des garanties générales du procès équitable

Par l'expression « garanties générales », il faut voir des règles entendues sous un prisme global, qui ne concernent pas directement le déroulement du procès *stricto sensu* et qui sont diverses.

1. De la garantie du droit à un tribunal légal, compétent et diligent

En ce qui concerne le respect du droit à un tribunal établi par la loi, le PIDCP renseigne utilement. Aux termes de l'article 14 (1) du Pacte : « *(1) [...]Toute personne a droit à ce que sa cause soit entendue équitablement et publiquement par un tribunal [...] établi par la loi, qui décidera du bien-fondé de toute accusation en matière pénale dirigée contre elle [...]* ».

---

des règles de procédure applicables devant les Tribunaux Militaires. Cette dernière loi prévoyait de manière expresse l'OMJD comme mode de saisine du Tribunal Militaire (Cf article 16 (2), Loi n°2008/015 du 29 décembre 2008 portant organisation judiciaire militaire et fixant des règles de procédure applicables devant les Tribunaux Militaires).

Des débats sont également nés concernant le caractère spécial de la loi de 2014, qui dérogerait à la loi générale que serait le CJM, sans qu'une disposition légale tranche les divers points de vue (Aux termes de l'article 37 de l'Avant- projet de Loi portant prévention et répression des actes de terrorisme et actes assimilés, véritable refonte de la Loi de 2014 portant répression des actes de terrorisme, « *[L]orsque le Commissaire du Gouvernement n'estime pas nécessaire l'ouverture de l'information judiciaire, le suspect est traduit devant le tribunal par voie de citation directe en cas de délit, ou par voie de flagrant délit [...]* ». L'OMJD a été définitivement écarté dans ce texte par le législateur. Pour l'heure, en attendant la réaction du législateur, les praticiens continuent de saisir le Tribunal Militaire soit par OMJD, soit par Ordonnance de renvoi.

[37] MAHOUVE Michel et HEMBO TAKAM GATSING Hermine, *Les droits de l'homme au cœur de la procédure pénale. Entre volonté humaniste et tentations régressives*, BRUYLANT, 2016, p. 23.

Le Tribunal militaire est une juridiction d'instance au sens de l'article 3 de la loi de 2006 portant organisation judiciaire et subséquemment modifiée. Il s'agit donc d'une juridiction prévue dans l'ordonnancement judiciaire camerounais, apte à connaître de toute matière que lui attribuerait la loi, dont le terrorisme.

En ce qui concerne le respect du droit à un tribunal compétent, il est possible de se référer à l'article 7 de la Charte africaine des droits de l'homme et des peuples (CADHP) pour retrouver un fondement juridique.

Le législateur camerounais a dévolu une compétence expresse aux juridictions militaires en cas de terrorisme. Ainsi, aux termes de l'article 1(2) de la loi portant répression des actes de terrorisme, les Tribunaux militaires ont une compétence exclusive en la matière.

En ce qui concerne le respect du droit d'être jugé dans un délai raisonnable, l'article 7 (1-d) de la CADHP prévoit que toute personne a droit à ce que sa cause soit entendue et que ce droit comprend le droit d'être jugé dans un délai raisonnable.

La Constitution camerounaise dispose en son préambule que « *tout prévenu est présumé innocent jusqu'à ce que sa culpabilité soit établie au cours d'un procès conduit dans le strict respect des droits de la défense* ». Une analyse approfondie de cette disposition constitutionnelle amène à penser que le strict respect des droits de la défense implique indubitablement le fait d'être jugé dans un délai raisonnable.

2. Du respect des règles liées a l'indépendance, l'impartialité et la publicité

L'indépendance dans le milieu de la justice se perçoit à deux (02) niveaux : sur un plan institutionnel, et sur un plan fonctionnel.

Sur un plan institutionnel, l'anathème est souvent jeté sur les juridictions militaires, dès lors qu'est évoquée la question de leur indépendance. La réalité est que cela peut se comprendre, tant il est vrai que des éléments factuels entre autres sous-tendent l'absence d'indépendance. La discipline étant la force principale des armées, elle induit *ipso facto* la subordination hiérarchique. Seulement, il faut se rappeler que le magistrat militaire est porteur de 02 casquettes. Il est militaire et magistrat. Une fois nommé[38], le législateur a apporté la garantie légale nécessaire[39] afin de lui permettre d'exercer en toute quiétude ses fonctions[40].

Sur un plan fonctionnel, l'indépendance du magistrat dans l'exercice de ses fonctions relève d'un domaine purement personnel. Le législateur a garanti cette vision, en prévoyant que ce fonctionnaire de la justice ne soit guidé que par la loi et sa conscience[41].

Au quotidien, la pratique des prétoires militaires rend compte que les juges ne font pas relire leurs *facta* par la hiérarchie, avant de rendre leurs décisions. Pour leur formation, les magistrats militaires obéissent aux mêmes critères de sélection que leurs homologues civils à l'école Nationale d'Administration et de Magistrature (ENAM)[42]. Enfin, des magistrats civils sont affectés dans les juridictions militaires, pour éviter non seulement des problèmes pratiques[43], mais aussi pour affiner dans une certaine mesure l'image rigide que ces juridictions pourraient renvoyer.

---

[38] À notre sens, l'indépendance des juridictions militaires gagnerait à être confortée, par l'amélioration du processus d'affectation. Jusqu'à l'année 2021 tout au moins, les magistrats militaires du siège et du parquet sont nommés par décret présidentiel. Cela ne pose pas de problème en soi, c'est par exemple le cas en France. Il serait souhaitable par contre que le processus pour arriver à cette nomination soit amélioré. Ainsi, la mise sur pied d'un Conseil (Supérieur) de la magistrature militaire par exemple, composé de membres que le législateur aura désignés, pourrait faire en sorte qu'une institution gère la carrière des magistrats militaires, à l'instar du Conseil Supérieur de la Magistrature pour les magistrats civils, et que ce soient les propositions de ladite institution qui soient entérinées par le Chef de l'État, sous la forme d'un décret. Cette manière de faire renforcerait l'indépendance institutionnelle déjà garantie comme indiqué.

[39] Cf article 42, Règlement de Discipline Générale.

[40] L'indépendance pourrait être renforcée avec la création d'un organe chargé de la gestion de la carrière des magistrats militaires. Nous pensons à une sorte de Conseil Supérieur de la magistrature militaire, composé de plusieurs entités, qui serait en charge des questions de discipline, sanction, nominations, etc. Le Président de la République pourrait garder le pouvoir de nomination, qui entérinerait simplement le travail fait par cet organe.

[41]Cf article 37 de la Constitution du 2 juin 1972 dernièrement révisée en 2008, et article 5 du Décret n° 95/048 du 08 mars 1995 portant statut de la magistrature et subséquemment modifié.

[42]La formation dure 02 ans pour les auditeurs de justice civils et militaires, et avant la fin de celle-ci, ils font tous des stages d'imprégnation dans les juridictions.

[43] Un Capitaine-magistrat ne peut instruire une affaire dans laquelle un Commandant est poursuivi, un Colonel-magistrat ne peut juger un Général, etc.

L'impartialité est le principe selon lequel les affaires doivent être jugées sur la base de critères objectifs[44]. Telle qu'abordée ici, elle se perçoit sous plusieurs angles. Elle peut renvoyer au principe de séparation des fonctions de justice répressive, à la récusation, ou encore à la règle du double degré de juridiction.

S'agissant de l'impartialité par le principe de séparation des fonctions de justice répressive, il est particulièrement question de convoquer les notions de séparation des fonctions de poursuite et de jugement d'abord, les fonctions de poursuite et d'instruction ensuite, et les fonctions d'instruction et de jugement.

Comme le dit un adage dans le milieu judiciaire, repris dans une certaine mesure dans les articles 14 du PIDCP et 7 de la CADHP : « *Il ne suffit pas que la justice soit rendue, il faut encore que l'on ait le sentiment qu'elle l'ait été* ». À titre d'exemple, le droit positif camerounais a été organisé de telle sorte que le juge soit un arbitre, un observateur averti du procès. Il écoute chaque partie sans prendre position au cours des débats. Dans le cadre de l'instruction, c'est l'occasion de rappeler que contrairement aux juridictions civiles[45], leTribunal militaire depuis sa naissance, n'a jamais connu d'imbrication entre la poursuite et l'instruction. En outre, le juge de la Cour Suprême s'était déjà prononcé dans l'affaire TANEBI Martin Oscar[46], relativement à l'imbrication entre les fonctions d'instruction et de jugement. Il a rappelé à bon droit l'interdiction qui en découle[47] et qui est depuis toujours respectée dans les juridictions militaires.

S'agissant de l'impartialité par la récusation, l'on peut dire que le justiciable peut faire usage de cette modalité au Tribunal militaire par application des articles 591 et suivants du CPP. Elle a par exemple été utilisée à plusieurs reprises dans le cadre du procès SISIKU AYUK TABE et autres[48]. Le fait d'avoir la possibilité de changer le juge en

---

[44] FONKWE FONGANG et EWARE ASHU, *Pratique de la procédure pénale au Cameroun*, Éditions VERITAS, 2019, p. 637.

[45] Entre 1972 et 2007, le ministère public au Cameroun exerçait en même temps les fonctions de magistrat instructeur.

[46] Cour Suprême, Arrêt n° 114 du 23 avril 1963, Affaire TANEBI Martin Oscar c/ Commissaire du Gouvernement, B.A.C.S. n° 8 – 1963 pp. 456-457.

[47] Lire à ce sujet ANOUKAHA François (dir), *Les grandes décisions de la jurisprudence pénale camerounaise*, URDA, juillet 2018, pp. 270 – 271.

[48] Ce procès a fait l'objet du jugement n° 194/CRIM/2019 des 19 et 20 août 2019.

tant que justiciable peut dès lors être vu comme un signe d'impartialité du système judiciaire.

S'agissant de l'impartialité par la règle du double degré de juridiction, ladite règle est effective au Tribunal militaire même en matière de terrorisme, conformément au CPP[49].

Pour sa part, la publicité dans la justice renvoie au droit à une audience publique, ledit droit étant fondé sur l'idée d'une administration ouverte et transparente de la justice, ce qui est une garantie importante pour les intérêts de l'individu et de la société au sens large[50]. La même idée est reprise par l'article 14 du PIDCP : « *Tout le monde a droit à ce que sa cause soit entendue [...] publiquement* ».

La loi n° 2006/015 du 29 décembre 2006 portant organisation judiciaire et subséquemment modifiée rend compte de la publicité, même devant les Tribunaux militaires en matière de terrorisme, en ces termes : « *(1) La justice est rendue publiquement et toute décision est rendue publiquement [...]* »[51].

La procédure en matière de terrorisme devant les juridictions militaires est respectueuse aussi bien aux garanties générales du procès équitable qu'aux garanties spécifiques.

B. Une procédure respectueuse des garanties spécifiques du procès équitable

Par l'expression « garanties spécifiques », il faut par contre comprendre qu'il est fait allusion aux règles qui assurent le maximum de droits à la personne poursuivie. Ces garanties se déclinent en le respect des règles liées au droit de se défendre, des garanties liées au temps (1) et le respect d'autres garanties (2).

---

[49] Cf article 25, Loi n° 2017/012 du 12 juillet 2017 portant Code de Justice militaire.

[50] Comité des droits de l'homme des Nations Unies, Observation générale n° 32 relative au PIDCP.

[51] Cfarticle 6, Loi n° 2006/015 du 29 décembre 2006 portant organisation judiciaire et subséquemment modifiée.

1. Du respect des règles liées au droit de se défendre et des garanties liées au temps

Les règles liées au droit de se défendre concernent par exemple le droit à l'assistance, à la traduction, ou encore au mutisme. Elles sont garanties par exemple à l'article 7 (1-c) de la CADHP.

Le droit à l'assistance renvoie de son côté, entre autres, au fait d'avoir un conseil. Il s'agit d'un droit inaliénable en matière de terrorisme, cette infraction étant passible de la peine de mort[52].

En ce qui concerne le droit à la traduction, l'article 354 (1) du CPP dispose que « *[...] lorsque le prévenu ne s'exprime pas dans l'une des langues officielles comprises des membres de la juridiction ou s'il est nécessaire de traduire un document versé aux débats, le Président désigne un interprète [...]* ».

En ce qui concerne le droit au mutisme, l'article 366 du CPP est lu à peine de nullité de la procédure par le juge, dès lors que les options de faire sans serment toute déclaration pour sa défense, de ne faire aucune déclaration ou de déposer comme témoin sous serment ne sont pas lues à l'audience à la personne poursuivie.

En ce qui concerne la présomption d'innocence[53], elle est constitutionnellement garantie au Cameroun en ces termes : « *Toute personne accusée d'une infraction pénale est présumée innocente jusqu'à ce que sa culpabilité ait été légalement établie* »[54]. À titre d'exemple, à la phase de jugement, dès que le dossier est en état d'être jugé, le procès commence par la phase de l'accusation et éventuellement, avec la suffisance des éléments de preuve, se poursuit par la phase de la défense. La personne poursuivie n'est donc pas *a priori* condamnée parce que poursuivie devant une juridiction militaire.

En ce qui concerne les garanties liées au temps, on peut les voir par exemple dans le respect du droit d'être informé dans les meilleurs délais, prévus par le PIDCP en son article 9 (2). Le Cameroun prévoit

---

[52] Cf article 417, Loi n° 2005/007 du 27 juillet 2005 portant Code de Procédure Pénale.

[53] Cf article 14 (2), Pacte International relatif aux Droits Civils et Politiques du 16 décembre 1966.

[54] Cf Préambule, Loi n° 2008/001 du 14 avril 2008, modifiant et complétant certaines dispositions de la Loi n°96/06 du 18 janvier 1996 portant révision de la constitution du 02 juin 1972

ce droit à divers stades procéduraux, comme illustré aux articles 31 et 167 (1) du CPP.

2. Du respect d'autres garanties

Traitons ici de la consécration du droit de la preuve et du droit de comparaitre en personne.

Pour ce qui est du droit de la preuve, au terme de l'article 14 par. 2 du PIDCP, « *Toute personne accusée d'une infraction pénale est présumée innocente jusqu'à ce que sa culpabilité ait été légalement établie* ».

L'article 307 du CPP pose le principe, et dispose en ce sens que : « *La charge de la preuve incombe à la partie qui engage l'action pénale* ». Toutefois, lorsque la personne poursuivie évoque un fait justificatif ou une cause de non-responsabilité, il lui revient de le prouver.

Pour ce qui est du droit de comparaître en personne, toute personne a le droit d'être présente au procès aux termes de l'article 14 (3) du PIDCP.

Le droit de comparaître est antérieur à celui d'être entendu. Dans ce sens, les articles 361 et 450 du CPP prévoient que l'accusé et son conseil concluent les exposés.

CONCLUSION

La confrontation au droit international, de la procédure en matière de terrorisme devant les Tribunaux militaires, aurait été utopique, d'où une nécessaire circonscription du sujet d'étude. C'est ainsi qu'il a été constaté que dans des pays comme le Cameroun, malgré la violence de l'infraction terroriste ou la gravité du malheur qu'elle entraîne, force est de constater que des efforts ont été faits par le législateur, relativement au respect des règles du procès équitable dans la procédure de répression de cette infraction au Tribunal militaire.

Seulement, un des bémols les plus importants reste le régime de GAV, dont les délais peuvent devenir problématiques. Le Commissaire du Gouvernement a dès lors un rôle fondamental à jouer dans la coordination de l'enquête préliminaire. Il doit s'assurer que le suspect détenu ne passe pas un temps trop long privé de sa liberté. La gestion du risque de dérives liées à la GAV repose donc sur cette autorité.

En attendant, la réaction du législateur, l'Avant – projet de loi portant prévention et répression des actes de terrorisme et actes assimilés, qui sera un amendement de la loi de 2014 portant répression des actes de terrorisme, est une lueur d'espoir à l'horizon. Il est attendu de ce texte qu'il renforce le respect des règles du procès équitable au-delà de la question des délais de GAV./-

BIBLIOGRAPHIE

- **OUVRAGES SPÉCIALISES**

ANOUKAHA François (dir), *Les grandes décisions de la jurisprudence pénale camerounaise*, URDA, juillet 2018, 947 p. ;

CORTEN Olivier, *Méthodologie du droit international public*, Éditions de l'Université de Bruxelles, 2009, 292 p. ;

FONKWE FONGANG et EWARE ASHU, *Pratique de la procédure pénale au Cameroun*, Éditions VERITAS, 2019, 664 p. ;

KEUBOU Philippe, *Précis de procédure pénale camerounaise*, PUA, 2010, 203 p. ;

MAHOUVE Michel et HEMBO TAKAM GATSING Hermine, *Les droits de l'homme au cœur de la procédure pénale. Entre volonté humaniste et tentations régressives*, BRUYLANT, 2016, 588 p. ;

YAWAGA Spener, *La justice militaire au Cameroun. Réflexions à partir d'une discussion article par article du code de justice militaire*, les Éditions du Schabel, 2019, 236 p. ;

- **ARTICLES**

BIKIE Fabrice Roland, « Le droit pénal à l'aune du paradigme de l'ennemi », *La Revue des droits de l'homme*, 11/2017, pp. 1-21 ;

DOUCET Ghislaine, « Terrorisme : définition, juridiction pénale internationale et victime », *Revue Internationale de Droit Pénal*, 2005/3, Vol. 76, pp. 251-273 ;

MEBU NCHIMI Jeanne Claire., « Les auspices de la loi n° 2014/028 du 23 décembre 2014 portant répression des actes de terrorisme », *RASJ*, n° 2/2016, pp. 9-29 ;

MONEBOULOU MINKADA Hervé Magloire, « La crise de la présomption d'innocence : regard croisé sur la procédure pénale camerounaise et de la Cour pénale internationale », *Juridical Tribune*, Volume 4, Issue, décembre 2014, pp. 69-103 ;

- **DICTIONNAIRE**

CORNU Gérard, *Vocabulaire juridique*, 10e édition, « Quadrige », PUF, 2014, 1099 p. ;

- **LÉGISLATION**

INSTRUMENTS JURIDIQUES SUPRA NATIONAUX

- Charte des Nations Unies, 10 décembre 1945 ;
- Pacte International relatif aux Droits Civils et Politiques du 16 décembre 1966 ;
- Charte Africaine des Droits de l'Homme et des Peuples, 26 juin 1981 ;
- Directives de la CADHP sur le procès équitable (Dakar, 1994) ;
- Convention internationale pour la répression des attentats terroristes à l'explosif (1997) ;
- Convention de l'Organisation de l'Unité Africaine sur la Prévention du Terrorisme et la lutte contre le Terrorisme (Alger, juillet 1999) ;
- Convention internationale pour la répression du financement du terrorisme (1999) ;
- Convention internationale pour la répression des actes de terrorisme nucléaire (2005)
- Observation générale n° 32 du Comité des Droits de l'Homme, 2007 ;
- - Règlement n° 01/CEMAC/UMAC/CM du 11 avril 2016 portant Prévention et Répression du Blanchiment des Capitaux et du Financement du Terrorisme et la Prolifération en Afrique Centrale ;

TEXTES NATIONAUX

- Décret n° 95/048 du 08 mars 1995 portant statut de la magistrature, subséquemment modifié ;
- Loi n° 2006/015 du 29 décembre 2006 portant organisation judiciaire et subséquemment modifiée ;

- Décret n° 2007/199 du 07 juillet 2007 portant Règlement de Discipline Générale dans les Forces de Défense ;
- Loi n° 2008/001 du 14 avril 2008 modifiant et complétant certaines dispositions de la loi n° 96/06 du 18 janvier 1996 portant révision de la Constitution du 02 juin 1972 ;
- Loi n° 2008/015 du 29 décembre 2008 portant organisation judiciaire militaire et fixant des règles de procédure applicables devant les Tribunaux militaires ;
- Loi n° 2014/028 du 23 décembre 2014 portant répression des actes de terrorisme ;
- Loi n° 2016-7 du 12 juillet 2016 portant Code pénal ;
- Loi n° 2017/012 du 12 juillet 2017 portant Code de Justice militaire ;

- **JURISPRUDENCE**

COMMISSION AFRICAINE DES DROITS DE L'HOMME

Communication n° 224/98, affaire *Media Rights Agenda c. Nigéria ;*

COUR INTERAMÉRICAINE DES DROITS DE L'HOMME

Affaire Castillo Petruzzi et autres c. Pérou, Arrêt du 30 mai 1999 ;

- **THÈSES**

MNAOURI Abderrafia, *Approche comparée de l'appareil législatif franco-marocain en matière de lutte contre le terrorisme*, Thèse de Doctorat soutenue à l'Université de Perpignan en 2015, 387 p. ;

NLEME ONDJA'A Anicet Joël, *Droits de l'homme et lutte contre le terrorisme en Afrique : cas du Mali, de la Somalie du Nigéria et du Cameroun*, Thèse de Doctorat/ PHD soutenue le 14 février 2020 à l'Université de Yaoundé II-Soa, 462 p. ;

- **AUTRE**

Haut-Commissariat des Nations Unies, *Droits de l'homme, terrorisme et lutte antiterroriste*, Fiche d'information n° 32, 2009, 81 p./-

LA DÉFENSE JUDICIAIRE DES PERSONNES POURSUIVIES POUR TERRORISME AU CAMEROUN : ENJEUX ET DÉFIS

Claude ASSIRA

Professeur de droit à l'Université Catholique d'Afrique Centrale, Avocat au barreau du Cameroun

INTRODUCTION

Depuis de nombreuses années et plus particulièrement depuis le 11 septembre 2001[1], la lutte contre le terrorisme constitue l'une des préoccupations majeures des États. Le Cameroun, autrefois havre de paix, est brutalement devenu il y a quelques années un pays traqué, cerné à la fois par des antagonismes exogènes, importés de ses voisins (attaques répétées sur sa frontière septentrionale par les guérilleros de la secte islamiste Boko Haram, irruptions intempestives dans les zones maritimes avec prises d'otages sur la frontière occidentale par les corsaires du Nigéria, reflux sur la frontière orientale des combattants Seleka et anti-Balaka) et par le harcèlement incessant des combattants sécessionnistes de l'Ambazonie[2]). L'activité de ces groupes a créé la terreur au sein des populations qui habitent les zones où ils opèrent du fait des meurtres barbares perpétrés, des mutilations, des enlèvements, des destructions.

Pour tenter d'apporter des réponses à cette situation exceptionnelle, le Cameroun a, par une loi adoptée subrepticement par le Parlement le 4 décembre 2014 et promulguée par le Président de la République le 23 décembre 2014, décidé de prendre des mesures en matière de lutte contre le terrorisme.

Dès son entrée en vigueur, la loi N° 2014/028 du 23 décembre 2014, portant répression des actes de terrorisme au Cameroun a suscité de

---

[1] Date de la série d'attentats perpétrés aux États-Unis.

[2] L'Ambazonie est la fin ultime recherchée par les sécessionnistes des régions du Nord-Ouest et du Sud-Ouest du Cameroun, qui entendent démembrer le territoire camerounais pour ériger sur ces deux régions un état de ce nom.

vives discussions entre experts et analystes juridiques, organisations de la société civile et acteurs politiques à l'intérieur du pays, du fait de son influence sur les libertés civiques et l'espace public au Cameroun. D'un côté, les partisans de la loi estimaient que bien que l'assassinat, l'association de malfaiteurs, la sédition, la menace, le meurtre, les dégradations, et bien d'autres soient prévus dans le dispositif répressif camerounais, il était utile que le Cameroun se dote d'un dispositif pénal harmonieux et cohérent pour faire face à la montée en puissance de la menace terroriste.

D'un autre côté, les opposants de ce texte, eux, y voient un outil potentiel pour éroder progressivement l'espace de la liberté. Ils prétendent que la loi comporte des dispositions qui peuvent être utilisées pour faire taire les acteurs de la société civile. Leurs critiques portent sur le fait que la notion de terrorisme dans la loi n'est pas définie avec précision et, de ce fait, ouvrirait la voie à toute forme d'interprétation conduisant à l'obstruction des modes d'expression habituellement utilisés par la société civile. Ils indiquent en outre que la loi antiterroriste, qui représente officiellement un effort pour contrer la campagne terroriste de Boko Haram dans certaines parties du pays, a souvent été considérée comme un outil de répression et de contrôle entre les mains du gouvernement.

D'autres encore estiment que la loi antiterroriste est régressive au regard des progrès réalisés par le droit pénal camerounais depuis l'avènement de la démocratie en 1990. La loi a été ainsi considérée comme portant des éléments de violation des principes fondamentaux du droit pénal moderne, avec ses imprécisions dans la définition des infractions terroristes et d'autres concepts connexes inclus dans cette loi, tels que « l'apologie du terrorisme », sans distinction claire entre le terrorisme et la résistance à l'oppression.

Beaucoup estiment que la loi a largement contribué à créer un climat de peur au Cameroun. De fait, de nombreux cas d'arrestations et de détentions d'acteurs de la société civile sur le fondement du terrorisme alors qu'ils n'avaient rien à voir avec le terrorisme ont fait jeter un certain frisson dans les esprits et les comportements individuels et collectifs.

Il est évident que cette loi a eu aussi des incidences sur le travail judiciaire.

Il convient de préciser que le terrorisme tire son origine du mot français « terreur » et se réfère à l'origine, au *terrorisme d'État pratiqué par le gouvernement français* pendant le règne de la terreur. Le mot français dérive du verbe latin « terreo » qui signifie « j'insuffle la peur ». Le « *terrorcimbricus* », renvoyait à la panique et à l'État d'urgence à Rome, causé par l'avancée des guerriers cimbri en 105 Av. J.-C.

De nos jours, cette notion signifie habituellement, le massacre des victimes innocentes par un groupe non gouvernemental avec l'intention de créer une émotion médiatique. Cette définition peut remonter jusqu'à Sergey Netschajew[3] qui s'est réclamé terroriste.

Bien qu'il n'y ait pas de définition synthétique de l'acte terroriste, sont généralement considérés en droit international comme actes de terrorisme, les infractions graves constituées par « *une attaque contre la vie, l'intégrité corporelle ou la liberté des personnes ayant droit à la protection internationale y compris les agents diplomatiques ; l'enlèvement, la prise d'otage ou la séquestration arbitraire ; l'utilisation des bombes, grenades, armes à feu automatiques, ou de lettre ou colis piégés dans la mesure où cette utilisation présente un danger pour les personnes ; ou la tentative de commettre une de ces infractions, ou la participation en tant que coauteur ou complice d'une personne qui commet ou tente de commettre une telle infraction* ».

Le terrorisme est donc tout acte destiné à tuer ou blesser grièvement un civil ou toute personne qui ne participe pas directement aux hostilités dans une situation de conflit armé lorsque par sa nature ou par son contexte, cet acte vise à intimider une population ou à contraindre un gouvernement ou une organisation internationale à accomplir ou à s'abstenir d'accomplir un acte quelconque4. Le terrorisme est considéré comme l'un des plus grands fléaux actuels, en ce sens qu'il répand l'horreur et frappe aveuglément y compris d'innocentes victimes.

Par son caractère de violence aveugle et brutale, il apparaît indéniablement comme un facteur de dénégation de l'humanité.

Les pouvoirs publics dont la mission est la protection des citoyens ne pouvaient donc rester longtemps inertes face au terrorisme. La

---

[3]*Netschajew a fondé le groupe terroriste russe nommé « justice du peuple ».*

[4] Définition générique retenue par la Convention européenne du 10 janvier 2000 pour la répression du financement du terrorisme.

loi 4 décembre 2014 qui vient comme une suite « logique » des instruments internationaux de lutte contre le terrorisme se fonde donc principalement sur la Convention de l'OUA de 1999 et la Résolution 2174 du 28 septembre 2014. Ainsi, le Cameroun a adopté la définition de l'acte terroriste comme prévu à l'article 1 (3) a de la Convention de l'OUA de 1999 alors même que cette définition trop globalisante a souvent été controversée et même contestée.

La référence à cette convention de l'OUA peut surprendre quelque peu le juriste dans la mesure où, pour qu'une Convention ait force exécutoire, il faut que l'État l'ait préalablement ratifiée ; or la Convention de l'OUA n'avait pas été ratifiée par le Président de la République, le Cameroun n'ayant pas jugé nécessaire d'y adhérer.

Quant à la Résolution N° 2178 du 24 septembre 2014 du Conseil de sécurité des Nations Unies, elle traite du terrorisme en tant que phénomène résultant des extrémismes violents liés aux activités des terroristes étrangers. En novembre 2004 déjà, un rapport du Secrétaire Général des Nations Unies, décrit le terrorisme comme toute action menée avec l'intention de tuer ou de blesser des civils, des non combattants, visant l'intimidation de la population ou voulant forcer un gouvernement, une organisation internationale à faire ou à ne pas faire quelque chose.

Dans le préambule de la Résolution, le Conseil de sécurité se dit « gravement préoccupé par la menace terrible et grandissante que font peser les combattants terroristes étrangers, à savoir des individus qui se rendent dans un État autre que dans leur État de résidence ou de nationalité, dans le dessein de commettre, d'organiser ou de préparer des actes de terrorisme, ou afin d'y participer ou de dispenser ou de recevoir un entraînement au terrorisme, notamment à l'occasion d'un conflit armé ».

Ainsi, la loi sanctionne la commission de l'acte terroriste et les activités de financement, de recrutement, de blanchiment des produits du terrorisme, de soutien ou d'apologie des activités de terrorisme dont l'énumération est largement empruntée à la Convention de l'OUA.

Mais, tout en prescrivant des mesures strictes contre le terrorisme, le même Conseil de sécurité prescrit aux États-Membres de veiller à ce que les mesures qu'ils prennent pour combattre le terrorisme soient conformes à toutes les obligations que leur fait le droit international, en particulier le droit international des droits de l'homme, le droit international des réfugiés et le droit international humanitaire. Ainsi, la recherche de l'efficacité dans la lutte contre le terrorisme devra s'inscrire dans la dynamique de respect des droits et libertés fondamentaux, socle de l'État de droit, de sorte que, le droit n'efface pas les droits.

Le Conseil de sécurité indique du reste que le fait de se soustraire à ces obligations internationales particulières comme à d'autres, dont celles résultant de la Charte des Nations Unies, est un des facteurs contribuant à une radicalisation accrue qui favorise le sentiment d'impunité ».

Il était donc important de savoir comment le législateur camerounais avait réussi à traduire dans les faits ces exigences apparemment inconciliables.

La question juridique qui se pose pour l'auxiliaire de Justice est celle de savoir si la répression du terrorisme est conforme aux instruments internationaux qui en constituent la base. Autrement dit, dans quelle mesure influence-t-elle l'œuvre de défense au Cameroun ?

La question est d'importance dans un pays en transition où la promotion et la protection des droits de l'homme, la cohésion sociale et la gouvernance doivent apporter une contribution à la consolidation de l'état de droit au Cameroun.

En effet, les droits de l'homme aujourd'hui ne sont plus de simples déclarations ou catalogues d'intention, mais des engagements exigibles et donc progressivement justiciables.

Nous avons la conviction que la consolidation de l'état des droits au Cameroun ne saurait se faire sans une Justice crédible.

L'urgence de la réflexion sur ce sujet est d'autant importante qu'une Justice qui contient des entorses, peut gravement entacher les fondements de l'État de droit cher à notre pays.

Dans ce contexte, mon souhait est que cette journée cherche à initier un dialogue constructif entre les acteurs de la Justice quotidienne et les autorités compétentes lequel aboutirait à une série de recommandations avec des amendements nécessaires.

L'objectif général de mon propos sera de procéder à une vaste évaluation de l'impact de la lutte antiterroriste sur la vie des citoyens.

Point n'est besoin d'études approfondies pour constater que le jugement des personnes poursuivies pour terrorisme est périlleux à la fois pour des raisons formelles (I) et pour des raisons pratiques (II).

I. LES DIFFICULTÉS D'ORDRE THÉORIQUE DANS LA DÉFENSE JUDICIAIRE DES PERSONNES POURSUIVIES POUR TERRORISME

L'incrimination est aussi floue (A) que les peines sont féroces (B).

A. Une incrimination floue et nébuleuse

La détermination par le législateur de cette infraction déroge aux exigences conventionnelles. Ici, l'élément matériel est défini de manière imprécise (1) tandis que l'élément moral est indéterminé (2) et que le résultat semble indifférent (3).

1. L'élément matériel de l'infraction principale est défini de façon imprécise

L'élément matériel d'une infraction est sa partie visible. Ce qui constitue le trouble à l'ordre social ou l'atteinte à une valeur sociale protégée.

Au nom du principe de la légalité défini à l'article 17 du Code pénal, l'élément matériel de l'infraction doit être défini avec autant de précision que possible par le législateur pour éviter aux citoyens de se retrouver dans les prévisions d'une infraction qui n'apparaissait pas comme telle au moment de ses agissements. Or, le moins que l'on puisse dire de la première lecture de la loi du 23 décembre 2014 est que celle-ci est une constellation confuse de choses imprécises. De fait, la loi brille par une véritable carence conceptuelle et définitionnelle.

Si la loi prétend « *réprimer les actes de terrorisme* »,[5] elle n'en définit aucunement la notion. En effet, l'article 2 *Alinéa 1er* s'est contenté d'un inventaire à la Prévert de comportements qui ne sont pas typiques du terrorisme tels que le fait de « commettre tout acte ou menace d'acte susceptible de causer la mort, de mettre en danger l'intégrité physique, d'occasionner des dommages corporels ou matériels, des dommages de ressources naturelles, à l'environnement ou au patrimoine culturel dans l'intention :

---

[5] *Article 1er de la loi.*

a) d'intimider la population, de provoquer une situation de terreur ou de contraindre la victime, le gouvernement et/ou une organisation nationale ou internationale, à accomplir ou à s'abstenir d'accomplir un acte quelconque, à adopter ou à renoncer à une position particulière ou à agir selon certains principes ;

b) de perturber le fonctionnement normal des services publics, la prestation de services essentiels aux populations ou de créer une situation de crise au sein des populations ;

c) de créer une insurrection générale dans le pays ».

Si on peut comprendre que le Législateur soit soucieux de la protection de la vie et de l'intégrité physique des personnes physiques, on a du mal à comprendre l'alinéa 3 qui prévoit que l'infraction est constituée lorsque les conséquences prévisibles des actes visés aux alinéas 1 et 2 sont… la maladie d'animaux ou la destruction de plantes !!!

De même, aux termes de l'alinéa 4, les infractions visées aux alinéas 1, 2 et 3 ci-dessus sont caractérisées même en cas de guerre officiellement déclarée.

La loi punit également :

« (1) celui qui procède au recrutement et/ou à la formation des personnes en vue de leur participation aux actes de terrorisme, quel que soit le lieu de commission.

(2) Est puni de la peine prévue à l'alinéa 1er ci-dessus :

a) celui qui fait des offres, des promesses de dons, des présents ou avantages quelconques à autrui pour qu'il participe à un groupement formé ou à une entente établie pour réaliser des actes de terrorisme ;

b) celui qui menace ou fait pression sur autrui pour qu'il participe à un groupement formé ou à une entente établie pour réaliser des actes de terrorisme.

(3) Est puni d'un emprisonnement de dix (10) à vingt (20) ans celui qui, volontairement, s'enrôle ou se forme dans un groupe terroriste à l'étranger, dans l'intention de commettre des actes de terrorisme sur le territoire national. »

On peut toutefois s'interroger sur la compatibilité de loi aux dispositions de la Convention des Nations Unies pour la répression du financement du terrorisme signée à New York le 10 janvier 2000, et à laquelle le Cameroun est partie, et dont l'article 3 prévoit *expressisverbis* qu'il n'y a pas acte de terrorisme « *lorsque l'infraction est commise à l'intérieur d'un seul État et, que l'auteur présumé est un national [...]* ».

Le Législateur camerounais n'a pas cru devoir s'encombrer de cette exclusion pourtant fondamentale. De la sorte, par son caractère imprécis, la loi paraît assez globalisante pour interdire même l'expression collective pacifique ou non de désaccords socioprofessionnels, sociaux ou politiques et assimiler ainsi de simples manifestations de mécontentement envisageables dans toute société démocratique à du terrorisme susceptible de tomber sous le coup de la nouvelle loi. D'où les craintes pour les libertés publiques.

2. L'élément moral est indéterminé

Pour établir la responsabilité pénale d'un individu, il faut rechercher l'agir volontaire et l'agir intentionnel. Ces deux composantes renvoient à ce qui est qualifié d'élément moral ou psychologique de l'infraction. Il s'agit de l'état d'esprit du délinquant. C'est la connaissance qu'il avait de ses agissements et des conséquences de ceux-ci : le dol. Traditionnellement, on distingue le dol général des dols particuliers qui mettent en exergue *l'animus necandi* c'est-à-dire l'acceptation des conséquences comme prévues par le texte d'incrimination.

Cela suppose une véritable intention criminelle et non pas simplement une faute, par définition, non intentionnelle.

Traditionnellement, l'élément moral se distingue assez facilement de l'élément matériel. Toutefois, dans quelques rares infractions, les deux se confondent. Par exemple, l'acte d'étranglement sur autrui comporte l'intention incontestable de donner la mort.

La difficulté dans la définition adoptée par la loi du 23 décembre 2014 résulte dans le fait que le législateur intègre le mobile dans les éléments constitutifs de l'infraction. Comment lire sans risque d'erreur l'intention d'intimider ?

Normalement, lorsque le législateur envisage, comme c'est le cas en matière criminelle l'élément moral sous la forme d'une intention criminelle, il appartient au ministère public de démontrer l'intention criminelle spécifique exigée par le législateur. Toutefois, dans un système judiciaire où l'indépendance et l'impartialité sont entièrement à conquérir, il est à craindre que l'élément matériel ait été délibérément envisagé de façon confuse par le législateur, pour exonérer l'auteur de la poursuite de son obligation probatoire.

Cela est d'autant plus regrettable que le résultat semble indifférent dans la constitution de l'infraction.

3. Indifférence du résultat

D'une manière générale, le droit camerounais prend en compte l'activité délictueuse, même lorsque le résultat n'est pas atteint, soit parce que l'infraction était *ab initio*, impossible, soit parce que, amorcée, l'exécution a été interrompue, par une circonstance ne dépendant pas de la volonté de l'auteur, comme c'est le cas en matière de tentative.

Le législateur camerounais prévoit que le résultat est indifférent dans l'infraction terroriste. En d'autres termes, même si le résultat souhaité par l'auteur présumé d'acte de terrorisme n'est pas atteint, l'infraction reste néanmoins punissable.

Cette conception large permet d'inclure plus facilement les acteurs de la société civile dans le champ de la répression.

4 .La complicité est envisagée de façon ambiguë : l'auteur principal emprunte la criminalité et la pénalité du complice

Dans sa compréhension traditionnelle, la complicité est une participation accessoire à l'infraction, laquelle suppose donc une infraction principale.

La définition traditionnelle de la complicité comme envisagée par l'article 97 du Code pénal camerounais suppose des actes matériels d'aide, d'assistance ou de fourniture de moyens apportés par le complice à l'auteur principal dans la réalisation de l'infraction.

Or, le Législateur camerounais semble avoir défini la complicité de façon autonome. Aussi, punit-il le recrutement et la formation qui sont des aides et des facilités accordées au terrorisme, puisque l'alinéa 1er de l'article 5 prend en compte l'activité de celui qui procède au recrutement et/ou à la formation des personnes en vue de leur participation aux actes de terrorisme quel que soit le lieu de commission.

Quant à l'alinéa 2 indiqué ci-dessus, il prévoit le cas de celui qui :

a) fait des offres, des promesses de dons, des présents ou avantages quelconques à autrui pour qu'il participe à un groupement formé ou à une entente établie pour réaliser des actes de terrorisme ;

b) menace ou fait pression sur autrui pour qu'il participe à un groupement formé ou à une entente établie pour réaliser des actes de terrorisme.

(3) volontairement, s'enrôle ou se forme dans un groupe terroriste à l'étranger, dans l'intention de commettre des actes de terrorisme sur le territoire national.

(4) Dans les cas prévus à l'alinéa 2 ci-dessus, l'infraction est consommée même si l'incitation à participer au groupement et à l'entente n'a pas été suivie d'effets.

Dans le même ordre d'idées, l'alinéa 2 de l'article 2 prend en compte le comportement de « celui qui :

a) fournit et/ou utilise des armes et matériels de guerre,

b) fournit et/ou utilise des micro-organismes ou tous autres agents biologiques, notamment des virus, des bactéries, des champignons ou des toxines ;

c) fournit et/ou utilise des agents chimiques, psychologiques, radioactifs ou hypnotisants » ;

Mais, la répression de la complicité suppose également que le complice a eu l'intention de s'associer à l'activité criminelle envisagée par l'auteur principal. Ainsi la loi exige que le complice ait agi dans le but d'« (...) atteindre les mêmes objectifs que ceux précisés à l'alinéa 1 ci-dessus ».

Or, il y a dans la loi du 23 décembre 2014 un risque manifeste de distorsion entre l'intention du « complice » et celle de l'auteur principal. En d'autres termes, le « complice » présumé peut parfaitement avoir fourni à son insu les matériels cités par la loi à une personne qui ne connaissait ni le contenu du colis, ni l'usage auquel il était destiné. Pourtant, le seul fait d'avoir reçu ce matériel le rend punissable.

Il est à se demander pourquoi le Législateur n'a pas simplement reconduit la notion de complicité qui fonctionne si bien dans le dispositif répressif actuel.

Avec la loi du 23 décembre 2014, la complicité devient une infraction autonome punissable même en l'absence d'une infraction principale non punissable. Désormais, c'est l'auteur principal qui emprunte sa criminalité et sa pénalité au complice.

5. L'élargissement de la répression au blanchiment des produits du terrorisme

L'article 4 de la loi punit :

(1) celui qui acquiert, recèle, détient, convertit, transfère, dissimule ou déguise des biens constitutifs des produits des actes de terrorisme.

(2) Celui qui utilise ou partage, même occasionnellement les produits des actes de terrorisme.

Le Législateur a étendu la répression au blanchiment des produits du terrorisme. Cette idée est plutôt en soi appréciable. Le blanchiment est une infraction de conséquence. En d'autres termes, le Législateur a voulu traquer l'activité terroriste jusque dans ses produits dérivés. L'ennui c'est qu'avec la conception large de l'acte terroriste adoptée par le législateur camerounais, le « blanchiment » apparaît comme un filet supplémentaire pour ratisser large, même au-delà de l'acte terroriste proprement dit.

C'est dans ces conditions que de nombreux journalistes qui ont, dans le cadre de leur activité professionnelle, détenu des éléments plus ou moins en lien avec des groupes terroristes présumés se sont vus poursuivis pour blanchiment de produits du terrorisme.

6. L'apologie est énoncée avec le même flou

L'apologie du terrorisme ou l'incitation aux actes de terrorisme est toute action de communication publique présentant sous un jour favorable des actes terroristes, ou ceux qui les ont commis. La justification de tels actes est également considérée comme une apologie.

B. Une répression autoritaire et excessive

La Convention de l'OUA de 1999 engage les États parties à *"(...) établir comme crimes des actes terroristes"*. Tous les comportements prévus par le législateur au titre de la loi du 4 décembre 2014 ont dès lors été criminalisés à l'extrême.

1. La banalisation de la peine de mort

À l'heure où le Cameroun a entendu, par un Code de procédure pénale entré en vigueur au début de l'année 2007, s'ancrer dans la tradition des pays modernes disposant d'un système juridique protecteur des droits de l'homme, il est permis de s'interroger sur la banalisation de la peine de mort adoptée par le Législateur de 2014.

Il ne saurait être question dans cette réflexion, de trancher dans l'absolu, en faveur de l'abolition ou non de la peine de mort. Même des nations démocratiques continuent à prévoir la peine de mort dans leur arsenal répressif. Ce qui choque, c'est la facilité avec laquelle le législateur édicte cette sanction extrême, compte tenu des imprécisions relevées plus haut.

2. Autres particularités de la répression

Elles ont trait à l'institution des peines-plancher (2.1), de peines accessoires (2.2), au caractère imprescriptible de l'action publique et des peines (2.3).

2.1. Institution des peines-plancher

L'article 13 de la loi évoque les circonstances atténuantes et prévoit que pour l'application de la présente loi, et en cas d'admission des circonstances atténuantes :

- (1) la peine d'emprisonnement ne peut être inférieure à dix (10) ans ;
- (2) la peine d'amende ne peut être inférieure à vingt millions (20 000 000) de francs CFA.
- (3) dans tous les cas, le sursis ne peut être accordé.

En d'autres termes, la loi prévoit des peines-plancher et empêche toute possibilité de sursis[6].

Cette façon de procéder heurte le juriste, puisqu'elle constitue une limitation, à notre sens, *abusive* des pouvoirs d'individualisation et d'indulgence du juge.

2.2. Les peines accessoires

Aux termes de l'article 14, « dans les cas prévus aux articles 2, 3, 4, 5, 6 et 7 ci-dessus, la juridiction compétente, en cas de condamnation, prononce en outre les peines accessoires prévues à l'article 19 du Code pénal ».

2.3. Imprescriptibilité de l'action publique et des peines

L'article 15 instaure l'imprescriptibilité de l'action publique en ces termes « Pour l'application de la présente loi, l'action publique et les peines prononcées par les juridictions compétentes sont imprescriptibles ».

La prescription est l'effet, en l'occurrence extinctif du temps sur un droit ou sur une action. Elle empêche l'engagement de l'action publique ou l'exécution de la peine si le condamné y avait échappé.

On la justifie soit par l'évanescence des preuves du fait, qu'elles se sont amenuisées avec le temps, soit par la nécessité de sanctionner l'inaction des autorités de poursuites qui n'ont pas agi, soit enfin, par le fait que la peur d'être arrêté a déjà constitué une sanction suffisante pour le délinquant.

Aux termes des dispositions du Code de procédure pénale, la prescription des crimes est de dix (10) ans pour l'action publique et de vingt (20) ans pour la peine.

Bien que ces délais soient relativement longs, la jurisprudence fait montre de réticence à admettre la prescription qui conduit à l'impunité. Pourtant, seules étaient légalement imprescriptibles à ce jour, les

[6] Il s'agit ni plus ni moins d'une reprise des dispositions des articles **184** et suivants du Code pénal sur le détournement de biens publics.

infractions prévues par le Statut de Rome, à savoir les crimes contre l'humanité, le génocide, les crimes de guerre[7], etc.

Le législateur camerounais vient rajouter à cette liste le terrorisme.

Compte tenu de la gravité de l'infraction de terrorisme, la disposition législative prescrivant l'imprescriptibilité n'appelle aucune observation particulière, mis à part la nécessité de déterminer avec précision la définition des comportements constitutifs d'infraction.

C. Les autres difficultés d'ordre non opérationnel

Le manque de formation et de spécialisation des Avocats aux questions de terrorisme est une préoccupation.

Les accusés souvent survoltés et fanatisés contestent même le système judiciaire qui les juge et ses règles.

II. LES DIFFICULTÉS D'ORDRE PRATIQUE DANS LA DÉFENSE JUDICIAIRE DES PERSONNES POURSUIVIES POUR TERRORISME

A. Un cadre processuel contestable

La compétence exclusive du Tribunal militaire nous semble injustifiée (3.1), et les délais de garde à vue sont, pour le moins, anormaux (3.2).

1. La compétence contestable du tribunal militaire

La République du Cameroun a ratifié de nombreuses conventions internationales en matière de droits de l'homme et de promotion des valeurs démocratiques, au rang desquelles les plus significatives au titre du droit au procès équitable consacrant à tous les citoyens des garanties judiciaires fondamentales sont :

- Le PIDCP au plan universel (articles 6, 8, 9, 10 et 14)
- La CADHP au plan régional (articles 5 et 7)

Les dispositions de droit international ainsi évoquées sont, en vertu du monisme camerounais, non seulement d'application obligatoire,

---

[7] Intégrées dans notre législation nationale par la loi du 12 juillet 2017 portant code de justice militaire en son article 8.

mais également d'application directe, à la lecture synchronisée de deux dispositions légales de grande importance.

D'une part, l'article 45 de la Constitution du Cameroun énonce avec pertinence que *« Les traités ou accords internationaux régulièrement approuvés ou ratifiés ont, dès leur publication, une autorité supérieure à celle des lois, sous réserve pour chaque accord ou traité, de son application par l'autre partie ».*

D'autre part, suivant l'article 2 (1) du Code pénal, *« les règles de droit international ainsi que les traités dûment approuvés ou ratifiés s'imposent au présent code ainsi qu'à toute disposition pénale ».*

Au demeurant, la consécration des droits fondamentaux est assurée par la Constitution, dont le préambule *« affirme son attachement aux libertés fondamentales inscrites dans la Déclaration universelle des droits de l'homme, la Charte des Nations Unies, la Charte africaine des droits de l'homme et des peuples et toutes les conventions internationales y relatives et dûment ratifiées, notamment aux principes (...). L'État garantit à tous les citoyens de l'un et l'autre sexes, les droits et libertés énumérés au préambule de la Constitution ».*

Au surplus, le Cameroun dispose d'un arsenal significatif de lois tendant à internaliser les standards internationaux.

Dans cet esprit, le Cameroun s'est engagé dans de nombreuses initiatives visant l'amélioration de la gouvernance et l'état de droit.

La loi prévoit des dispositions spéciales dérogatoires du droit processuel commun. Aux termes de l'alinéa 3 de l'article 1er de la loi, « les infractions prévues par la présente loi relèvent de la compétence exclusive des juridictions militaires ».

L'article 12 ajoute que « pour l'application de la présente loi, le Tribunal militaire est saisi par ordre de mise en jugement direct du Commissaire du Gouvernement ».

Cette attribution de compétence au tribunal militaire est étonnante, puisque le terrorisme n'est pas le seul fait de militaires de profession.

Bien que l'article 8 de la Loi N° 2017/012 du 12 juillet 2017 portant Code de Justice militaire qui précise la compétence d'attribution du Tribunal militaire prévoit sa compétence pour des faits susceptibles d'être reprochés à des civils, la compétence du Tribunal militaire pour les civils est en contradiction avec les règles de droit international.

En effet, il résulte de : a) Les Directives et principes sur le droit à un procès équitable et à l'assistance judiciaire en Afrique émis par la Commission Africaine des Droits de l'Homme et des Peuples, *« Les Tribunaux militaires ont pour seul objet de connaître des infractions d'une nature purement militaire commises par le personnel militaire »* ;

Aux termes du c) de ce texte, *« Les Tribunaux militaires ne peuvent, en aucune circonstance, juger des civils. De même, les juridictions spéciales ne connaissent pas des infractions qui ressortissent de la compétence des Tribunaux ordinaires. »* ;

Selon l'article R, *aucune circonstance, qu'il s'agisse d'une menace de guerre, d'un état de conflit armé international ou interne d'instabilité politique interne ou de toute autre situation de danger public, ne peut être invoquée pour justifier des dérogations au droit à un procès équitable* ;

Ce texte de valeur supra légale est applicable au Cameroun dans les conditions ci-dessus rappelées et par conséquent, aucun civil ne devrait être jugé par un Tribunal militaire ;

Cette compétence de la Justice militaire camerounaise a déjà été condamnée aussi bien par le Comité des Droits de l'Homme que par la Commission elle-même dans l'affaire Ebenezer Derek MBONGO AKWANGA c/ Cameroun Communication N°1813/2008.

Il faut dire que la position de la Commission est restée ambiguë, puisqu'elle semble indiquer que la compétence des tribunaux militaires ne constituerait en soi une violation du droit que pour autant qu'elle constitue un prolongement de l'exécutif.

L'observation générale N° 32 relative à l'article 14 du pacte international relatif aux droits civils et politiques du Comité des droits de l'homme des Nations Unies relève l'existence dans de nombreux pays, de tribunaux militaires ou d'exception qui jugent des civils. Elle observe à cet égard que, *« le jugement des civils par les tribunaux militaires ou d'exception peut soulever de graves problèmes s'agissant du caractère équitable, impartial, et indépendant de l'administration de la justice »*.

En outre, selon la doctrine du Comité des droits de l'homme des Nations unies, *le jugement des civils par les tribunaux militaires doit être limité aux cas où l'État-partie au Pacte International sur les Droits Civils et Politiques peut démontrer que le recours à de tels tribunaux est nécessaire et justifié par des raisons objectives et sérieuses* (com.N°1172/2003, Madani c/ Algérie,§ 8.7) ;

En l'état actuel des choses, tel n'a pas été le cas, tout spécialement, d'une personne jugée par le tribunal militaire de Yaoundé pour des accusations de sécessionnisme, les autorités camerounaises n'ayant pas démontré la nécessité d'avoir recours à un Tribunal militaire dans ce cas-là *(com. N° 1813 : 2008, MBONGO AKWANGA c/ Cameroun).*

Il n'est pas vain de préciser que la commission africaine des droits de l'homme, quant à elle, est plus contraignante dans ses directives et principes sur le droit à un procès équitable et affirme l'interdiction pour le Tribunal militaire de juger des civils. Elle explique que les tribunaux militaires ont pour seul objet de connaître des infractions d'une nature purement militaire commises par le personnel militaire, mais qu'en revanche les Tribunaux militaires « *ne peuvent en aucune circonstance juger des civils* ». Cette même interdiction est rappelée dans les directives de la lutte contre le terrorisme édictées par la même commission (partie 4) ;

L'État du Cameroun a d'ailleurs déjà été sanctionné pour de tels faits par la Commission Africaine des Droits de l'Homme et des Peuples (com N°284/04, Titanji Duga Enest c. Cameroun) ;

Dès lors, ils résultent des engagements internationaux qu'il a ratifiés, l'ensemble de ces principes s'impose à l'État du Cameroun, à sa justice, ainsi qu'à toute procédure ayant vocation à appliquer sa loi pénale ;

Il est incontestable que l'article 45 de la Constitution du Cameroun confère aux traités ou accords internationaux régulièrement ratifiés la primauté sur la norme interne, principe dont la Cour suprême camerounaise assure scrupuleusement le respect (arrêt N° 21/civ. Du 15 janvier 2010, Omais Kassim).

L'article 2(1) du Code pénal camerounais quant à lui précise que « les règles de droit international, ainsi que les traités dûment promulgués et publiés s'imposent au présent code, ainsi qu'à toute disposition pénale ».

Qu'il s'ensuit que, tous ces principes interdisent que des civils à l'instar de la requérante fassent l'objet des poursuites devant les instances militaires.

Sur ce point, la loi de 2014 est en décalage avec les dispositions du droit international.

2. Autres particularités processuelles

Le législateur a cru devoir instituer des délais de garde à vue exorbitants du droit commun (3.2.1.) ainsi que des cas d'exemptions de poursuite (3.2.2.).

2.1. Institution de délais de garde à vue exorbitants du droit commun

L'article 11 quant à lui, prévoit des conditions de Garde à vue en ce qui concerne les délais de garde à vue. Ainsi, pour l'application de la loi, le délai de la garde à vue est de quinze (15) jours renouvelables sur autorisation du Commissaire du Gouvernement.

Il convient de préciser que la loi ne précise pas le nombre de renouvellements possibles. De sorte qu'une garde à vue en matière de terrorisme peut durer plusieurs mois. Ainsi, dans le cas des personnes interpellées à Abuja en janvier 2018, et qui se revendiquaient de l'appartenance à l'État imaginaire de l'Ambazonie, elles ont été placées en garde à vue sous le régime du secret pendant plus de sept mois dans les locaux du secrétariat d'État à la Défense à Yaoundé.

Il s'agit d'une violation grossière et anormale des droits de la défense et des engagements internationaux du Cameroun.

2.2. Exemption de poursuites

L'article 16 prévoit les cas d'exemption de poursuites en ces termes :

Est exempte de poursuite toute personne physique ou morale qui, s'étant concertée avec autrui pour commettre un acte de terrorisme et avant tout commencement d'exécution :

- (1) en donne connaissance à l'autorité administrative, judiciaire ou militaire ;
- (2) permet d'éviter par tous les moyens la réalisation de l'infraction ;
- (3) permet d'identifier ses coauteurs ou complices.

Le législateur a entendu récompenser ceux qui s'étant engagés dans un processus infractionnel décident, d'eux-mêmes, et avant tout commencement d'exécution, de dénoncer le projet et les coauteurs ou complices.

Les organisations de la société civile qui sont souvent des ONG chargées de la défense et de la protection ou des journalistes tenus au secret de leurs sources ne peuvent pas bénéficier de ces dispositions.

B. Autres pratiques anormales non prévues par la loi

1. Des délais de justice non raisonnables

Les Accords, Conventions et Traités internationaux, ratifiés par le Cameroun (Déclaration Universelle des Droits de l'Homme de l'ONU, Convention Africaine des Droits de l'Homme et des Peuples ; Pacte des Nations Unies sur les Droits Civils et Politiques...), reconnaissent à tout justiciable le droit à un procès équitable dans un délai raisonnable.

Soit la justice est lente, soit elle est trop rapide[8].

2. Détentions arbitraires et abusives et atteintes à la présomption d'innocence

Dans la grande majorité des cas, les personnes poursuivies sont systématiquement placées en détention provisoire. Le principe est donc la détention et la liberté l'exception.

Certains de ces accusés et prévenus sont détenus sans jugement pendant plusieurs mois.

Par ailleurs, *l'instruction est menée uniquement à charge***.**

Les juges d'instruction refusent systématiquement d'entreprendre les actes de nature à corroborer les déclarations des accusés sur les actes pour lesquels ils sont poursuivis.

Au plus fort, les juges refusent systématiquement de prendre en compte les éléments de décharge obtenus par la défense, au motif qu'ils ne constituent pas des preuves primaires ou secondaires.

Les droits de la défense se trouvent compromis par la volonté acharnée de conserver en détention, sans le moindre élément probant.

Il s'agit d'atteintes aux exigences du procès équitable.

---

[8] Dans le cas des leaders sécessionnistes, elle a revêtu les deux caractéristiques.

3. Aggravation des conditions de détention

Un lieu de détention a été créé dans un camp militaire à Yaoundé, notamment au secrétariat d'État à la Défense. Cette situation aggrave l'isolement des détenus, puisque les conditions de visite sont rendues plus difficiles, et le personnel professionnel normalement assigné aux services pénitenciers, absent.

Bien évidemment, les problèmes classiques que sont la surcharge et l'insalubrité, etc. n'ont pas été réglés.

Le plus grave est l'absence de cadre général permettant des correctifs. Les autorités en charge de la justice se réfugient parfois hypocritement derrière la séparation des pouvoirs ou derrière la chose jugée.

Quand elles s'y mettent, elles ne procèdent qu'à des réformes cosmétiques et de pure convenance personnelle ou politique.

Malheureusement, les organisations de la société civile, les ONG s'intéressent trop peu à l'administration de la justice qui constitue dans cette matière.

CONCLUSION

- Une réécriture de la loi antiterroriste de 2014 s'impose au regard des exigences sécrétées par les textes internationaux de promotion et de protection des droits de l'homme. Des précisions sont attendues sur le mot et la formule des incriminations des actes terroristes afin de ne pas en faire des fourre-tout.
- Supprimer la peine de mort pour les comportements qui causeraient des dommages matériels, aux ressources naturelles, à l'environnement ou au patrimoine (cf. art. 2 loi de 2014).
- Prévoir des délais pour la garde à vue et la détention provisoire.
- Faire de l'acte de terrorisme une infraction de droit commun relevant de la juridiction de droit commun.
- Il faut être très attentif sur la nomenclature qui sert à articuler le texte. Notamment garantir la cohérence, la conformité et la mise en forme.

BIBLIOGRAPHIE

- Déclaration Universelle des Droits de l'Homme
- Convention Africaine des Droits de l'Homme et des Peuples
- Pacte des Nations Unies sur les Droits Civils et Politiques
- Loi N° 2016/007 du 2 juillet 2016 portant code pénal
- Loi N° 2014/028 du 23 décembre 2014 portant répression des actes de terrorisme

Fabrice Roland Bikie, « Le droit pénal à l'aune du paradigme de l'ennemi », *La Revue des droits de l'homme* [En ligne], 11 | 2017, mis en ligne le 23 décembre 2016, consulté le 01 mai 2019. URL : http://journals.openedition.org/revdh/2789;DOI:10.4000/revdh.2789

FIACAT's contribution to the consultation for the Report of the High Commissioner on "Terrorism and human rights"

Boris Bertolt ; « L'ennemi est parmi nous ». Les usages politiques de la loi antiterroriste au Cameroun. « The Enemy is Among Us » : *Political Uses of the Anti-Terror Law in Cameroon. Le Journal des anthropologues.* N° 154-155, 2018, pp 85-108.

Ninon Grangé ; « Le paradoxe du terrorisme. Pour une théorie des Passions politiques ». *La Documentation française* ; « Les Champs de Mars » 2011/2 N° 22, pp 31-50 ISBN 9782110087669- Article disponible en ligne à l'adresse : https://www.cairn.info/revue-les-champs-de-mars-ldm-2011-2-page-31.htm

Chris YANA ; « La problématique de la responsabilité pénale des enfants impliqués dans les actes terroristes de Boko Haram au Cameroun ». Mémoire présenté en vue de l'obtention du grade de maitrise en droit, Université de Montréal, Faculté de droit, LL.M. février, 2018

- Déclaration du RECODH sur la Loi N° 2014/028 du 23 décembre 2014 portant répression des actes de terrorisme. Décembre 2014.
- Cas d'application de la loi antiterroriste dans les juridictions :
    - o Crise anglophone ; arrestation des membres du consortium de la société civile, Mancho BBC,
    - o Lutte contre Boko Haram : cas des journalistes convoqués et/ou arrêtés, cas des enfants arrêtés pour avoir partagé des sms parlant de Boko Haram, etc.

LE BILAN QUANTITATIF ET SOCIOLOGIQUE DE LA RÉPRESSION JUDICIAIRE CONTRE LE TERRORISME AU CAMEROUN

Didier SIPA

Docteur Colonel-magistrat
Directeur de la Justice militaire

INTRODUCTION

L'activité des Tribunaux militaires au Cameroun est de plus en plus soumise à critiques (positives ou négatives) par plusieurs observateurs[1]. Cela est certainement dû au fait qu'ils soient sollicités de manière récurrente ces dernières années, en grande partie en rapport avec la situation sécuritaire du pays, liée au terrorisme.

Cette infraction a été définie à profusion, tel que rappelé par le Professeur MONEBOULOU MINKADA Hervé Magloire[2] par plusieurs doctrinaires à l'instar d'Éric DAVID[3], Gérard CORNU[4], Jean

[1] Amnesty International, *Bonne cause, mauvais moyens : atteintes aux droits humains et à la justice dans le cadre de la lutte contre BokoHaram au Cameroun*, 2016, pp. 1-59.

[2]MONEBOULOU MINKADA Hervé Magloire, « La loi portant répression des actes de terrorisme au Cameroun », *Droit international, droits nationaux et lutte contre le terrorisme en Afrique*, Actes du Colloque international organisé par le Département de Droit international de l'Institut des Relations Internationales du Cameroun (IRIC), Yaoundé, les 8, 9 et 10 juin 2016, Presses de l'UCAC, Yaoundé, Octobre 2017, p. 546.

[3]L'acte de terrorisme est considéré en général, comme un acte de violence grave commis par un individu ou un groupe d'individus contre des personnes innocentes dans la poursuite d'un objectif idéologique. DAVID Eric, *Élément de droit pénal international : La répression nationale et internationale des infractions internationales*, Bruxelles, 4ᵉed. Bruylant, 1994, p. 212.

[4]« *Le terrorisme est l'ensemble d'actes de violence commis par une organisation politique pour renverser le gouvernement* ». CORNU Gérard, *Vocabulaire juridique*, Paris, 7ᵉ éd., Association Henri CAPITANT, 1995, p. 177.

SALMON[5] ou encore Henri DONNEDIEU DE VABRES[6]. Si un consensus n'a pas encore été trouvé autour d'une définition, nous retiendrons dans le cadre de cette réflexion celle du droit positif camerounais, qui définit ce fléau comme tout acte ou menace d'acte en violation des lois pénales de l'État susceptible de mettre en danger la vie, l'intégrité physique, les libertés d'une personne ou d'un groupe de personnes, qui occasionne ou peut occasionner des dommages aux biens privés ou publics, aux ressources naturelles, à l'environnement, au patrimoine culturel, et commis dans l'intention d'intimider, provoquer une situation de terreur forcer, exercer des pressions ou amener tout gouvernement à engager une initiative ou s'en abstenir, adopter ou renoncer à une position particulière, de perturber le fonctionnement normal des services publics, la prestation de services essentiels aux populations ou de créer une situation de crise au sein des populations, de créer une insurrection générale dans le pays[7].

Courant 2013, le Cameroun a commencé à subir les effets du terrorisme. Il n'est pas difficile de se rappeler les enlèvements du prêtre français Georges VANDENBEUSCH, ou de la famille MOULIN-FOURNIER. À ce moment, il s'agissait d'exactions qui étaient commises, dans le but de se faire payer des rançons. Les forces de défense camerounaises n'étaient pas attaquées de manière frontale. La donne a changé en 2014, avec une vague sans précédent d'attaques.

La fin d'année 2016 a par ailleurs permis d'observer les revendications de divers corps sociaux, qui ont été en quelque sorte un déclencheur de la crise dans les régions du Nord-ouest et du Sud-ouest[8].

---

[5]Le terrorisme est défini comme « un fait illicite de violence grave commis par un individu ou un groupe d'individus, agissant à titre individuel ou avec l'approbation, l'encouragement, la tolérance ou le soutien d'un État, contre des personnes ou des biens dans la poursuite d'un objectif idéologique et susceptible de mettre en danger la paix et la sécurité internationale », SALMON Jean, *Dictionnaire du Droit International Public*, Bruxelles, ed. Bruyant, 2001, p. 1031.

[6]« Le terrorisme est une organisation collective agissant par des moyens d'épouvante », DONNEDIEU DE VABRES, « Répression du terrorisme », in *Revue internationale de droit comparé*, n° 4, ed. Bayart, Paris, 1973, p. 23.

[7]Cf article 2 de la loi n° 2014/028 du 23 décembre 2014 portant répression des actes de terrorisme.

[8] Pour rappel, le 12 octobre 2016, des Avocats de tradition juridique Common Law du Nord-Ouest et du Sud-Ouest sont entrés en grève, revendiquant la reconnaissance des spécificités de leur système juridique avec notamment la traduction adéquate des Actes Uniformes de l'Organisation pour l'Harmonisation en Afrique du Droit des

Les affres de la secte terroriste *Boko Haram*, ou encore plus récemment les atrocités commises par les sécessionnistes des régions du Nord-ouest et du Sud-ouest, sont des réalités contre lesquelles le Cameroun se devait de réagir. La réaction dont il s'agit rentre dans le cadre de la riposte face à la criminalité. Les forces de défense sur le plan opérationnel ont accompli leur tâche que tout le monde peut observer. Le législateur pour sa part a également joué sa partition, étant donné que la réponse au terrorisme ne saurait être uniquement militaire[9]. Il faut se rappeler à juste titre que le droit pénal ou droit criminel participe à cette réaction en sanctionnant les comportements qui portent atteinte aux valeurs sociales qu'il protège[10]. Parmi ces comportements, nous identifions clairement les crimes les plus graves. La notion de crime en elle-même évoque un acte humain redoutable, le pire dans l'ordre de malfaisance individuelle[11]. La place du terrorisme au sommet de la

---

Affaires (OHADA), du CODE CIMA (Conférence Internationale des Marchés d'Assurance), et de la Réglementation de la Communauté Economique et Monétaire de l'Afrique Centrale (CEMAC). En outre, des Avocats réclamaient la mutation des Magistrats ne maîtrisant pas la langue anglaise et la Common Law hors de ces Régions, la création au sein de la Cour Suprême d'une Section Common Law, et la création d'un Département de « Common Law » à l'École Nationale d'Administration et de Magistrature (ENAM).

Le 08 novembre 2016, les Avocats de la Région du Nord-Ouest sont descendus dans les rues de la ville de Bamenda pour protester et ceux de la Région du Sud-Ouest, le 10 novembre 2016.

Le 21 novembre 2016, les enseignants du sous-système éducatif anglophone ont protesté contre la « francophonisation » progressive du sous-système éducatif anglophone, et exigé le retrait des salles de classe, de tous les personnels ne maitrisant pas la langue anglaise. Ce mouvement d'humeur a été suivi par celui des étudiants de l'Université de Buea, qui protestaient entre autres, contre la décision du Recteur d'avoir institué une pénalité de 10 000 Fcfa en cas de retard dans le versement des frais de scolarité.

Les premières villes mortes sont survenues courant janvier 2017, et des attaques contre les élèves se rendant à l'école au cours de l'année.

Le 1er octobre 2017, le nommé AYUK TABE SISIKU Julius et ses affidés ont proclamé l'indépendance de l'État virtuel d'Ambazonie, et l'escalade de la violence s'en est suivie, avec des pertes humaines et matérielles, cf *Rapport du ministère de la Justice sur l'état des droits de l'homme au Cameroun en 2017*, octobre 2018, pp. 220-221.

[9] Lire à ce sujet MEKOUABOUTH Mesmin, « Menaces, format d'armée et acquisition des équipements militaires », in *HONNEUR ET FIDÉLITÉ*, Le magazine des Forces de Défense camerounaises, décembre 2000, p. 44.

[10] CANIN Patrick, *Droit Pénal Général*, 8e édition, HACHETTE SUPÉRIEURE, 2017, p. 7.

[11] RICHARD André, *Le crime*, Collection VUES CHRETIENNES SUR..., FLAMMARION, 1961, p. 5.

dangerosité parmi les infractions d'une gravité certaine a imposé une réponse adaptée de la part du législateur camerounais. Ainsi, au-delà de la réponse armée, il a été opposé comme réponse juridique, la loi n° 2014/023 du 23 décembre 2014 portant répression des actes de terrorisme, et partant le recours aux juridictions militaires.

Les premières condamnations concernant le terrorisme à l'Extrême-nord ont eu lieu au cours de l'année 2015. Celles concernant les régions anglophones camerounaises ont été répertoriées dès l'année 2017. Quelques années plus tard, il paraît opportun de dresser un bilan. Un bilan renvoie à un document de synthèse en forme d'état chiffré, qui peut se présenter sous la forme d'un tableau qui récapitule des données[12].

Par ailleurs, quelques précisions préalables s'imposent relativement à la notion de répression judiciaire pour actes de terrorisme et assimilés. D'abord, il s'agira dans les écrits qui suivent, uniquement des condamnations pour actes de terrorisme et assimilés devant les Tribunaux militaires[13]. Ensuite, il faut préciser que la répression judiciaire n'a rien à voir avec les poursuites qui se sont terminées par des acquittements. Enfin, la répression judiciaire ne concerne pas les poursuites qui se sont terminées par des arrêts de poursuites intervenus à plusieurs reprises dans le cadre de la Justice Militaire ces dernières années[14].

Le cadre référentiel[15] de la présente étude a été les décisions de justice rendues par les dix (10) Tribunaux militaires au cours de la période 2015-2020 en matière de terrorisme. Il a fallu ainsi adopter une

---

[12]CORNU Gérard, *Vocabulaire juridique*, Association Henri Capitant, 10e édition, Quadrige, PUF, 2014, p. 129.

[13] À titre de rappel, la répression des actes de terrorisme et assimilés et possible devant le Tribunal de Première Instance statuant en matière de délinquance juvénile, pour les mineurs poursuivis pour ces faits, ceux-ci n'étant pas justiciables pour cette infraction devant le Tribunal militaire aux termes de l'article 9 de la loi n° 2014/023 du 23 décembre 2014 portant répression des actes de terrorisme au Cameroun.

[14]Décision Ministérielle n° 186575/DM/MINDEF/01 du 13 décembre 2018 ; Décision ministérielle n° 196739/DM/MINDEF/01 du 04 mai 2019 ; Décision Ministérielle n° 196663/DM/MINDEF/01 du 03 octobre 2019.

[15]Lire ce sujet VAN HOUTTE Jan, « La sociologie du droit, les problèmes sociaux et la politique en Belgique », in *Droit et Société*, n° 30-31, 1995. L'environnement et le droit. p. 426, et GARCIA VILLEGAS Mauricio, LEJEUNE Aude, « La sociologie du droit en France : de deux sociologies à la création d'un projet pluridisciplinaire », *Revue Interdisciplinaire d'Études Juridiques*, 2011/1, Volume 66, pp. 1-39 ;

approche sociologique du droit[16]. En effet, le présent travail scientifique a consisté essentiellement à expliquer l'application de la législation terroriste, c'est-à-dire à porter un regard sur les condamnations. Cette approche a donc été assez descriptive[17]. En outre, une méthode essentiellement quantitative a été nécessaire, puisque nous nous sommes bornés à relever des données chiffrées et les commenter.

L'intérêt de la réflexion consistera donc à faire ressortir les informations précises des aspects quantitatifs et sociologiques de la répression du terrorisme au Cameroun par les Tribunaux militaires(I), avant de les analyser succinctement (II).

I. PRÉSENTATION DU BILAN QUANTITATIF ET SOCIOLOGIQUE

Lc Bilan quantitatif de la présente réflexion a tenu compte du nombre de personnes condamnées dans les Tribunaux militaires au Cameroun pour la période 2015-2020.

Le Bilan sociologique a par contre tenu compte, lors de la même période, des spécificités des justiciables ayant été condamnés dans ces tribunaux, à l'exemple des tranches d'âge ou des métiers exercés. Les deux (02) bilans ont été chiffrés et dressés en fonction des hommes et des femmes condamnés ou pas, par année.

La forme tableau a été choisie parce que plus illustrative à notre sens :

[16]CORTEN Olivier, *Méthodologie du droit international public*, Éditions de l'Université de Bruxelles, 2009, p. 30.
[17]*Idem*.

TRIBUNAL MILITAIRE DE YAOUNDE

N°¶	NOMBRE D'HOMMES CONDAMNES						NOMBRE DE FEMMES CONDAMNEES						PROFESSIONS	AGE (TRANCHE)	OBS
	2015	2016	2017	2018	2019	2020	2015	2016	2017	2018	2019	2020			
01	03	02	09	17	22	NEANT	NEANT	01	NEANT	01	NEANT	NEANT	-chauffeur -Informaticiens -Aide maçon -commerçants -Mécaniciens -Maçon -Bijoutier -Journaliste -Conducteur de moto-taxi -Cultivateurs -Ménagère -Agent de renseignement -Policier - Etc	Agés de 22-58 ans	TOTAL H: 53 F: 02

TRIBUNAL MILITAIRE DE NGAOUNDERE

N°	NOMBRE D'HOMMES CONDAMNES						NOMBRE DE FEMMES CONDAMNEES						PROFESSIONS	AGE (TRANCHE)	OBS
	2015	2016	2017	2018	2019	2020	2015	2016	2017	2018	2019	2020			
02	04	NEANT	02	02	NEANT	NEANT	NEANT	NEANT	NEANT	NEANT	NEANT	NEANT	-Cultivateur -Moto taximan -Maçon -Commerçant -Brodeur -vendeur de kola	Agés de 23-52 ans	TOTAL H: 08 F: 00

TRIBUNAL MILITAIRE DE DOUALA

N°	NOMBRE D'HOMMES CONDAMNES						NOMBRE DE FEMMES CONDAMNEES						PROFESSIONS	AGE (TRANCHE)	OBS
	2015	2016	2017	2018	2019	2020	2015	2016	2017	2018	2019	2020			
03	03	NEANT	01	NEANT	NEANT	NEANT	NEANT	NEANT	NEANT	NEANT	NEANT	NEANT	-Cultivateurs -Militaire	Agés de 26-37 ans	TOTAL H: 4 F: 00

TRIBUNAL MILITAIRE DE GAROUA

N°	NOMBRE D'HOMMES CONDAMNES						NOMBRE DE FEMMES CONDAMNEES						PROFESSIONS	AGE (TRANCHE)	OBS
	2015	2016	2017	2018	2019	2020	2015	2016	2017	2018	2019	2020			
04	NEANT	NEANT	NEANT	04	02	01	NEANT	NEANT	NEANT	NEANT	02	01	-Soudeur -Sans Profession -Enseignant -Commerçant -Employé LFP	Agés de 37-40 ans	TOTAL H: 7 F: 03

TRIBUNAL MILITAIRE DE BUEA

N°	NOMBRE D'HOMMES CONDAMNES						NOMBRE DE FEMMES CONDAMNEES						PROFESSION	AGE (TRANCHE)	OBS
	2015	2016	2017	2018	2019	2020	2015	2016	2017	2018	2019	2020			
05	NEANT	NEANT	NEANT	06	52	142	NEANT	NEANT	NEANT	01	03	03	-Employé à la CDC -Cultivateur -Pêcheur -Pasteur -Etudiant -Ménagère -Moto taximan -Gendarme -Mécanicien -Enseignant -Commerçant -Sans prof -Professeur -Pasteur -Charpentier -Marketiste -Soudeur -Technicien -Elève -Ouvrier -Etc	Agés de 21-50 ans	TOTAL H: 200 F: 07

TRIBUNAL MILITAIRE DE MAROUA

N°	NOMBRE D'HOMMES CONDAMNES						NOMBRE DE FEMMES CONDAMNEES						PROFESSION	AGE (TRANCHE)	OBS
	2015	2016	2017	2018	2019	2020	2015	2016	2017	2018	2019	2020			
06	73	93	95	18	14	08	01	04	02	NEANT	01	NEANT	-Enseignant -Photographe -Fabricant de marmites -Convoyeur -Conducteur de Moto -Cultivateur -Commerçant -Marabout -Mécanicien -Sans profession -Berger -Réparateur de téléphones -Boucher -Pêcheur -Etc	Agés de 20-72 ans	TOTAL H: 301 F: 08

TRIBUNAL MILITAIRE DE BAMENDA

N°	NOMBRE D'HOMMES CONDAMNES						NOMBRE DE FEMMES CONDAMNEES						PROFESSIONS	AGE (TRANCHE)	OBS
	2015	2016	2017	2018	2019	2020	2015	2016	2017	2018	2019	2020			
07	02	NEANT	NEANT	01	01	NEANT	NEANT	NEANT	NEANT	NEANT	NEANT	NEANT	-Elèves -Chauffeurs	Agés de 24-50 ans	TOTAL H: 04 F: 00

TRIBUNAL MILITAIRE DE BAFOUSSAM

N°	NOMBRE D'HOMMES CONDAMNES						NOMBRE DE FEMMES CONDAMNEES						PROFESSIONS	AGE (TRANCHE)	OBS
	2015	2016	2017	2018	2019	2020	2015	2016	2017	2018	2019	2020			
08	NEANT	NEANT	NEANT	NEANT	03	07	NEANT	NEANT	NEANT	01	01	NEANT	-Conducteur de motocyclette -Cultivateur -Commerçant -Mécanicien -Peintre -Maçon -Technicien d'agriculture -Menuisier -Tradi-praticien -Sans prof -Chauffeur de taxi -Coiffeur -Couturier	Agés de 20-34 ans	TOTAL H: 10 F: 02

II. ANALYSE DU BILAN

Elle porte sur les aspects liés à l'effectif des condamnés par région (A), le type d'occupation des condamnés (B), la moyenne d'âge des condamnés par région (C) et l'évaluation des condamnations à mort (D).

A. L'effectif des condamnés par région

Les condamnations par régions ne sont pas uniformisées, quand elles existent. Chaque région comporte des réalités qui lui sont propres. Dans l'optique d'une meilleure compréhension, la présentation (1) d'un récapitulatif des condamnés doit être préalable à une analyse explicative (2).

1. Présentation

L'on peut récapituler le bilan de la répression ainsi qu'il suit :

- ADAMAOUA : 08 condamnés ;
- OUEST : 12 condamnés ;
- NORD-OUEST : 04 condamnés ;
- NORD : 04 condamnés ;
- EXTRÊME-NORD : 309 condamnés ;
- LITTORAL : 10 condamnés ;
- SUD-OUEST : 207 condamnés ;
- CENTRE : 55 condamnés ;
- EST : 00 condamné ;
- SUD : 00 condamné ;

À l'observation, seules huit (08) régions sur les dix (10) ont enregistré des condamnations pour terrorisme. Cet état de choses impose une analyse explicative.

2. Explications

Le Tribunal militaire de Maroua est le Tribunal ayant enregistré le plus de condamnations au Cameroun trois cent neuf (309). Cela peut s'expliquer par le fait qu'il est situé dans une partie du pays touchée par le terrorisme depuis 2013. De plus, la région de l'Extrême-nord semble payer le prix de sa proximité frontalière avec le Nigéria, fief de la secte *BokoHaram*.

Le Tribunal militaire de Buea est le deuxième Tribunal ayant enregistré le plus de condamnations dans la période étudiée deux cent sept (207). Cela peut s'expliquer par l'escalade de la violence qu'ont connue les zones anglophones du pays, et dont l'épicentre a été localisé dans la région du Sud-ouest.

Le Tribunal militaire de Yaoundé enregistre également un nombre important de condamnations cinquante-cinq (55). Cet état de fait est fonction de la législation en vigueur, qui reconnaît à ce Tribunal une compétence nationale en cas de terrorisme (article 4, CJM).

Il est constaté en outre que les personnes condamnées sont constituées d'hommes et de femmes. L'on dénombre ainsi sur la période indiquée vingt-deux (22) femmes condamnées et cinq cent quatre-vingt-sept (587) hommes condamnés.

Par ailleurs, les décisions d'arrêt de poursuites ont forcément eu un impact décisif dans la répression, un nombre important de personnes ayant bénéficié de cette prérogative du chef de l'État[1].

Le type d'occupation des condamnés peut également justifier les chiffres sus énumérés.

B. Le type d'occupation des condamnés

03 ensembles se détachent de l'analyse de l'occupation des condamnés :

- Premièrement, les condamnés sont en majorité des sans-emploi fixes (adultes et jeunes).
- Deuxièmement, plusieurs d'entre eux exercent les professions du secteur tertiaire (conducteurs de moto-taxi, cultivateurs, commerçants, etc).
- Troisièmement, quelques rares condamnés sont des agents de l'État (Gendarmes, Policiers).

[1]Les décisions ministérielles n° 186575/DM/MINDEF/01 du 13 décembre 2018, n° 196663/DM/MINDEF/01 du 03 octobre 2019 et n° 196739/DM/MINDEF/01 du 04 octobre 2019 ont respectivement permis à 289, 333 et 101 personnes d'éviter une éventuelle condamnation.

La moyenne d'âge est également un indicateur non négligeable dans l'explication de l'étude présentée ci-dessus.

C. Moyenne d'âge des condamnés

Il est remarqué que les condamnés sont d'âges divers. Pour les plus vieux, nous avons des âges qui varient entre 59 et 73 ans au 15 février 2021.

Pour les plus jeunes, nous avons quelques condamnés âgés de 21 ans au 15 février 2021, mais étaient assurément majeurs au moment de la commission de l'infraction des actes de terrorisme ou assimilés.

D. L'évaluation des condamnations à mort

La loi de 2014 portant répression des actes de terrorisme a érigé commc sanction la plus importante, la condamnation à mort[2]. Si les Tribunaux militaires de Yaoundé, Bafoussam, Garoua, Bamenda, Buea, Ebolowa et Bertoua n'ont pas infligé cette peine entre 2015 et 2020, tel n'est pas le cas des Tribunaux militaires de Maroua, Ngaoundéré, Douala, Garoua et Yaoundé.

Le Tribunal militaire de Maroua enregistre cent sept (107) condamnations, dont les données chiffrées sont détaillées ainsi qu'il suit :

2015 : 71 ; 2016 : 33 ; 2017 : 03 ; 2018 : 00 ; 2019 : 00 ; 2020 : 00

Le Tribunal militaire de Ngaoundéré enregistre quatre (04) condamnations, dont les données chiffrées sont détaillées ainsi qu'il suit :

2015 : 04 ; 2016 : 00 ; 2017 : 00 ; 2018 : 00 ; 2019 : 00 ; 2020 : 00

Le Tribunal militaire de Douala enregistre deux (02) condamnations, dont les données chiffrées sont détaillées ainsi qu'il suit :

2015 : 02 ; 2016 : 00 ; 2017 : 00 ; 2018 : 02 ; 2019 : 00 ; 2020 : 00

Le Tribunal militaire de Yaoundé et le Tribunal militaire de Garoua enregistrent chacun une (01) condamnation, respectivement en 2015 et 2017.

[2]Cf articles 2, 3, 4, 5, Loi n° 2014/028 du 23 décembre 2014 portant répression des actes de terrorisme.

Nous remarquons que les condamnations sont survenues entre 2015-2018, principalement au Tribunal militaire de Maroua, pour un total de 115. Ce constat peut être interprété de diverses manières. Les premières audiences concernant les actes de terrorisme ont débuté courant 2015, période au cours de laquelle la fréquence des attentats était encore soutenue. La répression judiciaire dans l'intervalle sus-indiqué a coïncidé à l'observation avec une baisse de la recrudescence des attentats dans la Région du Grand Nord Cameroun.

Par ailleurs, l'efficacité de cette sanction est très souvent remise en cause. Peu d'observateurs voient en cette politique visant à dissuader les délinquants, une mesure efficace[3]. Pourtant, l'observation des données sus-indiquées montre une baisse des condamnations au fil des années. Est-ce à dire que dans le cas précis du terrorisme la peine de mort a effectivement eu un effet dissuasif ? Répondre par l'affirmative de manière péremptoire serait certainement risqué. Qu'à cela ne tienne, il s'agit d'une sanction que le droit international reconnait[4], et dont le Cameroun a décidé de se servir.

CONCLUSION

Dans le cadre de la lutte contre le terrorisme, le Cameroun au travers de ses Tribunaux militaires enregistre un total de 587 hommes et 22 femmes condamnés sur la période 2015-2020, soit un total de six cent neuf (609) personnes. Les états analysés de chaque Tribunal militaire pendant cette période, indiquent que plusieurs accusés ont été poursuivis, mais finalement peu ont été condamnés. Il faut relever que les Tribunaux militaires de Bertoua et d'Ebolowa n'ont enregistré aucune condamnation au cours de la période analysée.

---

[3]Lire à ce sujet : Amnesty International, *La peine de mort n'est pas dissuasive*, juin 2006, pp. 1-2 ; DEMONT Vincent, SAYAH Ali, « Peine de mort menace dissuasive ou effet pervers », Études sur la mort, 2012, n° 141, pp 79-94 (https://www.cairn.info/revue-etudes-sur-la-mort-2012-1-page-79.htm, dernièrement consulté le 11 juin 2021 à 20h).

[4]Cf article 6 (2), Pacte International relatif aux Droits Civils et Politiques du 16 décembre 1966 : « *[...] Dans les pays où la peine de mort n'a pas été abolie, une sentence de mort ne peut être prononcée que pour les crimes les plus graves, conformément à la législation en vigueur au moment où le crime a été commis [...] Cette peine ne peut être appliquée qu'en vertu d'un jugement définitif rendu par un tribunal compétent* ».

Par ailleurs, initialement poursuivis pour actes de terrorisme et autres, bon nombre d'accusés ont été condamnés pour d'autres infractions telles hostilités contre la patrie, sécession, etc. Le nombre élevé de condamnations pour terrorisme dans les régions de l'Extrême-nord et du Sud-ouest atteste simplement de la réalité sécuritaire de notre pays. Ces deux (02) régions sont malheureusement les fiefs respectivement de la secte *Boko Haram* et des séparatistes dits « ambazoniens ».

Au demeurant, le Tribunal militaire joue sa partition dans la réponse juridique que le Cameroun a choisi de donner face à l'infraction terroriste. Son action reste toutefois à parfaire, dans l'intérêt de la préservation des droits humains./-

BIBLIOGRAPHIE

•OUVRAGES SPÉCIALISES

CANIN Patrick, *Droit Pénal Général*, 8e édition, HACHETTE SUPÉRIEURE, 2017, 168 p. ;

CORTEN Olivier, *Méthodologie du droit international public*, Éditions de l'Université de Bruxelles, 2009, 292 p. ;

RICHARD André, *Le crime*, Collection VUES CHRÉTIENNE SUR…, FLAMMARION, 1961, 220 p.

•ARTICLES

DEMONT Vincent, SAYAH Ali, « Peine de mort menace dissuasive ou effet pervers », *Études sur la mor*t, 2012, n° 141, pp 79-94 ;

GARCIA VILLEGAS Mauricio, LEJEUNE Aude, « La sociologie du droit en France : de deux sociologies à la création d'un projet pluridisciplinaire », *Revue Interdisciplinaire d'Études Juridiques*, 2011/1, Volume 66, pp. 1-39 ;

MONEBOULOU MINKADA Hervé Magloire, « La loi portant répression des actes de terrorisme au Cameroun », pp. 543-561, in *Droit international, droits nationaux et lutte contre le terrorisme en Afrique*, OLINGA Alain Didier (dir), Actes du Colloque international organisé par le Département de Droit international de l'Institut des Relations Internationales du Cameroun (IRIC), Yaoundé, les 8, 9 et 10 juin 2016, Presses de l'UCAC, Yaoundé, octobre 2017, 665 p. ;

VAN HOUTTE Jan, « La sociologie du droit, les problèmes sociaux et la politique en Belgique », in *Droit et Société*, n° 30-31, 1995. L'environnement et le droit. pp. 425-443 ;

•DICTIONNAIRE

CORNU Gérard, *Vocabulaire juridique*, Association Henri Capitant, 10[e]édition, Quadrige, PUF, 2014, 1099 p. ;

•LÉGISLATION

✓TRAITES

Pacte International relatif aux Droits Civils et Politiques, du 16 décembre 1966 ;

✓LOIS

Loi n° 2014/028 du 23 décembre 2014 portant répression des actes de terrorisme ;

Loi n° 2016-7 du 12 juillet 2016 portant Code pénal ;

Loi n° 2017/012 du 12 juillet 2017 portant Code de Justice Militaire ;

✓DÉCISIONS MINISTÉRIELLES

Décision Ministérielle n° 186575/DM/MINDEF/01 du 13 décembre 2018 ;

Décision Ministérielle n° 196663/DM/MINDEF/01 du 03 octobre 2019 ;

Décision ministérielle n° 196739/DM/MINDEF/01 du 04 octobre 2019 ;

•AUTRES

HONNEUR ET FIDÉLITÉ, Le magazine des Forces de Défense camerounaises, décembre 2000, 122 p. ;

Amnesty International, *La peine de mort n'est pas dissuasive*, juin 2006, pp. 1-2 ;

Amnesty International, *Bonne cause, mauvais moyens : atteintes aux droits humains et à la justice dans le cadre de la lutte contre BokoHaram au Cameroun*, 2016, pp. 1-59 ;

Rapport du ministère de la Justice sur l'état des droits de l'homme au Cameroun en 2017, octobre 2018, 404 p. ;

État n° 057/ET/CG/TMY Bilan quantitatif et sociologique de la répression du terrorisme pour la période 2015-2020 au Tribunal militaire de Yaoundé, 25 janvier 2021 ;

État n° 001/ET/CG/TMD, Bilan quantitatif et sociologique de la répression du terrorisme pour la période 2015-2020 au Tribunal militaire de Douala, 28 janvier 2021 ;

État n° 034/NA/PT/TMM, Bilan quantitatif et sociologique de la répression du terrorisme pour la période 2015-2020 au Tribunal militaire de Maroua, 22 janvier 2021 ;

Bilan quantitatif et sociologique de la répression du terrorisme pour la période 2015-2020 au Tribunal militaire de Garoua, 2021 ;

État n° 012/ET/CG/TMN, Bilan quantitatif et sociologique de la répression du terrorisme pour la période 2015-2020 au Tribunal militaire de Ngaounderé, 21 janvier 2021 ;

État n°21/119/ET/CG/TM BDA/BAP, Bilan quantitatif et sociologique de la répression du terrorisme pour la période 2015-2020 au Tribunal militaire de Bafoussam, 25 janvier 2021 ;

Bilan quantitatif et sociologique de la répression du terrorisme pour la période 2015-2020 au Tribunal militaire de Bamenda, 2021 ;

Bilan quantitatif et sociologique de la répression du terrorisme pour la période 2015-2020 au Tribunal militaire de Buea, 2021 ;

État /STAT/CG/TM/BTA, Bilan quantitatif et sociologique de la répression du terrorisme pour la période 2015-2020 au Tribunal militaire de Bertoua, 26 janvier 2021 ;

État n° 024/ET/CG/TME/BAP/20, Bilan quantitatif et sociologique de la répression du terrorisme pour la période 2015-2020 au Tribunal militaire d'Ebolowa, 29 janvier 2021./-

L'EXÉCUTION DES PEINES PRONONCÉES PAR LES TRIBUNAUX MILITAIRES EN MATIÈRE DE TERRORISME

Franck KOUM

Capitaine - magistrat
Doctorant, Chef service des affaires Judiciaires et Pénitentiaires à la Direction de la Justice militaire

INTRODUCTION

L'organisation de la justice est d'une importance visiblement capitale au sein d'une société. Le tout n'est pas que la justice ait été rendue, encore faut-il que le justiciable ait le sentiment qu'elle l'ait été. Ce sentiment doit nécessairement se vérifier à toutes les phases de la procédure pénale. NGOKO TIMO Raoul Andy qui identifie cinq (05) phases de cette procédure[1] décline celles-ci ainsi qu'il suit : l'enquête préliminaire, les poursuites, l'information judiciaire, le jugement et l'exécution des décisions de justice[2].

S'agissant de ce dernier aspect, le prononcé d'une peine à la suite d'un procès pénal ayant respecté les règles du procès équitable, mais surtout l'exécution de ladite peine sont des moments déterminants. C'est véritablement à ces étapes que la victime de manière singulière et la société de manière générale auront le sentiment que justice a été rendue. Le défi contemporain de la justice dans les pays peu nantis, et particulièrement au Cameroun, est donc celui de l'exécution des décisions de justice.

---

[1] Le Dr ASSIRA Claude traite par exemple de la procédure pénale camerounaise en la scindant en deux (02) parties : une phase inquisitoriale largement inspirée du droit français, et une phase de jugement à la fois calquée sur le modèle français, et de forte inspiration anglo-saxonne, in ASSIRA Claude, *Procédure pénale et pratiques des juridictions camerounaises. Depuis le Code de janvier 2007*, Éditions CLE, 2011, pp. 45-46.

[2] NGOKO TIMO Raoul Andy, « L'ouverture de l'information judiciaire contre le suspect en fuite dans la procédure pénale camerounaise », *Juridis Périodique* n° 117, Janvier-Février-Mars 2019, p.119.

La doctrine donne une indication quant à la définition de la notion d'exécution. Terme issu du latin *ex* et *sequi* (suivre et poursuivre), l'exécution est définie comme le processus qui permet de faire passer le droit dans les faits, de faire coïncider ce qui est et ce qui doit être[3]. En effet, elle renverrait à l'action de faire passer des dispositions dans les faits, alors que les dictionnaires de langue la définissent comme l'accomplissement d'une obligation, d'un jugement[4]. L'expression « exécution des décisions de justice », renvoie de manière plus précise à la mise en œuvre des décisions rendues par les juridictions après accomplissement des formalités y afférentes. Il faut relever que l'exécution des peines en matière pénale s'opère en dehors du procès. C'est l'occasion de voir mise en branle l'activité administrative du parquet, du greffe, de l'administration pénitentiaire ou éventuellement celle des pouvoirs exécutif et législatif.

La doctrine va plus loin s'agissant de la notion d'exécution, quand elle l'analyse par exemple en droit international. Ainsi, il ne semble pas avoir été impertinent d'affirmer que le régime d'exécution de la peine privative de liberté est souvent oublié, ou à tout le moins n'a pas retenu autant d'attention[5]. Le juge international a tout de même indiqué un canevas qui peut être calqué en droit interne en ce qui concerne le régime de l'exécution d'une peine. En effet, sous forme d'*obiterdictum*, le jugement *Edermovic* énonçait l'exigence suivante : l'exécution de la peine d'emprisonnement prononcée par le Tribunal pénal international pour l'ex-Yougoslavie (TPIY) doit respecter les principes de légalité, d'égalité et de bonne administration de la justice[6].

---

[3]THERY P. Exécution. In: Alland, D. and Rials, S. (dirs), *Dictionnaire de la culture juridique*, 1° éd., PUF, Lamy Quadrige, 2003, p. 678, cité par LAMBERT ABDELGAWAD Élisabeth, « L'exécution des décisions des juridictions internationales des droits de l'homme : vers une harmonisation des systèmes régionaux », *ACDI*, Vol.3 Spécial, 2010, p. 12.

[4] FARDET Christophe, « La notion d'exécution des décisions de justice administrative », IRÉNÉE, Université Lorraine, « CivitasEuropas », 2017/2 n° 39, p. 13 (https://www.cairn.info/revue-civitas-europa-2017-2-page-13.htmdernièrement visité le 21 juin 2021).

[5]NEMIZ J., Execution of Sanctions Imposed By Supranational CriminalTribunals, In Haveman H. et Olusanya O. (eds), Sentencing and Sanctioning in *Supranational Criminal Law*, Anvers, Intersentia, 2006, p. 125-144, cité par SCALIA Damien, « Légalité et égalité de l'exécution des peines en droit international pénal : un clair-obscur contrasté », *RSC*, octobre-décembre 2011, p. 762.

[6]TPIY, Erdemovic (IT-96-22-T), Chambre de 1re instance, 29 nov. 1996 paragraphe 71, inSCALIA Damien, *op cit*, p. 762.

S'agissant du Cameroun, le législateur dans le Code de Justice militaire (CJM) n'a rien prévu de façon expresse, en ce qui concerne l'exécution des peines prononcées par les Tribunaux militaires en matière de terrorisme, contrairement à certaines législations étrangères[7]. Toujours en parlant de ce pays, aucune disposition particulière n'est également prévue dans la loi n° 2014/028 du 23 décembre 2014 portant répression des actes de terrorisme[8]. Seulement, l'organisation administrative des juridictions (civiles) au Cameroun[9] est prévue de telle sorte que c'est le ministère public qui exécute les décisions de justice[10]. Cet organe juridictionnel, vulgairement appelé parquet, est organisé en plusieurs bureaux parmi lesquels celui de l'exécution des peines[11]. Ce dernier bureau est chargé de la mise en exécution des jugements répressifs, de l'épuration du casier judiciaire en collaboration avec le greffe, et de la confection des fiches statistiques sur l'activité du parquet. Les décisions de justice sont mises à disposition de ce bureau, qui exécute les condamnations. Cela implique de mettre à la disposition des prisons les mandats d'incarcération, des extraits de plumitifs [12]ou les résultats d'audience[13], afin que l'administration pénitentiaire puisse incarcérer les condamnés.

L'exécution des peines devient *ipso facto* singulière, dès lors qu'il s'agit d'un parquet militaire, étant donné sa différence avec celui des juridictions civiles. En effet, l'architecture des juridictions militaires est différente. Le parquet militaire, contrairement au parquet civil n'est pourvu que de trois (03) bureaux, à savoir le Bureau Courrier et Fichier

---

[7]Cf article 86 du Code de Justice militaire et Statut particulier du personnel de la Justice militaire de la République de Guinée, 17 janvier 2012, p. 24.

[8] Le mutisme de ce texte induit qu'il sera procédé à la technique du renvoi, en ce qui concerne le régime de l'exécution des peines prononcées.

[9] Décret n° 80-299 du 26 juillet 1980 portant organisation administrative des juridictions subséquemment modifié.

[10]Cf article 545 (2), Loi n° 2005/007 du 27 juillet 2005 portant Code de procédure pénale : « *Les ordres et décisions judiciaires d'arrestation, de détention ou de mise en liberté sont immédiatement exécutoires, à la diligence du parquet qui les transmet directement aux autorités chargées de leur exécution* ».

[11]Cf article 17, Décret n° 80-299 du 26 juillet 1980 portant organisation administrative des juridictions subséquemment modifié.

[12] L'extrait de plumitif est un document préparé par le Greffe, qui comporte le dispositif de la décision qui a été rendue. Il est signé du juge ayant rendu la décision.

[13]Le résultat d'audience est un document préparé par le Parquet, qui comporte le dispositif de la décision qui a été rendue. Il est signé du Commissaire du Gouvernement ou de l'un de ses substituts.

(BCF), le Bureau des Affaires Administratives et Financières (BAAF) et le Bureau des Affaires Pénales (BAP).

N'ayant pas un bureau spécialisé dans l'exécution des peines, l'on pourrait se demander comment fonctionnent les Tribunaux militaires lorsqu'ils ont à exécuter les décisions ayant infligé des peines. Ces juridictions ont la particularité de connaître de manière exclusive l'infraction de terrorisme[14]. Le législateur camerounais ne s'est pas éloigné de la vision onusienne [15]de cette infraction. Il la perçoit comme tout acte ou menace d'acte en violation des lois pénales de l'État susceptible de mettre en danger la vie, l'intégrité physique, les libertés d'une personne ou d'un groupe de personnes, qui occasionne ou peut occasionner des dommages aux biens privés ou publics, aux ressources naturelles, à l'environnement, au patrimoine culturel, et commis dans l'intention d'intimider, provoquer une situation de terreur forcer, exercer des pressions ou amener tout gouvernement à engager une initiative ou s'en abstenir, adopter ou renoncer à une position particulière, de perturber le fonctionnement normal des services publics, etc[16]. Au regard de la sévérité des pénalités ou encore de la particularité de la saisine du tribunal, l'on constate que cette incrimination déroge au droit des infractions que l'on peut qualifier d'ordinaire. En effet, les personnes physiques et les personnes morales peuvent être condamnées pour actes de terrorisme et assimilés. Pour ce

---

[14]Cf article 8 (c), Loi n° 2017/012 du 12 juillet 2017 portant Code de justice militaire.

[15] Le rapporteur spécial des Nations Unies sur la lutte contre le terrorisme et les droits de l'homme, Martin SCHEININ traduit la vision onusienne de cette infraction, et a proposé la définition suivante dans son rapport de 2010, UN Doc A/HRC/16/51 : « *On entend par terrorisme la commission ou la tentative d'un acte lorsque :*
(1) L'acte : (a) Constitue une prise d'otages intentionnelle ; ou (b) Est destiné à tuer ou à blesser gravement un ou plusieurs membres de la population ou de groupes particuliers ; ou (c) Se traduit par une violence physique létale ou grave contre un ou plusieurs membres de la population ou de groupes particuliers ; et
(2) L'acte ou la tentative sont commis dans l'intention : (a) De semer la terreur parmi la population ou un groupe particulier ; (b) De contraindre un gouvernement ou une organisation internationale à accomplir un acte ou s'abstenir de le faire ; et
(3) L'acte : (a) Correspond à la définition d'une infraction grave en vertu du droit national, adoptée dans le but de se conformer aux conventions et protocoles internationaux relatifs au terrorisme ou aux résolutions du Conseil de sécurité relatives au terrorisme ; ou (b) Comporte tous les éléments d'un crime grave défini par la législation nationale ».

[16]Cf article 3 de la Convention de l'OUA sur la Prévention et la Lutte contre le Terrorisme, l'article 2 de la loi n° 2014/023 du 23 décembre 2014 portant répression des actes de terrorisme.

qui est des personnes morales, leur responsabilité est encore récente en droit positif camerounais. Si une législation[17] existe bel et bien concernant les personnes morales, aucune condamnation dans les Tribunaux militaires n'a été recensée pour la période 2015-2020[18]. La pratique des Tribunaux militaires n'atteste d'aucune expérience en ce qui concerne l'exécution des peines prononcées à leur encontre.

La présente réflexion, qui portera essentiellement sur la législation camerounaise se cantonnera sur les personnes physiques. Ladite réflexion nécessitera aussi l'utilisation de la technique juridique. En effet, il n'existe pas de législation relative à l'exécution des peines prononcées par les Tribunaux militaires en matière de terrorisme. La détermination du contenu[19] de certaines normes, dont celles relatives à l'organisation administrative des juridictions militaires, permettra de déduire l'exécution des peines en matière de terrorisme. Ainsi, l'on peut se demander comment s'exécutent les peines prononcées par les Tribunaux militaires en matière de terrorisme au Cameroun. La réponse

---

[17]Cf article 74-1, Loi n° 2016-7 du 12 juillet 2016 portant Code pénal ; article 127, Règlement n° 01/CEMAC/UMAC/CM du 11 avril 2016 portant Prévention et Répression du Blanchiment des Capitaux et du Financement du Terrorisme et la Prolifération en Afrique Centrale ; article 6, Loi n° 2014/028 du 23 décembre 2014 portant répression des actes de terrorisme.

[18]Cf État n° 057/ET/CG/TMY Bilan quantitatif et sociologique de la répression du terrorisme pour la période 2015-2020 au Tribunal militaire de Yaoundé, 25 janvier 2021, État n° 001/ET/CG/TMD Bilan quantitatif et sociologique de la répression du terrorisme pour la période 2015-2020 au Tribunal militaire de Douala, 28 janvier 2021, État n° 034/NA/PT/TMM, Bilan quantitatif et sociologique de la répression du terrorisme pour la période 2015-2020 au Tribunal militaire de Maroua, 22 janvier 2021, Bilan quantitatif et sociologique de la répression du terrorisme pour la période 2015-2020 au Tribunal militaire de Garoua, 2021, État n° 012/ET/CG/TMNBilan quantitatif et sociologique de la répression du terrorisme pour la période 2015-2020 au Tribunal militaire de Ngaounderé, 21 janvier 2021, État n° 21/119/ET/CG/TM BDA/BAP, Bilan quantitatif et sociologique de la répression du terrorisme pour la période 2015-2020 au Tribunal militaire de Bafoussam, 25 janvier 2021, Bilan quantitatif et sociologique de la répression du terrorisme pour la période 2015-2020 au Tribunal militaire de Bamenda, 2021, Bilan quantitatif et sociologique de la répression du terrorisme pour la période 2015-2020 au Tribunal militaire de Buea, 2021, État /STAT/CG/TM/BTA, Bilan quantitatif et sociologique de la répression du terrorisme pour la période 2015-2020 au Tribunal militaire de Bertoua, 26 janvier 2021, État n° 024/ET/CG/TME/BAP/20, Bilan quantitatif et sociologique de la répression du terrorisme pour la période 2015-2020 au Tribunal militaire d'Ebolowa, 29 janvier 2021 ;

[19]CORTEN Olivier, *Méthodologie du droit international public*, Éditions de l'Université de Bruxelles, 2009, p. 65.

à ce questionnement rend compte que l'exécution des peines prononcées par ces juridictions en matière de terrorisme obéit à un régime ordinaire (I). Aussi, force est de constater que ladite exécution est sujette à des obstacles liés au pouvoir politique et à des difficultés (II).

I. L'EXÉCUTION DES PEINES PRONONCÉES PAR LES TRIBUNAUX MILITAIRES EN MATIÈRE DE TERRORISME : UN RÉGIME D'EXÉCUTION ORDINAIRE

Le régime juridique d'exécution des peines prononcées par les Tribunaux militaires en matière de terrorisme est le régime ordinaire d'exécution des peines en matière pénale dans les Tribunaux militaires au Cameroun. Ainsi, il s'agit d'un régime qui s'exécute en amont sur le plan juridictionnel d'une part (A), et en aval sur le plan non juridictionnel d'autre part (B).

A. L'exécution sur le plan juridictionnel

La particularité relevée est principalement fonction du fait qu'il s'agisse de l'exécution d'une peine prononcée par un Tribunal militaire, indépendamment de l'infraction terroriste. L'exécution des peines prononcées par les Tribunaux militaires en matière de terrorisme repose donc, non sur un bureau en particulier, mais sur le parquet en général (2), et aussi sur le greffe (1).

1. L'action du greffe

Le greffe du Tribunal militaire intervient dans plusieurs domaines[20].

Le greffe agit dans la dactylographie des jugements, des extraits de plumitifs, mais surtout dans la production des résultats d'audience. Le résultat d'audience est un document qui permet en pratique de recevoir officiellement le condamné au lieu de détention, pour le temps de son incarcération. Il servira également au suivi du temps carcéral par l'administration pénitentiaire. De manière concrète, le résultat d'audience produit par le greffe va permettre à la prison de savoir que le condamné doit faire tel ou tel nombre d'années en prison.

[20] Cf article 12, Décret n° 85/520 du 13 avril 1985 portant organisation administrative des juridictions militaires.

Le greffe réceptionne aussi les mandats d'incarcération, après qu'ils ont été décernés par le juge. Le travail du greffe s'arrête généralement à ce niveau. Le parquet prend dès lors un relais décisif.

2. L'action du parquet

De manière générale, concernant l'exécution d'une peine d'emprisonnement, les documents sus relevés sont acheminés matériellement par le parquet, dans les lieux de détention. Ainsi, tant que ces documents généralement appelés « pièces d'exécution »[21] ne sont pas parvenus au niveau de la prison, l'administration pénitentiaire estime à raison, n'avoir pas encore de motif légal de détenir un individu. Des greffiers ou personnels civils, indépendamment d'un bureau, et indépendamment de l'infraction réprimée, sont donc mis en route vers la prison pour y déposer lesdits documents, en contrepartie d'une décharge[22]. KEUBOU Philippe a résumé l'action du parquet à cette phase en ces termes : « *Le parquet est chargé de veiller à l'application de la loi pénale. Il s'occupe de l'exécution des décisions de la justice pénale. Pour les condamnations à l'emprisonnement, il est chargé de faire incarcérer les délinquants par les autorités pénitentiaires* »[23].

Par ailleurs, il peut arriver que la personne poursuivie pour terrorisme soit condamnée à mort. Au regard du nombre de personnes condamnées dans les Tribunaux militaires à la peine capitale pour la période 2015-2020, cent neuf (109) sont concernées dans ce cas[24].

---

[21] Nous faisons référence au premier chef au mandat d'incarcération, et secondairement au résultat d'audience.

[22]Cf article 3, Décret n° 85/520 du 13 avril 1985 portant organisation administrative des juridictions militaires : « *Les greffiers militaires ou civils affectés dans les juridictions militaires assurent d'une manière générale, au siège et au parquet, les fonctions relatives aux tâches d'exécution spéciales ou courantes* ».

[23] KEUBOU Philippe, *Précis de procédure pénale camerounaise*, PUA, 2010, p. 50.

[24]État n° 057/ET/CG/TMYBilan quantitatif et sociologique de la répression du terrorisme pour la période 2015-2020 au Tribunal militaire de Yaoundé, 25 janvier 2021 ; état n° 001/ET/CG/TMD, Bilan quantitatif et sociologique de la répression du terrorisme pour la période 2015-2020 au Tribunal militaire de Douala, 28 janvier 2021 ; état n° 034/NA/PT/TMM, Bilan quantitatif et sociologique de la répression du terrorisme pour la période 2015-2020 au Tribunal militaire de Maroua, 22 janvier 2021 ; Bilan quantitatif et sociologique de la répression du terrorisme pour la période 2015-2020 au Tribunal militaire de Garoua, 2021 ; état n° 012/ET/CG/TMN, Bilan quantitatif et sociologique de la répression du terrorismepour la période 2015-2020 au Tribunal militaire de Ngaounderé, 21 janvier 2021 ; état n° 21/119/ET/CG/TM BDA/BAP, Bilan quantitatif et sociologique de la répression du

L'exécution des condamnations à mort est devenue un phénomène rarissime. Les condamnations aussi bien des juridictions civiles que militaires n'ont pas donné lieu à une exécution depuis longtemps au Cameroun[25]. Les modalités préalables et postérieures à l'exécution de la peine de mort dans les Tribunaux militaires en matière de terrorisme sont celles prévues dans le Code pénal, au regard du mutisme de la loi de 2014. Ces modalités consistent donc, après le prononcé de la peine[26], à ouvrir le dossier du condamné, dans le but d'établir le dossier de recours en grâce à transmettre au ministère de la Justice, en vue de l'exercice du droit de grâce du Président de la République[27]. La diligence de la transmission du dossier de recours en grâce est accomplie par le parquet.

En cas d'exécution, les greffiers du parquet seront encore chargés de dresser le procès-verbal d'exécution, et éventuellement un communiqué officiel à publier dans la presse[28].

L'exécution des peines prononcées par les Tribunaux militaires en matière de terrorisme s'effectue sur le plan juridictionnel en amont, et sur le plan non juridictionnel en aval.

B. L'exécution sur le plan non juridictionnel

Après les diligences du greffe et du parquet, le condamné pour terrorisme est conduit à son lieu de détention. S'il était déjà incarcéré, il va retrouver son lieu de détention, et son dossier pénitentiaire sera complété par le mandat d'incarcération décerné à l'audience et le résultat d'audience. S'il n'était pas encore incarcéré, l'administration pénitentiaire prendra le relais de la phase concrète de l'exécution de la peine, identifiée comme l'incarcération. C'est cette dernière option que

terrorisme pour la période 2015-2020 au Tribunal militaire de Bafoussam, 25 janvier 2021 ; Bilan quantitatif et sociologique de la répression du terrorisme pour la période 2015-2020 au Tribunal militaire de Bamenda, 2021 ; Bilan quantitatif et sociologique de la répression du terrorisme pour la période 2015-2020 au Tribunal militaire de Buea, 2021 ; état /STAT/CG/TM/BTA, Bilan quantitatif et sociologique de la répression du terrorisme pour la période 2015-2020 au Tribunal militaire de Bertoua, 26 janvier 2021 ; état n° 024/ET/CG/TME/BAP/20, Bilan quantitatif et sociologique de la répression du terrorisme pour la période 2015-2020 au Tribunal militaire d'Ebolowa, 29 janvier 2021.

[25] La dernière exécution daterait de 1997.

[26] Qui précisera si la mort sera administrée par fusillade ou pas pendaison.

[27] Cf article 22 (1), Loi n° 2016-7 du 12 juillet 2016 portant Code pénal.

[28] Cf article 23 (3), Loi n° 2016-7 du 12 juillet 2016 portant Code pénal.

nous envisagerons ici (1). Par ailleurs, certaines réalités font état de l'impossible séparation des condamnés pour terrorisme et l'exception de la prison principale de Yaoundé (2).

1. L'action de l'administration pénitentiaire

Aux termes du Décret du 27 mars 1992 portant régime pénitentiaire au Cameroun, le régisseur de prison ne peut, sous peine de détention arbitraire, procéder à une incarcération sans ordre d'écrou écrit conforme au modèle réglementaire, ni un mandat ou une décision de justice, ni un acte administratif régulier[29].

À ce préalable, s'ajoutent d'autres formalités sécuritaire et disciplinaire[30].

Au demeurant, la séparation des condamnés pour terrorisme est impossible en principe, la prison principale de Yaoundé faisant office d'exception.

2. L'impossible séparation des condamnés pour terrorisme et l'exception de la prison principale de Yaoundé

La pratique du système pénitentiaire camerounais rend compte d'une séparation des détenus en fonction de leur statut. C'est ainsi que l'on trouvera par exemple, les femmes séparées des mineurs[31], ces derniers séparés de ceux concernés par le détournement de deniers publics, ces derniers séparés des personnels militaires et paramilitaires par exemple[32].

Le contexte des pays pauvres implique de relever le manque de moyens financiers, permettant de construire suffisamment de prisons. Les condamnés pour terrorisme, une des infractions les plus graves du droit positif camerounais, ne peuvent donc être réellement séparés des

---

[29] Cf article 16, Décret du 27 mars 1992 portant régime pénitentiaire au Cameroun.

[30] Cf article 17, Décret du 27 mars 1992 portant régime pénitentiaire au Cameroun : « *Les détenus sont fouillés préalablement à leur incarcération. Il ne leur est laissé ni bijou, ni valeur quelconque, ni instrument dangereux [...]* ». Article 19 : « *L'incarcération de tout détenu donne lieu à l'établissement d'une fiche signalétique conforme au modèle réglementaire. Ces fiches donnent l'identité des prisonniers et les accompagnent dans les différentes prisons où ils peuvent être appelés à séjourner pendant leur détention* ».

[31] Cf article 20, Décret du 27 mars 1992 portant régime pénitentiaire au Cameroun.

[32] Ces derniers exemples de séparations de détenus sont tirés de la pratique de la Prison centrale de Yaoundé.

autres. La Prison Principale de Yaoundé fait office d'exception au Cameroun.

Il faut relever que seule la ville de Yaoundé peut se permettre le « luxe » de séparer réellement certains détenus pour actes de terrorisme. On a pu y voir les détenus de l'affaire ministère public contre AYUK SISIKU TABE et autres. En effet, leur dangerosité ou supposée dangerosité impliquerait qu'ils ne soient pas en contact avec les autres détenus considérés comme « ordinaires ». La prison principale de Yaoundé incarcère donc les condamnés pour terrorisme supposés les plus dangereux.

Si le régime juridique d'exécution des peines prononcées par les Tribunaux militaires en matière de terrorisme a été présenté comme identique au régime juridique d'exécution des peines prononcées par les Tribunaux militaires, il faut relever que ledit régime est assorti d'obstacles et de difficultés.

II. L'EXÉCUTION DES PEINES PRONONCÉES PAR LES TRIBUNAUX MILITAIRES EN MATIÈRE DE TERRORISME A L'ÉPREUVE DU POUVOIR POLITIQUE ET DES DIFFICULTÉS PRATIQUES

L'exécution des peines en matière de terrorisme n'est pas aisée. Des obstacles légaux liés aux prérogatives du pouvoir politique peuvent être relevés (A), et des difficultés pratiques observées (B).

A. Les obstacles légaux lies aux prérogatives du pouvoir politique

Les obstacles légaux ici annoncés participent des moyens prévus par le législateur, afin de permettre que les pouvoirs exécutif et législatif puissent intervenir dans la sphère du pouvoir judiciaire, précisément celle de l'exécution des peines prononcées par les Tribunaux militaires en matière de terrorisme. Ces obstacles sont liés soit au Président de la République (1) soit au Parlement (2).

1. Les obstacles liés au Président de la République

Ces obstacles sont identifiés comme la grâce et le verrou juridique de l'exécution de la peine de mort.

S'agissant de la grâce, le pouvoir reconnu au Chef de l'État est garanti par la Constitution à l'article 8 (7), et la mesure détaillée à l'article 66 du Code pénal. Il s'agit de la commutation, ou la remise partielle ou totale, conditionnelle ou non, des peines, des mesures de sûreté et des obligations de la probation. Cette mesure peut concerner un condamné pour terrorisme, étant donné que la loi de 2014 ne l'interdit pas. Elle interviendra dès lors comme un verrou légal dans l'exécution de la peine pour cette infraction.

L'exécution d'une condamnation à mort est également un mécanisme dans lequel le chef de l'État intervient et qui devient un obstacle à l'exécution de la peine.

S'agissant du verrou juridique de l'exécution à mort, le régime juridique de ladite exécution est contenu dans les articles 22 et 23 du Code pénal. La première disposition indique que toute condamnation à mort est soumise au Président de la République en vue de l'exercice de son droit de grâce. De plus, tant qu'il n'a pas été statué par lui sur ladite grâce, aucune condamnation à mort ne peut recevoir exécution. Cet état de fait atteste de ce que malgré la décision du juge, l'exécution de la condamnation à mort sera encore soumise à une autre analyse du chef de l'État. Le pouvoir exécutif paralyse ainsi (légalement) le pouvoir judiciaire, dans l'exécution d'une décision de justice. Le pouvoir législatif peut également avoir le même impact. La peine de mort prononcée contre plusieurs accusés pour terrorisme[33] est donc susceptible à tout moment d'être commuée.

Un autre obstacle comme l'amnistie empêche l'exécution d'une peine prononcée au Tribunal militaire.

2. Les obstacles lies au Parlement : l'amnistie

Sous réserve des intérêts civils, l'amnistie efface la condamnation et met fin à toute peine principale et accessoire et à toute mesure de sûreté, à l'exception de l'internement dans une maison de santé et de la fermeture de l'établissement[34]. Elle ne peut résulter que d'une loi, au regard des termes utilisés par le législateur à l'article 73 du Code pénal[35].

---

[33] Tribunal militaire de Maroua : Affaire ministère public c/ ADAM MOUSSA, jugement n° 014/2015 du 21 avril 2015 ; Affaire ministère public c/ OUMARA MELE et TAIWE MAMAILA, jugement n° 028/2015 du 16 juin 2015 ; Affaire ministère public c/ GONI ALI, jugement n° 002/16 du 1er février 2016 ; Affaire ministère public c/ BANA COMPAM, jugement n° 003/16 du 1er février 2016, etc.

[34] Loi n° 2016-7 du 12 juillet 2016 portant Code pénal, article 73.

[35] Il est ici fait allusion à l'expression « sauf disposition contraire » ; elle sous-entend l'existence d'une loi.

L'on y voit donc l'action incontournable du Parlement en la matière. L'amnistie empêche le délinquant d'exécuter sa peine. Des difficultés pratiques peuvent accompagner les obstacles ci-dessus relevés.

Des difficultés pratiques peuvent accompagner les obstacles légaux ci-dessus relevés.

B. Les difficultés pratiques

Le régime juridique de l'exécution des peines en matière de terrorisme entraîne des difficultés réelles. Elles sont d'une part relatives à la peine (1), et d'autre part relatives à l'incarcération des condamnés pour terrorisme (2).

1. La peine

Le législateur prévoit une répression pécuniaire importante dans le cadre de l'apologie des actes de terrorisme[36]. Les montants sont visiblement très élevés, et leur importance pourrait se justifier au regard de la gravité de l'infraction commise. Il est même appréciable que le législateur ait laissé une possibilité au juge, de condamner l'auteur d'apologie des actes de terrorisme, uniquement à une peine pécuniaire.

Toutefois, le bilan des condamnations dans les Tribunaux militaires au Cameroun pour la période 2015-2020 renseigne sur un aspect principal. En effet, les juges des Tribunaux militaires n'ont quasiment jamais fait le choix de condamner un accusé à une peine d'emprisonnement à temps et à une amende pour apologie des actes de terrorisme[37]. Même si une telle condamnation survenait, le condamné serait-il réellement à même de s'acquitter de cette amende ? Toujours au regard de ce bilan, les condamnés pour terrorisme sont principalement acteurs du secteur tertiaire[38]. Les juges conscients de cette réalité privilégient donc les peines à temps. Il serait visiblement utopique (des exceptions peuvent exister) non seulement de penser à

---

[36] « 1. Est puni d'un emprisonnement de quinze (15) à vingt (20) ans et d'une amende de vingt-cinq millions (25 000 000) à cinquante millions (50 000 000) de francs CFA ou de l'une de ces deux peines seulement, celui qui fait publiquement l'apologie des actes de terrorisme [..] ».

[37] L'affaire ministère public contre DORASSOU Kelvin condamné à 15 ans d'emprisonnement et à 25 millions d'amendes, objet du jugement n° 181/18 du 15 octobre 2018 est une des rares exceptions (Tribunal militaire de Douala).

[38] Le bilan des condamnations dans les Tribunaux militaires au Cameroun pour la période 2015-2020 fait état de plusieurs conducteurs de moto-taxi, des cultivateurs, etc.

l'efficacité d'une condamnation pécuniaire en matière de terrorisme (en ce qui concerne principalement les individus, une personne morale pouvant être susceptible de payer), mais surtout de penser de manière réaliste à un paiement de ladite condamnation.

Une autre difficulté pratique relative à l'exécution des peines en matière de terrorisme réside dans la détention des condamnés de cette infraction.

2. La détention des condamnés pour terrorisme : absence de moyens de lutte contre la radicalisation et la déradicalisation

EL DIFRAOUI Asiem et UHLMANN Milena définissent la radicalisation comme le processus qui conduit un individu à rompre avec la société dans laquelle il vit pour se tourner vers une idéologie violente, en l'occurrence le djihadisme[39]. Ils identifient la notion de déradicalisation comme le fait de viser à défaire le processus de radicalisation et à encourager la réintégration des individus concernés dans la société[40]. Ces 02 notions se comprennent aisément dès lors que l'on traite de terrorisme et que l'on analyse les origines et les solutions de ce fléau dans quelque contexte que ce soit.

L'expérience a montré par ailleurs que tous les condamnés pour terrorisme n'ont pas commis leurs forfaits pour les mêmes raisons. Si certains les ont commis pour des besoins alimentaires[41], d'autres avaient la conviction de se battre pour une cause. C'est cette dernière catégorie qui est concernée par les questions de radicalisation et déradicalisation[42]. Leur catégorisation devrait en principe justifier leur séparation par quartier.

Seulement, le Cameroun ne dispose pas pour l'heure, de moyens lui permettant d'avoir des établissements pénitentiaires désignés par la catégorie de sécurité à laquelle ils appartiennent. Si des prisons de haute sécurité existaient, les terroristes les plus extrémistes y seraient

[39]EL DIFRAOUI Asiem et UHLMANN Milena, « Prévention de la radicalisation et déradicalisation : les modèles allemand, britannique et danois », *Politique étrangère*, 2015/4, p. 171.

[40]*Idem.*

[41]C'est le cas de certains condamnés dits « ambazoniens » qui se livraient à des kidnappings contre rançons.

[42] À lire par exemple sur ce sujet : HABOUZIT Francis, « L'usage de la notion de radicalisation dans le champ pénitentiaire », in *Revue de science criminelle et de droit comparé*, DALLOZ, 2017/3, pp. 587 à 606.

incarcérés. Le manque de locaux impose malheureusement qu'ils soient mélangés à d'autres détenus, avec le risque de radicaliser ceux-ci. Malheureusement, les conditions de détention au Cameroun font encore l'objet de critiques acerbes décriées par les gardiens des conventions internationales relatives aux droits de l'homme[43].

Il y a également un déficit de suivi psychologique, pouvant entraîner une déradicalisation. Au contraire, le condamné pour terrorisme en veut à l'État, et purge sa peine avec cette colère, sans en avoir forcément compris le bien-fondé. La raison de ce déficit peut se trouver dans le manque de moyens humain, ou l'absence de volonté des autorités publiques de prendre véritablement en compte les questions de réinsertion.

CONCLUSION

Au final, l'on constate que l'exécution des peines prononcées par les tribunaux militaires en matière de terrorisme est quasi similaire à l'exécution des peines prononcées par ces juridictions relativement à d'autres infractions. La seule différence qui pourrait être relevée réside dans les modalités pratiques d'incarcération, qui nécessitent la séparation dans la mesure du possible, du terroriste des autres détenus. Le régime de l'exécution des peines en matière de terrorisme au Cameroun semble ainsi conforme aux principes de légalité, d'égalité, et de bonne administration de la justice tels que prônés par le droit international.

Au demeurant, les écueils constatés s'agissant du défaut d'un régime particulier de l'incarcération des condamnés pour terrorisme rendent compte de ce que l'État doit, autant que faire se peut, mettre des moyens nécessaires afin de séparer les lesdits condamnés des autres détenus. En effet, la réinsertion de toutes les personnes incarcérées passe également par le fait d'éviter un partage négatif d'expérience entre détenus, du fait d'occuper les mêmes espaces. La mise en place d'une véritable politique carcérale concernant les condamnés pour terrorisme, tenant compte entre autres de la construction de locaux de haute sécurité, ou

[43] Le Comité des droits de l'homme, dans ses observations finales à l'issue de l'examen les 27 et 28 octobre 1999 du troisième rapport périodique du Cameroun au titre du Pacte international relatif aux droits civils et politiques « déplore les mauvaises conditions de détention au Cameroun (surpeuplement extrême, nourriture insuffisante et manque de soins médicaux), in NGUELE ABADA Marcelin, « Le Cameroun et la Cour Pénale Internationale », Actes du colloque sur *Le Cameroun et le droit international*, ATANGANA AMOUGOU Jean Louis (Dir.), PEDONE, 2013, p. 73.

encore de la formation et de la mise à disposition d'un personnel adéquat, est une question qui relève *in fine* de la volonté politique de l'État qui renforcera la bonne administration de la justice./-

BIBLIOGRAPHIE

OUVRAGES SPÉCIALISÉS

ASSIRA Claude, Procédure pénale et pratiques des juridictions camerounaises. Depuis le Code de janvier 2007, Éditions CLE, 2011, 372 p. ;

CORTEN Olivier, *Méthodologie du droit international public*, Éditions de l'Université de Bruxelles, 2009, 292 p. ;

KEUBOU Philippe, *Précis de procédure pénale camerounaise*, PUA, 2010, 203 p. ;

ARTICLES

EL DIFRAOUI Asiem et UHLMANN Milena, « Prévention de la radicalisation et déradicalisation : les modèles allemand, britannique et danois », *Politique étrangère*, 2015/4, pp. 171-182 ;

FARDET Christophe, « La notion d'exécution des décisions de justice administrative », IRÉNÉE, Université Lorraine, « CivitasEuropas », 2017/2 n° 39, p.13 (https://www.cairn.info/revue-civitas-europa-2017-2-page-13.htm,dernièrement consulté le 11 juin 2021) ;

GARCIA VILLEGAS Mauricio, LEJEUNE Aude, « La sociologie du droit en France : de deux sociologies à la création d'un projet pluridisciplinaire », *Revue Interdisciplinaire d'Études Juridiques*, 2011/1, Volume 66, pp. 1-39 ;

LAMBERT ABDELGAWAD Élisabeth, « L'exécution des décisions des juridictions internationales des droits de l'homme : vers une harmonisation des systèmes régionaux », *ACDI*, vol.3 Spécial, 2010, pp. 9-55 ;

NGOKO TIMO Raoul Andy, « L'ouverture de l'information judiciaire contre le suspect en fuite dans la procédure pénale camerounaise », *Juridis Périodique* n° 117, Janvier-Février-Mars 2019, pp.119-130 ;

NGUELE ABADA Marcelin, « Le Cameroun et la Cour Pénale Internationale », in *Actes du colloque sur Le Cameroun et le droit international*, ATANGANA AMOUGOU Jean Louis (dir.), PEDONE, 2013, pp. 57-74

SCALIA Damien, « Légalité et égalité de l'exécution des peines en droit international pénal : un clair-obscur contrasté », *RSC*, octobre-décembre 2011, pp. 761-788 ;

VAN HOUTTE Jan, « La sociologie du droit, les problèmes sociaux et la politique en Belgique », in *Droit et Société*, n° 30-31, 1995. L'environnement et le droit. pp. 425-443 ;

LÉGISLATION

- **TEXTES SUPRA NATIONAUX**

Règlement n° 01/CEMAC/UMAC/CM du 11 avril 2016 portant Prévention et Répression du Blanchiment des Capitaux et du Financement du Terrorisme et la Prolifération en Afrique Centrale ;

- **TEXTES NATIONAUX**

✓ **DÉCRETS**

Décret n° 80-299 du 26 juillet 1980 portant organisation administrative des juridictions subséquemment modifié ;

Décret n° 85/520 du 13 avril 1985 portant organisation administrative des juridictions militaires ;

✓ **LOIS**

Loi n° 2005/007 du 27 juillet 2005 portant Code de procédure pénale ;

Loi n° 2014/028 du 23 décembre 2014 portant répression des actes de terrorisme ;

Loi n° 2016-7 du 12 juillet 2016 portant Code pénal ;

Loi n° 2017/012 du 12 juillet 2017 portant Code de Justice Militaire ;

JURISPRUDENCE

- Tribunal militaire de Yaoundé

Affaire ministère public c/ HALIDOU AHMADOU, jugement n° 322/CRIM/15 du 28 décembre 2015 ;

Affaire ministère public c/ ADAM OUMAR, jugement n° 035/CRIM/16 du 22 février 2016 ;

- Tribunal militaire de Douala

Affaire ministère public c/ DORASSOU, jugement n° 181/18 du 15 octobre 2018 ;

- Tribunal militaire de Maroua

Affaire ministère public c/ ADAM MOUSSA, jugement n° 014/2015 du 21 avril 2015 ;

Affaire ministère public c/ OUMARA MELE et TAIWE MAMAILA, jugement n° 028/2015 du 16 juin 2015 ;

Affaire ministère public c/ GONI ALI, jugement n° 002/16 du 1er février 2016 ;

Affaire ministère public c/ BANA COMPAM, jugement n° 003/16 du 1er février 2016.

AUTRES

ONUDC, *Questions les plus fréquemment posées sur les aspects du droit international touchant la lutte contre le terrorisme*, 2009, 120 p. ;

Code de Justice militaire et Statut particulier du personnel de la Justice militaire de la République de Guinée, 17 janvier 2012, 65 p. ;

ABEL AMAN Jean Jaurès, *L'administration des greffes au Cameroun. Vers le management moderne des services judiciaires*, 1ere édition, décembre 2017, 482 p. ;

État n° 057/ET/CG/TMY Bilan quantitatif et sociologique de la répression du terrorisme pour la période 2015-2020 au Tribunal militaire de Yaoundé, 25 janvier 2021 ;

État n° 001/ET/CG/TMD Bilan quantitatif et sociologique de la répression du terrorisme pour la période 2015-2020 au Tribunal militaire de Douala, 28 janvier 2021 ;

État n° 034/NA/PT/TMM, Bilan quantitatif et sociologique de la répression du terrorisme pour la période 2015-2020 au Tribunal militaire de Maroua, 22 janvier 2021 ;

Bilan quantitatif et sociologique de la répression du terrorisme pour la période 2015-2020 au Tribunal militaire de Garoua, 2021 ;

État n° 012/ET/CG/TMN Bilan quantitatif et sociologique de la répression du terrorisme pour la période 2015-2020 au Tribunal militaire de Ngaounderé, 21 janvier 2021 ;

État n° 21/119/ET/CG/TM BDA/BAP, Bilan quantitatif et sociologique de la répression du terrorisme pour la période 2015-2020 au Tribunal militaire de Bafoussam, 25 janvier 2021 ;

Bilan quantitatif et sociologique de la répression du terrorisme pour la période 2015-2020 au Tribunal militaire de Bamenda, 2021 ;

Bilan quantitatif et sociologique de la répression du terrorisme pour la période 2015-2020 au Tribunal militaire de Buea, 2021 ;

État /STAT/CG/TM/BTA, Bilan quantitatif et sociologique de la répression du terrorisme pour la période 2015-2020 au Tribunal militaire de Bertoua, 26 janvier 2021 ;

État n° 024/ET/CG/TME/BAP/20, Bilan quantitatif et sociologique de la répression du terrorisme pour la période 2015-2020 au Tribunal militaire d'Ebolowa, 29 janvier 2021./-

LA RÉPARATION DU PRÉJUDICE LIÉ AUX ACTES DE TERRORISME DEVANT LE JUGE MILITAIRE AU CAMEROUN : QUELLE PLACE POUR LA VICTIME ?

Innocent FETZE KAMDEM

Chargé de Cours à l'IRIC / Université de Yaoundé II

INTRODUCTION

Le préambule de la *Constitution de la République du Cameroun* [1]dispose que la « loi assure à tous les hommes le droit de se faire rendre justice »[2]. Ainsi en sera-t-il pour toute personne qui, victime d'un acte de terrorisme, sollicite une réparation. Au Cameroun, la répression des actes de terrorisme est régie par la *loi n° 2014/028 du 23 décembre 2014*[3]. Aux termes de l'alinéa c *in principio* de l'article 8 de la *Loi n° 2017/012 du 12 juillet 2017 portant Code de justice militaire*, cette répression relève de la compétence exclusive du tribunal militaire. Cette disposition est venue préciser l'alinéa 3 du premier article de la *loi n° 2014/028 du 23 décembre 2014 portant répression des* actes *de terrorisme* qui énonce que « les infractions prévues par la présente loi relèvent de la compétence des juridictions militaires ».

En vertu de l'article 2 de la *loi n° 2008/015 du 29 décembre 2008 portant Organisation judiciaire militaire et fixant les règles de procédure applicables devant les Tribunaux militaires*, « les tribunaux militaires sont des juridictions à compétence spéciale ». Compte tenu de la peine de mort encourue[4], le tribunal militaire jugeant des actes

---

[1]Voir la *Constitution de la République du Cameroun* du 02 juin 1972 telle que révisée par la *Loi n° 96/06 du 18 janvier 1996* modifiée et complétée par la *Loi n° 2008/001 du 14 avril 2008.*

[2] Il convient de rappeler qu'en vertu de l'article 65 de ladite *Constitution*, le préambule fait partie intégrante de celle-ci.

[3] Voir article 1, alinéa 1 de la *Loi n° 2014/028 du 23 décembre 2014 portant répression des actes de terrorisme.*

[4] Article 2, alinéa 1 de la *Loi n° 2014/028 du 23 décembre 2014 portant répression des actes de terrorisme.*

terroristes siège en matière criminelle, donc en collégialité composée de trois juges[5]. De sorte qu'en l'espèce, parler de juge militaire renvoie à ce trio de juges. Ce faisant, « le Code Pénal ; le Code de procédure pénale et le Code de Justice Militaire demeurent applicables dans leurs dispositions non contraires à la [...] loi » portant répression des actes de terrorisme[6].

Constitue un acte de terrorisme, tout acte visé à l'article 2 de la *loi n° 2014/028 du 23 décembre 2014 portant répression des actes de terrorisme*[7]. En vertu de son alinéa 1, il s'agit d'une part de « tout acte ou menace d'acte susceptible de causer la mort, de mettre en danger l'intégrité physique, d'occasionner des dommages corporels ou matériels, des dommages aux ressources naturelles, à l'environnement ou au patrimoine culturel dans l'intention :

a) D'intimider la population, de provoquer une situation de terreur ou de contraindre la victime, le gouvernement et/ou une organisation, nationale ou internationale, à accomplir ou à renoncer à un acte quelconque, à adopter ou à renoncer à une position particulière ou à agir selon certains principes ;
b) De perturber le fonctionnement normal des services publics, la prestation de services essentiels aux populations ou de créer une situation de crise au sein des populations ;
c) De créer une insurrection générale dans le pays. »

Aux termes de l'alinéa 2 du même article, il s'agit d'autre part du fait de poser les actes suivants en vue d'atteindre les mêmes objectifs que ceux énumérés à l'alinéa précédent :

« a) [Fournir] et/ou [utiliser] les armes et matériels de guerre ;

---

5 Voir article 7 de la *Loi n° 2017/012 du 12 juillet 2017 portant code de justice militaire.*

6 Article 1er, alinéa 2 de la *Loi n° 2014/028 du 23 décembre 2014 portant répression des actes de terrorisme.* Voir aussi l'article 2 du *Code de procédure pénale* qui établit la primauté du *Code de justice militaire* et d'autres textes particuliers.

7 Dans le cadre de cette étude, nous n'aborderons donc pas les infractions connexes aux actes de terrorisme que sont le financement des actes de terrorisme, le blanchiment des produits des actes de terrorisme, l'apologie des actes de terrorisme ainsi que le recrutement et la formation visés aux articles 3, 4, 5 et 8 de la loi n° 2014/028 du 23 décembre 2014 portant répression des actes de terrorisme. De telles infractions ont ceci de particulier que la preuve d'un lien de causalité peut être ardue, voire impossible.

b) [Fournir et/ou [utiliser] des micro-organismes ou tous autres agents biologiques, notamment des virus, des bactéries, des champignons ou des toxines ;
c) [Fournir] et/ou [utiliser] des agents chimiques, psychotropes, radioactifs ou hypnotisants ;

d) [Procéder] à une prise d'otage. »

On le voit, un acte de terrorisme est constitutif d'une infraction. Or, en vertu de l'article 59, alinéa 1 du *Code de procédure pénale*, une « infraction peut donner lieu à une action publique et, éventuellement, à une action civile. » Les alinéas 2 et 3 du même article 59 établissent une nette distinction entre une action publique et une action civile profitable à la victime. Ainsi, si une « action publique tend à faire prononcer contre l'auteur d'une infraction, une peine ou une mesure de sûreté édictée par la loi », l'action civile quant à elle « tend à la réparation du dommage causé par une infraction ».

En cas d'acte de terrorisme, selon l'article 12 de la Loi, « le tribunal militaire est saisi par ordre de mise en jugement direct du Commissaire du Gouvernement »[8] qui met ainsi en mouvement l'action publique. *Quid* de l'action civile ? Autrement dit, quel est le sort d'une personne qui se trouve lésée par un acte de terrorisme ? C'est l'objet de notre réflexion qui, en vue de circonscrire la place de la victime d'un acte de terrorisme, se propose d'examiner dans quelles conditions se met précisément en branle l'action civile lorsque le tribunal militaire est appelé à réprimer cette infraction en droit camerounais. Certes, conformément au paragraphe 2 de l'article 61 du *Code de procédure pénale*, il est loisible à la victime d'exercer « séparément » l'action civile de l'action publique, mais seulement après le dénouement final de celle-ci consacrant ainsi l'adage selon lequel « le criminel tient le civil en état ». Il est tout aussi vrai que par souci de célérité et d'efficience, aux termes du premier paragraphe du même article 61 du *Code de procédure pénale*, en principe, ladite « action civile peut être exercée en même temps que l'action publique devant la même juridiction lorsque les deux résultent des mêmes faits ». C'est dans ce second contexte que se situent les présents propos déclinés en deux temps. D'une part, nous explorerons les circonstances de recevabilité

[8] Article 12 de la *Loi n° 2014/028 du 23 décembre 2014 portant répression des actes de terrorisme.*

de la constitution de la partie civile devant le juge militaire (I). D'autre part, nous nous attarderons sur la réparation du préjudice lié aux actes de terrorisme devant la juridiction militaire (II).

I. LES CIRCONSTANCES DE RECEVABILITÉ DE LA CONSTITUTION DE LA PARTIE CIVILE DEVANT LE JUGE MILITAIRE AU CAMEROUN

Certes, selon l'article 2, alinéa 4 de la *Loi portant répression des actes de terrorisme*, ceux-ci sont répréhensibles « même en cas de guerre officiellement déclarée ». Toutefois, l'effectivité d'une guerre commandera l'irrecevabilité d'office d'une constitution de partie civile devant le juge militaire (A) tandis qu'en l'absence de guerre, la constitution de partie civile devant le même juge sera possible (B).

A. L'irrecevabilité de principe en cas de guerre

En vertu de l'article 27 alinéa i) de la *Loi n° 2017/012 du 12 juillet 2017 portant Code de justice militaire*, en temps de guerre, aucune constitution de partie civile n'est recevable devant le juge militaire. Il devient donc indispensable de circonscrire la notion de guerre dans le corpus juridique camerounais (1) avant de dégager les conséquences qui découlent de l'irrecevabilité de la constitution de partie civile qu'elle charrie (2).

1. La notion de guerre

La guerre est une notion qui a généralement été diversement comprise avec des manifestations multiformes. Cependant, à moins d'une guerre civile, la guerre est habituellement entendue comme une confrontation entre armées d'États différents déclenchée par une déclaration formelle[9].

Au Cameroun, parmi les matières relevant expressément et exhaustivement de la compétence du parlement bicaméral en vertu de l'article 26 de la Constitution figurent, en son alinéa c-4, les règles générales d'organisation de la défense nationale. C'est sur cette base qu'avait été adoptée et promulguée la *Loi n° 67/LF/9 du 12 juin 1967 portant organisation générale de la Défense*. Un examen minutieux de ladite loi peut permettre de cerner la notion de guerre au Cameroun.

---

[9] Voir Denis ALLARD et Stéphane RIALS (dir.), *Dictionnaire de la culture juridique*, Paris, LAMY/PUF, 2003, p. 772.

Aux termes du paragraphe 2 de l'article 20 de la Loi ainsi citée, « [l]'ensemble des forces [de défense régulières, supplétives et auxiliaires] est constitué pour défendre la nation contre les ennemis du dehors et assurer au-dedans le maintien de l'ordre et l'exécution des lois ». On peut donc en déduire qu'au Cameroun, une guerre ne peut survenir qu'en situation de conflit avec un ennemi extérieur. Du moment où des troubles émanent de l'intérieur du territoire national, l'on ne saurait parler de guerre, mais plutôt de maintien de l'ordre même si celui-ci peut être renforcé.

Ainsi, lorsqu'il s'agit de faire face à un ennemi provenant de l'extérieur du Cameroun, en principe et comme l'y autorise l'article 24 de la Loi précitée de 1967, il sera loisible au Président de la République d'ordonner l'emploi des unités de réserve générale. Ce qui est d'ailleurs conforme au devoir constitutionnel à lui imparti par l'article 5 de la Constitution qui dispose ce qui suit : « (1) Le Président de la République est le Chef de l'État. (2) Élu de la Nation tout entière, il incarne l'unité nationale ; il définit la politique de la nation ; il veille au respect de la Constitution ; il assure, par son arbitrage, le fonctionnement régulier des pouvoirs publics ; il est le garant de l'indépendance nationale, de l'intégrité du territoire, de la permanence et de la continuité de l'État, du respect des traités et accords internationaux ». Sur cette base, nous sommes d'avis qu'au Cameroun, une guerre ne peut exister qu'en présence d'un ennemi étranger ayant motivé une réaction conséquente du Président de la République par la mise en branle des forces de défense dédiées. À la lumière de ce qui précède, nous pensons que, bien qu'étant déjà dans une phase d'intensité réduite, les hostilités toujours en cours depuis 2014 contre Boko Haram peuvent être qualifiées de guerre. D'autant que d'emblée, le Président de la République du Cameroun avait dit sans ambages que « [n]ous sommes ici pour déclarer la guerre au Boko Haram »[10]. Il en irait de même en cas de menace aggravée contre des intérêts camerounais émanant de l'autre côté des frontières orientales, méridionales ou occidentales du pays.

---

[10] Déclaration faite le 17 mai 2014 à Paris, en France par S. E. M. Paul BIYA, Président de la République du Cameroun, en ligne, [https://www.prc.cm/fr/actualites/discours/1099-declaration-de-s-e-paul-biya-lors-de-la-conference-de-presse-conjointe-des-chefs-d-etat-a-l-issue-du-sommet-de-paris-sur-la-securite-au-nigeria], consulté le 04 juin 2021.

Par contre, tout autre est la situation en ce qui concerne les actes perpétrés dans les régions du Nord-Ouest et du Sud-Ouest du Cameroun. Certes dans les faits, l'ordre public y est gravement affecté et justifie le déploiement de forces autres que la gendarmerie et la police. Cela est néanmoins justifié par les paragraphes 2 et 3 de l'article 26 de la loi de 1967 qui énoncent qu'en vue du maintien de l'ordre au quotidien, les autorités civiles disposent de « la gendarmerie départementale et des polices ». Or, si de telles ressources s'avèrent insuffisantes, les autorités civiles camerounaises peuvent réquisitionner en renfort « des forces terrestres, aériennes et maritimes ». Dans ce cas, on peut alors parler de la nécessité d'un « maintien de l'ordre renforcé » qui n'est quand même pas, techniquement, une situation de guerre. Par conséquent, les actes terroristes survenant du fait de franges sécessionnistes ne se produisent pas en contexte de guerre. Dès lors, les préjudices qu'ils génèrent pourront valablement donner lieu à la constitution de partie civile devant le tribunal militaire camerounais.

2. Les conséquences de l'irrecevabilité

Comme nous l'avons indiqué plus haut, lorsque les circonstances sont telles qu'on est en présence d'une guerre, la constitution de partie civile sera irrecevable devant le tribunal militaire. Dans ce cas, la victime n'aura pas d'autre choix que de se pourvoir devant une juridiction civile pour demander la réparation du dommage qu'elle a subi. Cependant, suivant l'exigence du paragraphe 2 de l'article 61 du *Code de procédure pénale*, un tel recours civil ne pourra avoir lieu qu'après le prononcé de la décision du tribunal militaire concernant la culpabilité ou non de l'inculpé poursuivi pour terrorisme. Évidemment, en aval, la tâche de la victime devant le juge civil sera facilitée si, en amont, le tribunal militaire a déclaré l'inculpé coupable d'acte de terrorisme. À l'inverse, il semble que ladite tâche pourrait être plus ardue si la culpabilité pénale du présumé auteur du dommage n'a pas préalablement été établie.

B. La constitution de partie civile par une victime d'acte de terrorisme en l'absence de guerre

Il y a lieu de faire la lumière sur les modalités de constitution de partie civile (1) avant d'en examiner les conséquences (2).

1. Les modalités de constitution de partie civile

Il ressort du *Code de justice militaire* que la constitution de partie civile peut se faire auprès du Commissaire du gouvernement (1.1), mais pas devant le juge d'instruction auprès du tribunal militaire (1.2).

1.1. La constitution de partie civile devant le Commissaire du gouvernement

L'alinéa 5 de l'article 13 de la *Loi n° 2017/012 du 12 juillet 2017 portant Code de justice militaire* indique que devant le tribunal militaire, la constitution de partie civile se fait conformément aux règles du *Code de procédure pénale*. De plus, à la lecture de l'article 4 de la même *Loi*, il ressort de son alinéa 1 qu'en cas de terrorisme, le Tribunal militaire de Yaoundé peut exercer ses attributions sur l'ensemble du territoire national. Sous réserve pour le tribunal militaire de Yaoundé d'exercer cette compétence nationale en cas d'acte de terrorisme, tout autre tribunal militaire pourra être compétent sur la base des facteurs habituels que sont notamment le lieu de commission de l'infraction et celui de l'interpellation du suspect. Pourtant, l'article 12 de la *loi n° 2014/028 du 23 décembre 2014 portant répression des actes de terrorisme* subordonne la saisine de la juridiction compétente à un « ordre de mise en jugement direct du Commissaire du Gouvernement. »

C'est dire qu'en cette matière, nonobstant le renvoi de l'article 13 alinéa 5 précité, ne seront nullement pertinents les articles 157 et 158 du *Code de procédure pénale* accordant à la victime une capacité de se constituer partie civile en mettant également en mouvement l'action publique[11].

---

[11] L'article 157 du *Code de procédure pénale* dispose que « (1) Toute personne qui se prétend lésée par un crime ou par un délit peut, en portant plainte, se constituer partie civile devant le juge d'instruction compétent. 2) La plainte avec constitution de partie civile met en mouvement l'action publique. (3) La règle édictée à l'alinéa (1) n'est applicable ni aux contraventions ni aux infractions dont la poursuite est réservée au seul ministère Public. » L'article 158 du même *Code de procédure pénale* ajoute que : « (1) La personne qui met en mouvement l'action publique conformément à l'article 157 (1) est tenue, à peine d'irrecevabilité, de consigner au greffe du Tribunal de première instance compétent la somme présumée suffisante pour le paiement des frais de procédure.
Cette somme est fixée par ordonnance du juge d'instruction.
(2) Un supplément de consignation peut être fixé au cours de l'information. »

Par conséquent, en cas de terrorisme, c'est idéalement auprès du Commissaire du gouvernement que doit se faire la constitution de partie civile suivant les dispositions juridiques pertinentes. Ainsi, si la victime est encore en vie et jouit de sa pleine capacité juridique, elle-même ou son conseil pourrait initier la démarche nécessaire auprès du Commissaire du gouvernement, voire auprès de l'officier de police judiciaire enquêteur, pour se constituer partie civile. Si ladite victime ne jouit pas de la capacité d'ester en justice, elle pourrait être suppléée par les mécanismes habituels de tutelle ou de curatelle. Par contre, si la victime est décédée, ce sont ses ayants droit ayant qualité qui pourraient se faire reconnaître le statut de partie civile.

1.2. L'impossible constitution de partie civile devant le juge d'instruction

Contrairement aux règles communes édictées par le *Code de procédure pénale*[12], l'article 15 de la *Loi n° 2017/012 du 12 juillet 2017 portant Code de justice militaire* prescrit l'irrecevabilité d'office d'une plainte avec constitution de partie civile devant le juge d'instruction. Autrement dit, il est interdit de se constituer partie civile auprès du juge d'instruction de la juridiction militaire. Cette interdiction semble se justifier par le monopole réservé au Commissaire du gouvernement pour poursuivre les auteurs d'acte de terrorisme devant le tribunal militaire[13]. En conséquence, devant ce tribunal à compétence spéciale, la victime d'un acte terroriste ne peut se constituer partie civile que devant le Commissaire du gouvernement.

2. Les conséquences de la constitution de partie civile…

Nous verrons tour à tour les conséquences de cette situation pour la victime (2.1) et à l'égard du présumé auteur d'acte de terrorisme (2.2).

2.1. … pour la victime

Pour la victime, personne physique ou personne morale, les conséquences de la constitution de partie civile seront de quatre ordres.

D'abord, en se constituant partie civile, la victime devient une partie au procès devant le tribunal militaire. À ce titre, elle participe au procès

---

[12] À cet égard, voir l'article 157 du *Code de procédure pénale*.

[13] Voir l'article 12 de la l*oi n° 2014/028 du 23 décembre 2014 portant répression des actes de terrorisme* ainsi que l'article 157, alinéa 3 du *Code de procédure pénale*.

en tant que « partie civile » et peut d'ailleurs se faire assister par un avocat de son choix[14]. D'où l'importance pour la partie civile de manifester son intérêt même dès la phase de l'enquête préliminaire lorsque l'officier de police judiciaire s'évertue à recouper les faits et à rassembler le maximum d'éléments de preuve.

Ensuite, compte tenu du fait que la constitution de partie civile n'est admise qu'auprès du Commissaire du gouvernement[15] représentant le ministère public et que par surcroît, cette autorité est seule habilitée à saisir le tribunal militaire[16], par une interprétation *a contrario* de l'article158, alinéa 1 du *Code de procédure pénale*, la victime sera exemptée de toute consignation en l'occurrence.

Puis, cette constitution de partie civile vaut saisine du tribunal militaire de son action en réparation du préjudice souffert du fait de l'acte de terrorisme qui fonde la compétence de base de cette juridiction spécialisée. Par conséquent, la victime se ferme définitivement la porte d'une autre juridiction civile habituellement compétente pour connaître des recours délictuels fondés sur les articles 1382 et suivants du *Code civil.*

Enfin, en se constituant partie civile, il incombe désormais à la victime et à sa seule diligence d'apporter au tribunal tous les éléments de preuve justifiant la réparation demandée.

2.2. … à l'égard du présumé terroriste

Le préambule de la *Constitution* camerounaise prévoit que « [t]out prévenu est présumé innocent jusqu'à ce que sa culpabilité soit établie au cours d'un procès conduit dans le strict respect des droits de la défense ».

Ainsi, le présumé terroriste, qu'il soit une personne physique ou une personne morale[17], qu'il soit étranger[18] ou Camerounais, est « celui qui,

---

[14] Voir articles 173 du *Code de procédure pénale* et article 2 du *Code de procédure civile et commerciale.*

[15] Voir *a contrario* l'article 157, alinéa 1 du *Code de procédure pénale.*

[16] Voir article 12 de la *loi n° 2014/028 du 23 décembre 2014 portant répression des actes de terrorisme.*

[17] À cet égard, voir l'article 6 de la *Loi n° 2014/028 du 23 décembre 2014 portant répression des actes de terrorisme.*

[18] Voir article 10 de la *Loi n° 2017/012 du 12 juillet 2017 portant Code de justice militaire* qui dispose que, sous réserve d'une convention internationale lui octroyant

à titre personnel, en complicité ou en coaction, commet » un acte de terrorisme au sens de l'article 2 de la *loi n° 2014/028 du 23 décembre 2014 portant répression des actes de terrorisme*. Cependant, lorsque le présumé terroriste a moins de dix-huit (18) ans révolus au moment de la commission de l'infraction poursuivie, il ne peut être attrait devant le tribunal militaire. En ce cas, après une éventuelle disjonction de procédures, le Commissaire du gouvernement doit transmettre le dossier dudit mineur au parquet de la juridiction compétente en matière de délinquance juvénile[19].

Quoi qu'il en soit, la constitution de partie civile n'édulcore en rien la présomption d'innocence reconnue au suspect ou à l'inculpé. C'est donc au cours du procès ouvert devant le juge militaire que la victime devra apporter la preuve de la justesse de la réparation sollicitée.

II. LA RÉPARATION DU PRÉJUDICE LIÉ AUX ACTES DE TERRORISME DEVANT LE JUGE MILITAIRE AU CAMEROUN

Une fois la constitution de partie civile jugée recevable dans les conditions énoncées ci-haut, la réparation du préjudice lié aux actes de terrorisme va obéir à la procédure de droit commun conformément à l'exigence de l'article 19, alinéa 1 de la *Loi n° 2017/012 du 12 juillet 2017 portant Code de justice militaire* et suivant les dispositions pertinentes en la matière. À cet égard, l'article 1382 du *Code civil* est essentiel en ce sens qu'il prescrit ce qui suit : « Tout fait quelconque de l'homme qui cause à autrui un dommage oblige celui par la faute duquel il est arrivé, à le réparer ». Dans cette optique, l'exploration des modalités de la réparation (B) sera précédée de l'énoncé des conditions de sa mise en œuvre (A).

A. Les conditions de la mise en œuvre d'une réparation

Pour que le juge militaire reconnaisse sa responsabilité civile et le condamne en conséquence, il faut qu'au préalable, l'inculpé soit déclaré coupable d'acte de terrorisme (1). Il faut également prouver que cet acte a causé un préjudice (2) en établissant le lien de causalité entre l'acte de l'inculpé désormais coupable et le dommage ainsi subi par la victime (3).

---

soit un privilège de juridiction, soit des immunités, l'étranger inculpé sera traité de la même manière qu'un délinquant Camerounais.

[19] Article 9 de la *Loi n° 2017/012 du 12 juillet 2017 portant Code de justice militaire.*

1. Le préalable de la culpabilité pénale du terroriste

Au terme des débats conduits selon les exigences du *Code de procédure pénale*[20], le juge militaire rend son jugement. Il ne pourra cependant se prononcer sur l'action civile que s'il a au préalable établi la culpabilité du présumé terroriste jugé. En effet, s'il statue que l'inculpé est non coupable d'acte de terrorisme, le tribunal n'aurait pas d'autre choix que de se déclarer incompétent pour connaître de l'action en réparation du dommage subi par la victime. En ce cas, ladite victime devrait soit se greffer à un éventuel appel interjeté par le Commissaire du gouvernement, soit se pourvoir devant une juridiction civile compétente.

Toutefois, à moins que l'on soit en temps de guerre survenu après que la constitution de partie civile soit consommée[21], le jugement ainsi rendu par le tribunal militaire sera susceptible d'opposition ou d'appel suivant les règles habituelles du *Code de procédure pénale*[22].

Au demeurant, il convient de signaler qu'en cas d'arrêt des poursuites en tout temps avant une décision sur le fond de l'affaire en instance, le juge militaire ne pourra pas prononcer de jugement concernant l'infraction. En effet, l'arrêt des poursuites peut émaner soit du ministre chargé de la Justice Militaire (en l'occurrence, le ministre délégué à la présidence, chargé de la défense), soit du commissaire du gouvernement. Dans le premier cas, l'arrêt des poursuites peut être demandé par le ministre chargé de la Justice Militaire sur ordre du Président de la République[23]. Dans le second cas, « lorsque une poursuite est de nature à compromettre l'intérêt social ou la paix publique », avec l'autorisation préalable du ministre chargé de la Justice Militaire , le Commissaire du gouvernement est habilité à requérir par écrit, puis oralement l'arrêt de ladite poursuite avant que le tribunal militaire ne se prononce sur le fond[24].Dans l'un et l'autre cas, certes le bénéficiaire de l'arrêt des poursuites va recouvrer la liberté.

---

[20] Article 22 de la *Loi n° 2017/012 du 12 juillet 2017 portant Code de justice militaire.*

[21] Voir article 27 alinéa g) de la *Loi n° 2017/012 du 12 juillet 2017 portant Code de justice militaire.*

[22] Alinéas 1, 2 et 3 de l'article 25 de la *Loi n° 2017/012 du 12 juillet 2017 portant Code de justice militaire.*

[23] Article 13 alinéa 4 de la *Loi n° 2017/012 du 12 juillet 2017 portant Code de justice militaire.*

[24] Article 14 alinéa 1 de la *Loi n° 2017/012 du 12 juillet 2017 portant Code de justice militaire.*

Toutefois, le juge militaire devra continuer à son égard l'action en réparation du dommage causé à la victime[25]. Il faudra alors administrer la preuve que l'inculpé ainsi criminellement libéré a bel et bien causé un préjudice soit à la victime, soit à ses ayants droit.

2. Le préjudice

Le préjudice est le tort causé directement à la victime ou indirectement à ses ayants droit. Il s'agit d'un dommage, d'une atteinte qui affecte un droit dont bénéficiait une personne avant que ne survienne le fait constitutif d'acte dont le terroriste a été jugé coupable.

L'article 2, alinéa 1 de la *Loi n° 2014/028 du 23 décembre 2014 portant répression des actes de terrorisme* énumère (incidemment ?) les différents dommages qui peuvent résulter d'un acte terroriste. Il s'agit de la mort, d'un dommage corporel, d'un dommage matériel, voire d'un dommage aux ressources naturelles, à l'environnement ou au patrimoine culturel. En cas de décès, la victime du préjudice va être représentée par ses ayants droit conformément aux articles 718 et suivants du *Code civil*.

Dans tous les cas, que le préjudice soit physique, moral, matériel, financier, actuel ou futur, il faudra l'évaluer. Il est donc question de quantifier le dommage, de le chiffrer en déterminant le montant d'argent (en monnaie ayant cours légal : le Franc CFA BEAC ou XAF) qui est de nature à remettre la victime ou ses ayants droit dans l'état où elle se serait trouvée sans la survenance du fait terroriste. Il revient au juge militaire d'apprécier ces prétentions civiles et de décider du montant des dommages-intérêts que l'auteur de l'acte terroriste doit payer à la victime ou à ses ayants droit en guise de réparation.

3. Le lien de causalité

En vue de retenir la responsabilité civile délictuelle du terroriste, il est indispensable de démontrer le lien existant entre l'acte qui lui est reproché et le dommage lésant la victime ou ses ayants droit. Autrement dit, il faut montrer que le préjudice subi par la victime résulte bel et bien de l'acte de terrorisme qui vient d'être jugé et condamné.

---

[25] Article 14 alinéa 2 de la *Loi n° 2017/012 du 12 juillet 2017 portant Code de justice militaire.*

B. Les modalités de la réparation

En principe et selon les termes mêmes de l'article 1382 du Code civil, il revient à l'auteur du préjudice de le réparer (1). Cependant, face aux réalités sociales et en raison notamment de l'éventuelle insolvabilité du terroriste, ne serait-il pas judicieux d'envisager l'instauration d'un fonds supplétif d'indemnisation publique (2) ?

1. Le principe de la réparation par le terroriste auteur du préjudice

En cette matière, nous avons déjà vu que les règles de droit commun sont applicables. Étant donné qu'un tel corpus juridique a déjà fait l'objet d'une abondante littérature, il nous paraît ici idoine d'insister plutôt sur deux cas qui revêtent une importance particulière. En effet, il y a lieu de distinguer selon que le terroriste est civilement majeur ou non.

Cas d'un terroriste majeur civil. C'est le cas lorsque le terroriste a plus de vingt-et-un (21) ans révolus. Il est donc « capable de tous les actes de la vie civile » conformément à l'article 488 du *Code civil.* De plus, l'article 1383 du même *Code civil* énonce que « Chacun est responsable du dommage qu'il a causé non seulement par son fait, mais encore par sa négligence ou par son imprudence ». Par ailleurs, l'article 1384 du *Code civil* mérite d'être rappelé sans autre commentaire :

« On est responsable non seulement du dommage que l'on cause par son propre fait, mais encore de celui qui est causé par [...] des choses que l'on a sous sa garde.

Toutefois, celui qui détient, à un titre quelconque, tout ou partie de l'immeuble ou des biens mobiliers dans lesquels un incendie a pris naissance ne sera responsable, vis-à-vis des tiers, des dommages causés par cet incendie que s'il est prouvé qu'il doit être attribué à sa faute ou à la faute des personnes dont il est responsable.

Cette disposition ne s'applique pas aux rapports entre propriétaires et locataires, qui demeurent régis par les articles 1733 et 1734 du Code civil. »

Cas d'un terroriste pénalement responsable et mineur civil. C'est le cas lorsque le terroriste est certes âgé d'au moins 18 ans et de moins de 21 ans au moment de l'infraction et est ainsi jugé par le tribunal militaire. Toutefois, sur le plan civil, ledit terroriste est encore mineur parce que selon les termes de l'article 388 du *Code civil*, il « n'a point encore l'âge de vingt-et-un ans accomplis ». Dans de telles circonstances, il y a lieu de recourir à l'article 1384 du *Code civil* qui se lit comme suit :

> « On est responsable non seulement du dommage que l'on cause par son propre fait, mais encore de celui qui est causé par le fait des personnes dont on doit répondre [...].
>
> Le père et la mère, après le décès du mari, sont responsables du dommage causé par leurs enfants mineurs habitant avec eux ;
>
> [...]
>
> La responsabilité ci-dessus a lieu, à moins que les père et mère [...] ne prouvent qu'ils n'ont pu empêcher le fait qui donne lieu à cette responsabilité »

2. La nécessité d'un fonds supplétif d'indemnisation publique

À l'évidence, les actes de terrorisme ne sont pas un fait humain banal. Il s'agit en général des actes de violence posés avec une intention indéniable de nuire. L'auteur d'un acte de terrorisme entend donc causer un tort notamment à ses congénères. Il n'est même pas rare que le terroriste expose sa propre vie pour atteindre ses funestes fins. Cette attitude anti-sociale traduit un échec de la socialisation de son auteur. En effet, qu'il soit motivé par des revendications politiques, économiques, sociales, culturelles ou religieuses, un acte de terrorisme est la manifestation d'une frustration. Or, une frustration exprime un manque ou plutôt une privation. En général, un tel manque traduit une insatisfaction. En cela, le terrorisme est l'arme du faible qui y exprime lâchement son désespoir.

Face à cette réalité, il ne serait pas surprenant que l'auteur d'un acte terrorisme ait un patrimoine si inconsistant[26] que les dommages-intérêts auxquels il succombe ne puissent être payés au bénéfice soit de la victime, soit de ses ayants droit. Et pourtant, il faut bien que justice soit effectivement rendue. C'est pour cela qu'en de telles circonstances, les pouvoirs publics sont régulièrement sollicités et s'efforcent de prendre

---

[26]De fait, un *bilan quantitatif et sociologique* établi par la Direction de la justice militaire montre que les terroristes au Cameroun sont généralement des personnes qui exercent des petits métiers, des gagne-petit ou même des sans-emploi.

en charge les dégâts résultant d'un acte de terrorisme. Nous pensons qu'il faudrait aller plus loin en instituant un fonds d'indemnisation qui, le cas échéant, sera mis à contribution pour suppléer toute éventuelle insolvabilité des auteurs d'acte de terrorisme. Ledit fonds pourrait être alimenté par les saisies et autres amendes émanant des activités criminelles.

CONCLUSION

En somme, la réparation du préjudice lié aux actes de terrorisme devant le juge militaire est certes gouvernée par un cadre juridique émaillé de dispositions spécifiques. Néanmoins, il est constant qu'en l'absence de guerre, la victime y trouve un moyen d'obtenir justice. Le cas échéant, elle pourra recourir à l'alternative qu'offrent les tribunaux de droit commun. Dans le contexte actuel, le nœud gordien semble résider en la capacité de l'auteur de l'acte de terrorisme à payer les dommages-intérêts visant à réparer le tort causé à la victime. À cet égard, nous pensons que l'instauration d'un fonds d'indemnisation supplétif serait d'une certaine utilité, voire d'une utilité certaine.

BIBLIOGRAPHIE

ALLARD (D.) et RIALS (S.) (dir.), *Dictionnaire de la culture juridique*, Paris, LAMY/PUF, 2003, 1649 p.

BEDONG (S.), *Organisation judiciaire : compilation de textes législatifs et réglementaires*, 2e éd., Ets Blaise Services, 2014, 194 p.

BOUBOU (P.), *Code de procédure pénale annoté et indexé & Textes complémentaires*, Douala, Editions Avenir, 2006, 510 p.

BOUBOU (P.), *L'arrestation, le procès et la détention de A à Z : Guide des droits du citoyen face à la police, la justice et la prison*, Douala, Editions Avenir, 2006, 433 p.

CENTRE DE RECHERCHE EN DROIT PRIVE ET COMPARE DU QUEBEC, *Dictionnaire de droit privé et lexiques bilingues*, Montréal, Editions Yvon Blais, 2003, 467 p.

KERE KERE (G.), *Droit civil processuel*, Yaoundé, Editions SOPECAM, 2006, 326 p.

MAZEAU (H., L. et J.) et CHABAS (F.) – *Leçons de droit civil*, t. II, 1er vol., *Obligations, Théorie générale*, 8e éd., Paris, Editions Montchrestien, 1991, 1355 p.

NDJERE (E.), *Le ministère public ou parquet*, t. I, Yaoundé, Presses de l'UCAC, 2012, 366 p.

NDJERE (E.), *Le ministère public ou parquet*, t. II, Yaoundé, Presses de l'UCAC, 2012, 414 p.

NGUE (S.) (dir.), *Code d'instruction criminelle, Justice militaire*, 2e éd, Yaoundé, Editions MINOS, 2002, 680 p.

OLINGA (A.-D.) (dir.), *Droit international, droits nationaux et lutte contre le terrorisme en Afrique : actes du Colloque international organisé par le Département de Droit International de l'Institut des Relations Internationales du Cameroun (IRIC)*, Yaoundé, les 8, 9 et 10 juin 2016, Yaoundé, Presses de l'UCAC, 2017, 665 p.

TCHAKOUA (J.-M.), *Introduction générale au droit camerounais*, Yaoundé, Presses de l'UCAC, 2008, 335 p.

YAWAGA (S.), *La justice militaire au Cameroun : réflexions à partir d'une discussion article par article du code de justice militaire*, Yaoundé, Les Editions du Schabel, 2019, 236 p.

LA JUSTICE MILITAIRE : FACTEUR DE RECUL OU D'EXACERBATION DE LA VIOLENCE TERRORISTE AU CAMEROUN ?

Jean de Noël ATEMENGUE

Maître de conférences-HDR

INTRODUCTION

La terreur à grande échelle, encore appelée terrorisme, est consubstantielle à l'avènement de l'État. Et parce que l'État est un phénomène politique, le terrorisme est, lui aussi, un phénomène éminemment politique en ceci que, portant une revendication essentiellement politique, il est, a priori, une infraction politique qui exprime dans le bruit, la violence incontrôlée et, hélas, par la mort infligée sans distinction, le « politiquement incorrect ». Bien entendu, on peut toujours prétendre avec Yasser ARAFAT, qu'« on est toujours le terroriste de quelqu'un ». Cela peut vouloir dire que le droit, « discours de pouvoir », est toujours édicté par les vainqueurs, les plus forts, lesquels ont transformé par la loi, l'infraction politique qu'est à l'origine le terrorisme, en infraction pénale. Il s'en dégage que le terrorisme, aujourd'hui encore, reste un mot dont l'emploi est imprécis voire suspect, au point que, de l'avis de certains auteurs, « il vaudrait mieux s'en passer et parler de violences politiques en général »[1]. Au-delà de cette constance, les situations de violence contemporaines se caractérisent par une grande complexité, en sorte que la représentation classique qu'on a eue de la guerre pendant de longues décennies ne correspond plus à la réalité des conflits armés et des situations de violence ouverte, en général. Cela pose donc la question de la définition du terrorisme. Une question sans réponse doctrinale probante[2] ; une

---

[1] BAUER (A.) et HUYGHE (F-B), *Les terroristes disent toujours ce qu'ils vont faire : terrorisme et révolution par les textes*, Paris, PUF, 2010, p. 3.

[2] Voir : ZANGA (M.J), « L'insaisissable visage du terrorisme : jalons pour une définition universelle du terrorisme à partir des législations nationales africaines », *in* OLINGA (A.D)-dir-, *Droit international, droits nationaux et lutte contre le terrorisme en Afrique*, Yaoundé, Presses de l'UCCAC, 2017, pp. 85-104. Également, STERN (B), Rapport introductif au colloque organisé par le CEDIN de Paris : *Le droit*

question éludée par la loi, tant au Cameroun [3]qu'ailleurs dans le monde [4]et, par voie de corollaire, par le juge, ici militaire. L'évidence est pourtant que le terrorisme, en ce qu'il conteste par définition l'ordre juridico-politique qu'il envisage de détruire par la violence extrême, doit nécessairement être combattu et réprimé par l'État. Mais d'une manière qui peut paraître à première vue paradoxale, la répression du terrorisme à laquelle contribue notamment la Justice Militaire au Cameroun, doit se manifester dans le respect du droit en général. Le Conseil de sécurité, en ce qui le concerne, est ferme sur ce principe lui qui, dans sa résolution du 20 janvier 2003[5], exige des États dans le cadre de la lutte contre le terrorisme, de veiller au respect de toutes les obligations que leur prescrit le droit international en général. Y faisant écho, Henri LECLERC affirme que « *La démocratie ne peut accepter de dialoguer avec ceux qui la combattent en bafouant ouvertement ses principes. Mais elle ne saurait non plus résister à ces assauts qu'en respectant les principes sur lesquels elle s'est construite. Sinon, elle y perdrait son âme »*[6]. Pour le comprendre d'une autre manière, ce n'est pas parce que les terroristes se sont placés hors de l'humanité juridique et civilisationnelle qu'ils doivent être privés des garanties fondamentales qu'offrent le droit et la justice. Pour autant que cette prescription à la fois axiologique et juridique soit suivie d'effets, une autre exigence de la lutte contre le terrorisme est également prise en compte dans le processus global de la paix et de la sécurité internationale : *l'efficacité*. Cela ressort en effet, en filigrane il est vrai, de la résolution n° 2199 du Conseil de sécurité. En agréant, contrairement aux kelséniens qu'il est également possible et même souhaitable d'évaluer l'application du droit à l'aune de *l'efficacité*, nous

---

international face au terrorisme, CEDIN, Paris 1, *Cahiers internationaux* n° 17, Paris, Pedone, 2002, pp. 3-32. SASSOLI (M), « La définition du terrorisme et le droit international humanitaire », *Revue québécoise de droit international* (hors-série), 2017, pp. 29-48.

[3] Voir Loi n° 2014/028 du 23 décembre 2014 portant répression des actes de terrorisme.

[4] À l'exemple du *PatriotAct* (loi antiterroriste des États-Unis d'Amérique), ; de l'*Anti Terrorism Crime and Security Act* (Grande Bretagne), de la loi française n° 2015-1501 sur l'état d'urgence ; des lois anti terroristes des pays africains suivants : Afrique du Sud, Algérie, Angola, Burkina Faso, Égypte, Gambie, Ghana, Libéria, Kenya, Niger, Nigéria.

[5] Résolution n° 1456 du conseil de sécurité des Nations Unies, 20 janvier 2003, Document des Nations Unies

[6] Le Monde diplomatique, février1996, p. 2.

croyons qu'il est légitime de questionner la contribution de la Justice Militaire camerounaise sous cet angle-là. D'où la question : la répression de la violence terroriste par la Justice Militaire est-elle de nature à faire reculer cette violence ou, au contraire, à l'exciter en la faisant se développer ? Cette question est en phase avec la problématique générale du ***« Jugement du terrorisme devant la justice militaire au Cameroun »***. Il faut dire que, depuis l'apparition de la violence terroriste au Cameroun du fait des actions de la nébuleuse Boko Haram et des activités des groupes séparatistes dans les régions du Nord-Ouest et du Sud-Ouest, la Justice Militaire a été fortement mise à contribution pour lutter contre la violence terroriste au Cameroun en mobilisant à la fois les textes nationaux, tant anciens,[7] mais toujours en vigueur, que nouveaux[8], et les instruments juridiques internationaux[9]. Mais si cette répression judiciaire est manifestement dense et remarquable, on ne peut toutefois pas affirmer qu'elle ait vraiment fait reculer la violence terroriste (I). En fait, l'intervention de la Justice Militaire est plutôt de nature à exacerber cette violence (II).

I. LA CONTRIBUTION IMPROBABLE DE LA JUSTICE MILITAIRE AU RECUL DU TERRORIME

Le législateur camerounais a pris une option claire en confiant l'exclusivité de la compétence de la répression du terrorisme aux juridictions militaires. L'article 1 alinéa 3 de la loi n° 2014/028 du 23 décembre 2014 portant répression des actes de terrorisme est ferme à ce sujet : « *Les infractions prévues par la présente loi relèvent de la compétence exclusive des juridictions militaires* ». En rappelant que le Code pénal, le Code de procédure pénale et le Code de Justice Militaire demeurent applicables dans leurs dispositions non contraires à la loi portant répression des actes de terrorisme[10], nous observons que la possibilité du recul du terrorisme par la répression judiciaire militaire

---

[7] Voir MONEBOULOU MINKADA (H.M), *Le dispositif répressif du terrorisme au Cameroun,* Mémoire de Master-Recherche, Université de Yaoundé 2, 2005-2006.

[8] Voir notamment, Loi n° 2014/028 du 23 décembre 2014 portant répression des actes de terrorisme et Loi n° 2008/015 du 29 *décembre* 2008 portant organisation judiciaire militaire et fixant les règles applicables devant les tribunaux militaires.

[9] OWONA MFEGUE (K.F), « Droit international et lutte contre le terrorisme de BokoHaram au Cameroun », *in* OLINGA (A.D) -dir-, *Droit international, droits nationaux et lutte contre le terrorisme en Afrique*, Yaoundé, Presses de l'UCCAC, 2017, pp. 599-621.

[10] Loi n° 2014/028 du 23 décembre 2014, art. 1er (2).

dispose d'un fondement juridique incontestable[11]. Mais cette possibilité s'apparente davantage à une improbabilité... En fait, il se pose la question centrale et générale de *la dissuasion par la sanction* et, donc, de l'efficacité de cette dernière. En effet, en matière de lutte contre le terrorisme, la sanction judiciaire, qu'elle soit patente ou latente, n'est manifestement pas dissuasive (A). Le recul réel de la violence terroriste s'obtient plutôt en amont, sur le terrain (B).

A. L'improbable dissuasion par la sanction

En dépit de la dureté des peines applicables aux auteurs d'actes terroristes et à leurs complices sur la base de la loi du 23 décembre 2014 (1), les entreprises de nature terroriste ont continué à se déployer en se diversifiant (2).

1. La dureté des peines applicables

Tout en réaffirmant le principe de la légalité des crimes et des peines, le législateur a, révélant une sévérité extrême, retenu des peines qui, dès lors que *l'intention criminelle* [12]est avérée[13], varient en fonction de la nature, de la consistance de l'acte, ainsi que du niveau de participation du mis en cause à l'acte terroriste. En relevant avec G. CORNU que l'intention criminelle est « l'état psychologique de celui qui commet un fait qu'il sait prohibé »[14], il y a lieu de noter que, sous les divers rapports ci-dessus posés, sont consacrés trois types de peines : les peines de nature financière, les peines privatives de liberté et, châtiment suprême, la peine de mort.

Le montant des amendes à payer, le cas échéant, se veut fortement dissuasif, tant pour les personnes physiques coupables d'apologie du

[11] Lire à ce propos, TCHEUWA (J.C), « L'économie de la loi n° 2014 du 23 décembre 2014 portant répression des actes de terrorisme », Communication présentée lors de la Première Conférence semestrielle des Gouverneurs de Régions au titre de l'exercice 2015, Yaoundé, 5-7 août 2015.

[12]Nous soulignons.

[13] Ibid., art. 2 (1). a.

[14] CORNU (G), *Vocabulaire juridique,* Association Henri Capitant, Quadrige/PUF, 11e éd., 2016, p. 598.

terrorisme[15], que pour les personnes morales responsables d'actes de terrorisme[16].

Les peines d'emprisonnement, quant à elles, sont d'un quantum très souvent élevé[17], même en cas de déclaration mensongère et de dénonciation calomnieuse[18]. La sévérité de la sanction peut, le cas échéant, être pondérée, dès l'instant que l'auteur ou le complice de l'infraction de terrorisme a rendu possible l'interruption de sa réalisation[19] ou, cette réalisation étant déjà acquise, a permis que cette dernière n'entraîne pas des dommages graves ou irréversibles[20]. La peine maximale de ce point de vue, à savoir, la peine d'emprisonnement à vie, est, en ce qui la concerne, toujours constante, car visant, soit la protection de la faune et de la flore[21], soit la protection des témoins[22].

La peine absolue en matière d'infractions terroristes est la peine de mort. Dans sa volonté dissuasive, le législateur a fait en sorte que la peine capitale innerve de manière intense et diversifiée, l'essentiel de la

---

[15] Loi portant répression des actes de terrorisme, art. 8 : « *Est puni d'un emprisonnement de quinze (15) à vingt (20) ans et d'une amende de vingt-cinq millions (25 000 000) à cinquante millions (50 000 000) de FCFA ou de l'une de ces deux peines seulement, celui qui fait publiquement l'apologie des actes de terrorisme* ».

[16] Ibid., art. 6 al. 2 : « *Lorsqu'une personne morale est déclarée pénalement responsable des actes de terrorisme, la peine est une amende dont le minimum est de cinquante (50.000.000) de francs CFA* »

[17] Ibid., art. 5 (3) : « *Est puni d'un emprisonnement de dix (10) à vingt (20) ans de prison celui qui, volontairement, s'enrôle ou se forme dans un groupe terroriste à l'étranger, dans l'intention de commettre des actes de terrorisme sur le territoire national* ».

[18] Ibid., art. 9 : « *Est puni d'un emprisonnement de vingt (20) ans celui qui fait à l'autorité administrative ou judiciaire une déclaration mensongère ou une dénonciation calomnieuse en rapport avec les articles 7 et 16 de la présente loi* ».

[19] Ibid., art. 7 (1) : « *Est puni d'un emprisonnement de dix (10) à vingt (20) ans de prison celui qui, étant auteur ou complice d'un acte de terrorisme, permet d'interrompre la réalisation de l'infraction* ».

[20] Est également, sur la base de l'art. 7 (2) de la loi n° 2014/028, « *puni d'un emprisonnement de dix (10) à vingt (20) ans de prison* »... « *celui qui, étant auteur ou complice d'un acte de terrorisme, permet d'éviter que l'infraction n'entraîne la mort, des blessures ou des dommages matériels* ».

[21] Ibid., art. 2(3).

[22] Loi n° 2014/28 précitée, art. 10 : « *Pour l'application de la présente loi, est puni de l'emprisonnement à vie, celui qui outrage ou menace un témoin, même implicitement de violence, de voies de fait ou de mort* ».

loi portant répression des actes de terrorisme[23]. Sont par ailleurs punis, de manière plus spécifique, le financement du terrorisme[24], le blanchiment des produits des actes de terrorisme[25], le recrutement et la formation en vue de la participation à des actes de terrorisme[26]. L'arsenal judiciaire ci-dessus évoqué est complété par le pouvoir qui est conféré au juge militaire de prononcer les peines accessoires prévues à l'article 19 du Code pénal, à savoir : la déchéance, la publication du jugement, la fermeture de l'établissement et la confiscation.

---

[23] Ibid., art. 2 (1) : « *Est puni de la peine de mort, celui qui, à titre personnel, en complicité ou en coaction, commet tout acte ou menace susceptible de causer la mort, de mettre en danger l'intégrité physique, d'occasionner des dommages corporels ou matériels, des dommages de ressources naturelles, à l'environnement ou au patrimoine culturel dans l'intention :*
1.a) d'intimider la population, de provoquer une situation de terreur ou de contraindre la victime, le gouvernement et/ou une organisation nationale ou internationale, à accomplir ou à s'abstenir d'accomplir un acte quelconque, à adopter ou à renoncer à une position particulière ou à agir selon certains principes ;
2.b) de perturber le fonctionnement normal des services publics, la prestation de services essentiels aux populations ou de créer une situation de crise au sein des populations ;
3.c) de créer une insurrection générale dans le pays.
2 (2) Est puni de la peine de mort, celui qui, pour atteindre les mêmes objectifs que ceux précisés à l'alinéa 1 ci-dessus :
1.a) fournit et/ou utilise des armes et matériels de guerre ;
2.b) fournit et/ou utilise des micro-organismes ou tous autres agents biologiques, notamment des virus, des bactéries, des champignons ou des toxines ;
3.c) fournit et/ou utilise des agents chimiques, psychotiques, radioactifs ou hypnotisants ;
4.d) procède à une prise d'otage.
[24] Ibid., art. 3 (1) : « *Est puni de la peine de mort, celui qui, dans le but de financer les actes de terrorisme, et par quel que moyen que ce soit, directement ou indirectement :*
1.a) fournit et/ou réunit des fonds ;
2.b) fournit et/ou offre des services financiers ».
Art. 3(2) : « L'infraction visée à l'alinéa 1er ci-dessus est caractérisée même si les fonds, moyens matériels et/ou services financiers n'ont pas été effectivement utilisés pour la réalisation de l'infraction ».
Art. 3(3) : « le financement du terrorisme est constitué même si les biens sont collectés et les services offerts sur le territoire d'u autre État ».
[25] Ibid., art. 4 : « *Est puni de la peine de mort :*
1) celui qui acquiert, recèle, détient, convertit, transfère, dissimule ou déguise des biens constitutifs des produits des actes de terrorisme ;
2) celui qui utilise ou partage, même occasionnellement, les produits des actes de terrorisme ».
[26] Ibid., art 5.

L'extrême sévérité des peines ainsi avérée était supposée opérer une dissuasion forte à l'effet de réduire à sa plus simple expression le terrorisme au Cameroun, à défaut de l'éradiquer par la voie judiciaire. Force est malheureusement de constater que cette volonté du législateur est restée un vœu pieux.

2. Le foisonnement du terrorisme

Il est constant que, dans le sillage des attentats de New York (2001) et de Madrid (2003) et à la suite d'autres pays africains comme le Mali[27] et le Burkina Faso[28] par exemple, le Cameroun a densifié en la précisant la problématique de la lutte contre le terrorisme dans sa législation[29]. Ce faisant, ce pays a suivi la ligne tracée par le Conseil de sécurité des Nations Unies qui, par un ensemble de résolutions[30], engage les États à lutter plus fermement que par le passé contre le terrorisme. Mais, s'agissant du volet strictement judiciaire, l'observation froide de la réalité laisse clairement apparaître qu'en dépit des multiples procédures judiciaires engagées contre des terroristes avérés ou supposés, la violence terroriste ne faiblit pas sur le terrain des opérations. En effet, les forces de sécurité sont toujours attaquées par des commandos terroristes ; des édifices publics parmi lesquels des écoles font toujours l'objet d'attaques ou de tentatives de destruction de la part des séparatistes ambazoniens ; des civils, parmi lesquels des femmes sont enlevés, voire violés ou, c'est pire, assassinés. La liberté du commerce et de l'industrie est bridée dans son déploiement par les actions d'intimidation et les mots d'ordre de boycott économique lancés et imposés par les sécessionnistes dans la plupart des régions anglophones du Cameroun, etc. Cette violence terroriste multiforme perturbe toute l'organisation socio-économique des populations camerounaises directement soumise à l'action des groupes irrédentistes, sans oublier les effets négatifs indirects induits sur l'économie et la vie du pays.

---

[27] Loi n° 08/025 du 23 juillet 2008 portant répression du terrorisme au Mali.

[28] Loi n° 060/2009/AN du 17 décembre 2009 portant répression des actes de terrorisme au Burkina Faso.

[29] Cf. supra, A 1, notes 401 à 413.

[30] Résolution n° S/RES/1269 (1999, 4053e séance) du 19 octobre 1999 ; Résolution n° S/RES/2178 (2014, 7272e séance) du 24 septembre 2014. Dans cette résolution, le Conseil de sécurité engage les États « à veiller à ce que la qualification des infractions pénales dans leur législation et leur réglementation internes permette proportionnellement à la gravité de l'infraction, d'engager des poursuites et de réprimer les actes terroristes ».

C'est donc un leurre de croire que la justice, fût-elle militaire, a pu faire ou peut faire reculer le terrorisme au Cameroun. D'ailleurs, est-ce là sa vocation ? Pour tracer un parallèle, les sanctions infligées par le Tribunal Criminel Spécial (TCS) ont-elles fait reculer le crime de détournement des deniers publics ? L'action de la Commission Nationale Anti Corruption (CONAC) a-t-elle entrainé un reflux de la corruption dans ce pays ? Ce sont des questions également stratégiques qui appellent une réponse manifestement négative ; des réponses négatives qui sont de l'ordre de la certitude apodictique[31], toute chose qui pousse à douter du caractère dissuasif de l'action de l'institution judiciaire en général. Il est loisible de penser que la justice, ici militaire, vient plutôt en complément des actions offensives de l'État sur le terrain des opérations.

B. L'action offensive sur le terrain des opérations

Les actions offensives de l'État sur le terrain des opérations susceptibles de faire reculer le terrorisme sont de deux types : militaire (1) et politique (2).

1. L'action des forces de défense et de sécurité

En effet, c'est d'abord et avant tout l'action des forces de défense et de sécurité qui a fait et fera reculer la violence terroriste au Cameroun. Cette action se traduit par la conquête ou la reconquête des espaces de belligérance, c'est-à-dire le déploiement offensif sur le terrain et l'éradication des Groupes armés. Elle se concrétise également par la neutralisation des chefs rebelles : une neutralisation physique définitive sur le théâtre des opérations[32] ; une neutralisation par le transfert à la Justice Militaire des terroristes capturés[33].

---

[31] Est probant à cet égard le scandale dit du « COVIDGATE », afférent à la gestion peu orthodoxe et corruptive des fonds alloués à la lutte contre la pandémie à Corona virus. Cf. Synthèse du rapport de la Chambre des comptes de la Cour suprême du Cameroun.

[32] Il convient de noter que, sur cet aspect, plusieurs « chefs militaires » des groupes séparatistes sont déjà tombés sur le champ de bataille.

[33] Voir, SIPA (D), « Bilan quantitatif et sociologique de la répression judiciaire du terrorisme au Cameroun », in *Juger le terrorisme devant la justice militaire au Cameroun : état des lieux, enjeux et perspectives,* Journée d'Etude du Département de Droit international de l'Institut des Relations Internationales du Cameroun, Yaoundé, le 12 mars 2021. En cours de parution.

2. L'action politique

De manière concomitante, l'action politique qui appréhende les causes du terrorisme dans leurs racines socio-économiques, a fait et fera reculer la violence terroriste au Cameroun. Cette action envisage l'éducation des populations à la nécessité et à la légitimité de la lutte contre le terrorisme. Elle se traduit également par la négociation avec les groupes modérés et les rebelles repentis, le pardon[34] et la réinsertion quand cela est moralement possible, tout en veillant à l'implication sincère et véritable des leaders d'opinion et des autorités morales[35] de toute nature dans le processus de résolution politique de la crise. Tout en maintenant l'option militaire, le gouvernement camerounais a engagé, il est vrai en dehors de tout accord politique avec les rebelles et de façon manifestement prématurée, un processus de *Désarmement-Démobilisation-Réinsertion* (DDR). Une action prématurée, car, dans son principe, un DDR qui prétend à l'efficacité comporte nécessairement une phase préliminaire de regroupement et de cantonnement des ex-combattants, suite à un accord politique. Viennent ensuite le désarmement et la démobilisation. Le désarmement consiste à récupérer toutes les armes détenues non seulement par les combattants des groupes armés non étatiques, mais aussi par les civils qui les détiennent illégalement[36]. Cette dimension du DDR a peu prospéré dans le cadre du conflit du NOSO. D'où la tiédeur observée dans la composante « réinsertion » du DDR.

La réinsertion ainsi envisagée visait pourtant un objectif simple et porteur de pacification : reverser dans la vie ordinaire les civils qui s'étaient adonnés aux activités militaires illégales. En tout état de cause, le Programme national de réinsertion et de réhabilitation a, comme tous les programmes de ce type, pour objectif central la promotion et la

---

[34] C'est bien l'une des perspectives envisagées dans le cadre du Grand Dialogue National tenu du 30 septembre au 04 octobre 2019 à Yaoundé, à l'effet de trouver une solution globale à la crise que traversent les régions anglophones du Cameroun.

[35] Le Cardinal TUMI de regrettée mémoire, s'essaya à renouer le dialogue entre les groupes armés séparatistes et le gouvernement. Ses tentatives furent malheureusement torpillées par des membres des deux camps. Cela peut accréditer la thèse selon laquelle la majorité des belligérants ne croient pas ou, c'est plus grave encore, ne trouvent pas d'intérêt à la résolution politique de la crise anglophone.

[36] Sur la question, lire ATEMENGUE (JDN), *Les opérations de maintien de la paix de « troisième génération » des Nations-Unies : Étude appliquée à la Côte d'Ivoire,* Mémoire pour l'obtention du titre d'Expert international de l'Ordre des Experts internationaux de Genève, octobre 2015, pp. 71-72

restauration d'un climat de confiance, de sécurité et de paix par le renforcement des capacités des ex-combattants, des jeunes à risque et, plus généralement, des populations rendues vulnérables par la crise. En s'y attelant, le gouvernement camerounais entend réinsérer socialement et économiquement les ex combattants démobilisés et les populations fragilisées par de longues années de guerre. Mais, comme il a été observé plus haut, le DDR mis en place dans le cadre du conflit du NOSO souffre d'une tare originelle : l'absence d'accord politique entre les parties au conflit armé. À partir de là, même s'il importe de convenir que la Justice Militaire doit pleinement jouer son rôle, c'est-à-dire contribuer, au plan judiciaire, à la répression de la violence terroriste au Cameroun, on ne saurait cependant attendre d'elle de faire reculer cette violence. Il est même possible, et c'est paradoxal, que la nécessaire et légitime intervention de la Justice Militaire conduise à la cristallisation de la violence terroriste.

II. LA PERCEPTION AMBIVALENTE DE LA RÉPRESSION JUDICIAIRE DU TERRORISME

« Crime et Châtiment », tel est le diptyque qui caractérise, entre autres, le processus de la répression judiciaire. La société doit en effet se protéger contre les attaques de toute nature qui vise à la déstabiliser et, encore plus, à la détruire en sapant les fondements sur lesquels elle repose. C'est pour cette raison fondamentale que la répression judiciaire du terrorisme est fermement affirmée dans son principe comme étant nécessaire (A). Il s'avère cependant que cette répression est contestée dans sa réalisation, dans le cadre des tribunaux militaires (B).

A. La nécessité incontestée de la répression

La répression judiciaire de la violence terroriste apparaît comme le complément nécessaire de l'action militaire offensive sur le terrain et de l'action politique de persuasion. La répression judiciaire du terrorisme ainsi envisagée peut avoir un intérêt pédagogique appréciable en ce sens qu'elle envoie le message de la fermeté de l'État face à la violence terroriste ; une violence qui ne saurait rester impunie. De fait, le terrorisme ne pouvait pas raisonnablement demeurer dans la catégorie « noble » des infractions politiques car, le terrorisme tue indistinctement les « bons » et les « méchants », les soldats et les civils. Quand ils deviennent un moyen de lutte dans le cadre des conflits armés ou d'autres situations de violence, le terrorisme et les actes qui le véhiculent ne peuvent qu'être disqualifiés par le jurislateur qu'il soit national ou international, en les ravalant au rang d'infraction pénale grave et immorale, c'est-à-dire de crime soit de guerre, soit de crime contre l'humanité, en fonction du contexte. Pour cela, la violence terroriste doit être et est effectivement combattue par l'État à travers ses institutions dédiées. Au rang de celles-ci existe la Justice Militaire dans le cadre de laquelle se réalise la répression judiciaire du terrorisme. Une répression qui prête le flanc à la contestation.

B. La réalisation contestée de la répression

De l'avis de deux grands théoriciens du droit pénal général[37], la peine remplit les fonctions de prévention générale en informant l'ensemble des membres du corps social des comportements contraires au bon fonctionnement de la cité, et une fonction de prévention spéciale en punissant l'auteur de l'infraction, l'objectif étant, au-delà de la peine, de dissuader ceux qui seraient tentés de commettre des actes délictueux. Mais, en plus d'avoir une compréhension trop large de l'infraction de terrorisme (**1**), compréhension adossée, il est vrai, sur la loi, le juge militaire prononce quasi systématiquement la peine capitale aux auteurs d'actes de terrorisme (**2**). Tout cela nous semble improductif relativement à la lutte contre le terrorisme.

1. Une compréhension trop large de l'infraction de terrorisme

La définition du terrorisme est manifestement une des grandes arlésiennes du droit tant international que pénal[38]. Les conséquences spécifiques et douloureuses qu'engendre le terrorisme révèlent en effet en même temps qu'elles expliquent la difficulté à appréhender le phénomène et, par voie de corollaire, l'impossibilité jusque-là avérée d'en donner une définition objective et concise. À partir de là, quand n'importe quel acte objectivement attentatoire à l'ordre public peut, nonobstant l'élément matériel,[39] mais au vu du contexte socio-politique, être qualifié de « terroriste » par le juge, alors l'infraction de terrorisme se trouve brouillée dans la perception du destinataire du droit, potentiel

---

[37] - MERLE (Robert) et VITU (André), *Traité de droit criminel,* tome 1 ? Problèmes généraux de la science criminelle – Droit pénal général, Paris, Cujas, 7e éd., 1997.

[38] Voir ATEMENGUE (JDN), « Droit international humanitaire et terrorisme : une relation ambivalente », *in Actes du colloque de l'IRIC,* Yaoundé, 8-9-10 juin 2016, Presses de l'. UCAC, Yaoundé, octobre 2017, pp. 107-124.

[39] MERLE (R) et VITU (A), op. cit., p. 605.

« terroriste ». Sous ce rapport, nous sommes d'avis que *« les carences des législations antiterroristes existantes résident fréquemment dans l'altération de la qualité de la définition de l'infraction terroriste, qui de ce fait devient le point névralgique des mesures de lutte antiterroriste »*[40]. À partir de là, l'État de droit, dans sa croisade contre l'hydre terroriste, peut céder à la tentation autoritaire[41]. C'est un dilemme[42] qui peut expliquer la dilution avérée de la définition du terrorisme qui culmine en fait en l'absence de définition, ce qui n'est pas de nature à contribuer au recul de la violence terroriste, tant il est constant que l'obligation de clarté de la loi pénale n'est pas respectée ici. De même, quand l'article 2 (1) de la loi de 2014, contrairement aux infractions contenues dans le Code pénal, fait référence au résultat potentiel des actes supposés terroristes à réprimer, le législateur tend, de ce fait, à remettre en cause l'obligation de précision de la loi pénale. Sur cette base est ouverte la porte à une possibilité d'interprétation extensive du juge (militaire) dans son travail de qualification[43]. La conséquence de l'imprécision de l'élément matériel de la définition de l'acte terroriste est finalement l'insécurité juridique. Tant et si bien que la Justice Militaire est perçue comme une justice des vainqueurs, toute chose qui débouche sur l'incapacité de la répression judiciaire, lors même qu'elle emprunte le chemin de la peine de mort, à faire reculer la violence terroriste.

2. L'inaptitude de la peine de mort à faire reculer le terrorisme

À la violence extrême du terrorisme, le Cameroun répond par la sanction extrême infligée aux auteurs d'actes terroristes : *La peine de mort* prononcée de manière quasi systématique par le juge militaire qui

---

[40] ROUDIER (K.), « Le droit constitutionnel et la légalité de l'infraction de terrorisme », in *Le renouveau du droit constitutionnel par les droits fondamentaux,* p.3.

[41] Lire à ce sujet, BILOUNGA (S.T), « L'État camerounais à la croisée des chemins de l'État de droit et de l'État de police (à propos de la loi du 23 décembre 2014 portant répression des actes de terrorisme) », *Cahiers Juridiques et Politiques de la FSJP de l'Université de Ngaoundéré*, 2015, pp. 9-32.

[42] CAMUS (C), *La guerre contre le terrorisme. Dérives sécuritaires et dilemme démocratique*, Paris, éd. Le Félin Kiro, ; 2007.

[43] BOLOGO ALOUMBE (À L), *Droits fondamentaux et État de droit au Cameroun : contribution à l'étude de l'évolution des rapports entre l'autorité et la liberté au Cameroun depuis 1990,* Thèse de doctorat en droit public, Université de Yaoundé 2, mars 2021, p. 297.

se fonde, pour ce faire, sur la loi[44]. Cette sanction est supposée être dissuasive. Mais la symbolique de la mise à mort des barbares, c'est-à-dire des terroristes n'est-elle pas plutôt contreproductive ? De fait, la peine de mort prévue par la loi camerounaise peut paraître inappropriée[45] à l'égard du terroriste maximaliste pour qui la mort est, souvent, la clé qui ouvre la porte de ce qu'il croit être la félicité éternelle. En outre, les chefs politiques et « militaires » de la sécession terroriste ainsi condamnés sont généralement perçus par les « combattants » restés en brousse et par celles des populations qui adhèrent au projet politique des séparatistes et des jihadistes comme des héros, voire des martyrs. Tout ceci est de nature à conduire à la radicalisation des partisans et des acteurs de la violence terroriste. En effet, infliger la peine de mort de manière quasi systématique à des terroristes présumés, voire convaincus « *ne fera que favoriser le recrutement d'autres terroristes et placer des États démocratiques au même niveau moral que ces derniers* »[46]. Ce qui précède pose la question globale de la légitimité de la peine de mort pour combattre le crime. Il se pose également la question de l'efficacité réelle de la peine de mort dans le cadre de la répression du terrorisme. Il est vrai que d'aucuns rétorquent que si les terroristes sèment la mort violente, ils méritent de se voir infliger la mort de manière systématique[47], « à froid » par fusillade, pour l'exemple. Mais la pratique de la peine capitale a-t-elle jamais fait reculer le crime dans les pays qui la consacrent dans leur législation pénale ? Plus largement, la répression judiciaire a-t-elle jamais fait baisser la commission des infractions de par le monde ? Toutes les études de criminologie apportent une réponse

---

[44] L'article 2 (1) de la loi du 23 décembre 2014 portant répression des actes de terrorisme dispose que : « *Est puni de la peine de mort, celui qui, à titre personnel, en complicité ou en co-action, commet tout acte ou menace d'acte susceptible de causer la mort, de mettre en danger l'intégrité physique, d'occasionner des dommages corporels ou matériels, des dommages aux ressources naturelles, à l'environnement ou au patrimoine culturel* (…) ».

[45] Voir. NDILOSEH (M), « The repression of terrorism in Cameroon and question of proportional justice », *in* OLINGA (A.D) -dir-, *Droit international, droits nationaux et lutte contre le terrorisme en Afrique*, Yaoundé, Presses de l'UCCAC, 2017, pp. 623-634.

[46] SASSOLI (M), BOUVIER (A. A), QUENTI (A), GARCIA (J), *Un droit dans la guerre ?* vol. I, seconde édition, CICR, Genève, 2012, p. 528.

[47] Lire, sur cette position, OWONA MBIDA OTTO (G), « Une aporétique, la question des droits du terroriste », *in* OLINGA (A.D) -dir-, *Droit international, droits nationaux et lutte contre le terrorisme en Afrique*, Yaoundé, Presses de l'UCCAC, 2017, pp. 297-316.

négative à cette question. Cette science enseigne en effet que l'éventualité de la sanction n'a jamais fait renoncer un individu à son projet criminel, en raison de ce que le criminel, n'envisage pas être pris dans le cadre de son activité, car, si tel était le cas, il n'entreprendrait pas la réalisation de son projet criminel[48].

Les sanctions judiciaires déjà infligées aux prévenus convaincus de terrorisme n'ont pas persuadé les séparatistes cachés en brousse ou les « bokoharamistes » disséminés dans les savanes de l'Extrême-Nord du Cameroun de déposer les armes. Au contraire ! Il en va davantage des commanditaires de la violence terroriste basés à l'étranger. De toute manière, il convient d'avoir présent à l'esprit que le terroriste est, par définition, contre et en dehors des institutions de la République, au rang desquelles la justice, et leur dénie toute légitimité à son égard. Par conséquent, les sanctions, fussent-elles les plus extrêmes comme la peine de mort, infligées aux entrepreneurs du terrorisme et à leurs soutiens n'ont pas d'effet dissuasif sur leurs partisans encore en liberté sur le théâtre des opérations et ailleurs.

CONCLUSION

Les États du monde n'ont manifestement pas tiré toutes les leçons du 11 septembre 2001[49], eux qui rechignent à donner la préséance à la solution politique du terrorisme. Si les défis posés par le terrorisme aux États sont largement nouveaux, les dangers de la lutte contre ce phénomène sont eux, en revanche, anciens[50]. Si le principe de la répression des actes terroristes est sans doute incontestable, il est également légitime de s'interroger sur la vocation de la justice d'une manière générale, à faire reculer le crime. La justice, en l'occurrence, la Justice Militaire n'est-elle pas condamnée à se limiter à la répression de la violence terroriste ? De ce point de vue, l'action de la Justice Militaire en lien avec la répression du terrorisme ne devrait pas être évaluée en termes d'efficacité, mais plutôt à l'aune du respect des principes et des procédures inhérentes à l'État de droit. Un État de droit

---

48 CARON (C), « Guerre asymétrique d'Afghanistan : vers un échec inéluctable ? », *Géostratégiques* n° 27, 2010, pp. 71-89.

49 BONIFACE (P), *Les leçons du 11 septembre,* Collection Enjeux stratégiques, Paris, 2001.

50 ANDREU-GUZMAN (F), « terrorisme et droits de l'homme : nouveaux défis et vieux dangers », Commission internationale des juristes, *Occasionalpapers,* n° 3, march 2003, pp. 150 à 152.

qui privilégie l'action persuasive et la démarche éducative, toutes de nature essentiellement politique et sociologique. C'est cette démarche-là qui a fait et fera reculer durablement et, on le souhaite, irréversiblement, la violence terroriste au Cameroun et ailleurs dans le monde.

BIBLIOGRAPHIE

ABENELANG (S.M), *Les Etats africains et la lutte contre le terrorisme,* Thèse de doctorat en droit public, Université de Yaoundé II, octobre 2018.

ANDREU-GUZMAN (F), « terrorisme et droits de l'homme : nouveaux défis et vieux dangers », Commission internationale des juristes, *Occasional papers,* n° 3, march 2003, pp. 150 à 152.

ATEMENGUE (JDN), « Droit international humanitaire et terrorisme : une relation ambivalente », *in Actes du colloque de l'IRIC,* Yaoundé, 8-9-10 juin 2016, Presses de l'. UCAC, Yaoundé, octobre 2017, pp. 107-124.

ATEMENGUE (JDN), *Les opérations de maintien de la paix des Nations-Unies : Etude appliquée à la Côte d'Ivoire,* Mémoire pour l'obtention du titre d'Expert international de l'Ordre des Experts internationaux de Genève, octobre 2015.

BAUER (A.) et HUYGHE (F-B), *Les terroristes disent toujours ce qu'ils vont faire : terrorisme et révolution par les textes*, Paris, PUF, 2010.

BILOUNGA (S.T), « L'Etat camerounais à la croisée des chemins de l'Etat de droit et et de l'Etat de police (A propos de la loi du 23 décembre 2014 portant répression des actes de terrorisme) », *Cahiers Juridiques et Politiques de la FSJP de l'Université de Ngaoundéré*, 2015, pp. 9-32.

BOLOGO ALOUMBE (A L), *Droits fondamentaux et Etat de droit au Cameroun : contribution à l'étude de l'évolution des rapports entre l'autorité et la liberté au Cameroun depuis 1990,* Thèse de doctorat en droit public, Université de Yaoundé 2, mars 2021, p. 297.

BONIFACE (P), *Les leçons du 11 septembre,* Collection Enjeux stratégiques, Paris, 2001.

CAMUS (C), *La guerre contre le terrorisme. Dérives sécuritaires et dilemme démocratique*, Paris, éd. Le Félin Kiro, ; 2007.

CARON (C), « Guerre asymétrique d'Afghanistan : vers un échec inéluctable ? », *Géostratégiques* n° 27, 2010, pp. 71-89.

DE FROUVILLE (O), *Droit international pénal : sources, incriminations, responsabilité*, Paris, Pedone, 2012, p. 407..

EDIMO (F), « L'incrimination du terrorisme en droit pénal camerounais », *Judicial tribune*, vol. 6, issue 1, june 2016, p. 165.

GORNU (G), *Vocabulaire juridique,* Association Henri Capitant, Quadrige/PUF, 11e éd., 2016.

MERLE (Robert) et VITU (André), *Traité de droit criminel,* tome 1, Problèmes généraux de la science criminelle – Droit pénal général, Paris, Cujas, 7e éd., 1997.

MONEBOULOU MINKADA (H.M), *Le dispositif répressif du terrorisme au Cameroun,* Mémoire de Master-Recherche, Université de Yaoundé 2, 2005-2006.

NDILOSEH (M), « The repression of terrorism in Cameroon and question of proportional justice », *in* OLINGA (A.D)-dir-, *Droit international, droits nationaux et lutte contre le terrorisme en Afrique*, Yaoundé, Presses de l'UCCAC, 2017, pp. 623-634.

OWONA MBIDA OTTO (G), « Une aporétique, la question des droits du terroriste », *in* OLINGA (A.D)-dir-, *Droit international, droits nationaux et lutte contre le terrorisme en Afrique*, Yaoundé, Presses de l'UCCAC, 2017, pp. 297-316.

OWONA MFEGUE (K.F), « Droit international et lutte contre le terrorisme de Boko Haram au Cameroun », *in* -- OLINGA (A.D)-dir-, *Droit international, droits nationaux et lutte contre le terrorisme en Afrique*, Yaoundé, Presses de l'UCCAC, 2017, pp. 599-621.

ROUDIER (K.), « Le droit constitutionnel et la légalité de l'infraction de terrorisme », in *Le renouveau du droit constitutionnel par les droits fondamentaux,* p.3 et s..

SAADA (J), « les combattants illégaux », des ennemis du genre humain ? contre-terrorisme en démocratie et malléabilité du droit », *Revue Aspects*, n° 4, 2010, p. 4 et s.

SASSOLI (M), « La définition du terrorisme et le droit international humanitaire », *Revue québécoise de droit international* (hors-série), 2017, pp. 29-48.

SASSOLI (M), BOUVIER (A. A), QUENTI (A), GARCIA (J), *Un droit dans la guerre ?* vol. I, seconde édition, CICR, Genève, 2012, p. 528.

SIPA (D), « Bilan quantitatif et sociologique de la répression judiciaire du terrorisme au Cameroun », in *Juger le terrorisme devant la justice militaire au Cameroun : état des lieux, enjeux et perspectives,* Journée d'Etude du Département de Droit international de l'Institut des Relations Internationales du Cameroun, Yaoundé, le 12 mars 2021. En cours de parution.

STERN (B), Rapport introductif au colloque organisé par le CEDIN de Paris : *Le droit international face au terrorisme*, CEDIN, Paris 1, *Cahiers internationaux* n° 17, Paris, Pedone, 2002, pp. 3-32.

TCHEUWA (J.C), « L'économie de la loi n° 2014 du 23 décembre 2014 portant répression des actes de terrorisme », Communication présentée lors de la Première Conférence semestrielle des Gouverneurs de Régions au titre de l'exercice 2015, Yaoundé, 5-7 août 2015.

ZANGA (M.J), « L'insaisissable visage du terrorisme : jalons pour une définition universelle du terrorisme à partir des législations nationales africaines », *in* OLINGA (A.D)-dir-, *Droit international, droits nationaux et lutte contre le terrorisme en Afrique*, Yaoundé, Presses de l'UCCAC, 2017, pp. 85-104.

TABLE DES MATÈRES

Structures éditoriales du groupe L'Harmattan

L'Harmattan Italie
Via degli Artisti, 15
10124 Torino
harmattan.italia@gmail.com

L'Harmattan Hongrie
Kossuth l. u. 14-16.
1053 Budapest
harmattan@harmattan.hu

L'Harmattan Sénégal
10 VDN en face Mermoz
BP 45034 Dakar-Fann
senharmattan@gmail.com

L'Harmattan Cameroun
TSINGA/FECAFOOT
BP 11486 Yaoundé
inkoukam@gmail.com

L'Harmattan Burkina Faso
Achille Somé – tengnule@hotmail.fr

L'Harmattan Guinée
Almamya, rue KA 028 OKB Agency
BP 3470 Conakry
harmattanguinee@yahoo.fr

L'Harmattan RDC
185, avenue Nyangwe
Commune de Lingwala – Kinshasa
matangilamusadila@yahoo.fr

L'Harmattan Congo
67, boulevard Denis-Sassou-N'Guesso
BP 2874 Brazzaville
harmattan.congo@yahoo.fr

L'Harmattan Mali
ACI 2000 - Immeuble Mgr Jean Marie Cisse
Bureau 10
BP 145 Bamako-Mali
mali@harmattan.fr

L'Harmattan Togo
Djidjole – Lomé
Maison Amela
face EPP BATOME
ddamela@aol.com

L'Harmattan Côte d'Ivoire
Résidence Karl – Cité des Arts
Abidjan-Cocody
03 BP 1588 Abidjan
espace_harmattan.ci@hotmail.fr

Nos librairies en France

Librairie internationale
16, rue des Écoles
75005 Paris
librairie.internationale@harmattan.fr
01 40 46 79 11
www.librairieharmattan.com

Librairie des savoirs
21, rue des Écoles
75005 Paris
librairie.sh@harmattan.fr
01 46 34 13 71
www.librairieharmattansh.com

Librairie Le Lucernaire
53, rue Notre-Dame-des-Champs
75006 Paris
librairie@lucernaire.fr
01 42 22 67 13

www.ingramcontent.com/pod-product-compliance
Lightning Source LLC
LaVergne TN
LVHW050659051026
849532LV00002B/686